KB213710

2015 大韓民國 光復 70周年 記念

자랑스런 **안중근 의사** 이야기

附錄 : 안중근 의사 공판 속기록

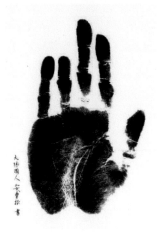

올린 피플 스토리

2015 大韓民國 光復 70周年 記念

자랑스런 **안중근 의사** 이야기

附錄 : 안중근 의사 공판 속기록

안중근 의사 영정

이제, 安重根 義士 殉國 105週忌을 맞습니다

1909년 10월 26일 오전 9시 30분, 러시아 하얼빈역사에서 7발의 총성이 울렸고, 이로써 조선 침략의 원흉이었던 이토오 히로부미(伊藤博文)가 쓰러졌습니다. 대한국인(大韓國人) 안중근 의사의 한민족을 넘어 세계를 격동시킨 의거였습니다. 안 의사의 유언은 "내가 살아서 돌아가기는 만무하니 내가 죽거든 시체는 우리나라가 독립하기 전에는 반장(返葬)하지 말아 달라"하는 것이었습니다.

지나온 한 세기 동안 한국은 의사가 그토록 바라던 독립을 이뤘으며, 격동의 현대사를 거쳐오면서 조국 재건을 위한 피와 땀으로 이제 세계 10대 경제대국으로 우뚝 성장하였습니다. 하지만 정작 그의 시신은 이국만리 여순감옥 묘지에 임시 안장된 채로 독립 조국에 돌아오지 못하고 있습니다. 아무리 세월이 흘러도 해결되지 않은 역사는 언제나 무거운 짐이 되어 우리를 현재와 미래 앞을 막아서며 새로운 과제를 던져주게 됩니다.

이제 2015년, 우리는 안중근 의사의 순국 105주기을 맞았습니다. 1949년 백범 김구 선생이 남북연석회의에서 김일성에게 안중근 의사 유해공동발굴을 건의한 이후 60년이 지난 해에 비로소 한국, 중국, 북한이 공동으로 안중근 의사 유해발굴이라는 역사적인 사업을 중국 여순에서 진행한다고 합니다. 또한 남북이 공동으로 '안중근 평화대학'을 설립하는 사업도 추진한다는 기쁜 소식도 들려옵니다.

105년 전 우리 민족의 의분에 찬 가슴을 울려주었던 의사의 총성은 오늘 21세기를 열어나가는 한국인에게 더 새롭고 더 희망찬 소리로 울려오는 것 같아서 우리 국민들의 마음이 뜨겁습니다.

2014. 11.

『안중근 자서전』은

안중근 의사는 공판 개시 2개월 전인 1909년 12월 13일부터 옥중 자서전 『안응칠 역사』를 쓰기 시작했고, 탈고한 것은 1910년 3월 15일입니다. 이 무렵이 12월에서 3월이니 여순은 영하 30도가 오르내리는 혹한이었습니다. 의사는 이 3개월 여 동안 차디찬 여순감옥에서 혹심한 신문과 재판을 받는 틈틈이 자서전을 썼습니다.

완성된 원고는 안중근 의사의 순국 후 일제에 압수되어 한민족은 물론 유족에게조차 알리지 않고 극비 속에 일제의 한국통치 자료로만 이용되었습니다. 하지만 여순감옥에서 이 원고를 본 일제 고위 관헌들은 그 내용에 크게 감동을 받고 서로 베껴 가졌다고 합니다.

이 자서전은 안중근의 순국 65년이 지난 1969년 한국학연구원장 최서면이 도쿄 고서점에서 『안중근 자서전』의 일역본을 발견하였고, 그 뒤 10년이 지난 1979년 재일교포 김정명 교수가 일본 국회도서관 헌정자료실 「칠조청미(七條淸美 : 히치죠 기요미)」 문서 중에서 『안중근전기급 논설(安重根傳記及論說)』이란 표제를 붙인 책자에서 「안응칠 역사」의 등사본이 미완의 「동양평화론」 등사본과 함께 합철 편책된 것을 발견하여 우리에게 알려졌습니다.

그러나 지금까지도 「안응칠 역사」와 「동양평화론」의 원본의 행방은 알 수 없는 상태로, 일본 정부기관 어딘가에 보관되어 있을 것으로 추측되나 일본은 아직껏 함구하고 있습니다.

이 「안응칠 역사」는 1990년 3월 26일 안중근 순국 80주년에 안중근의사숭모회에서 국역본을 간행하여 많은 국민에게 안중근의 의거와 사상에 대해 더욱 널리 알려지게 되었습니다.

하지만 이미 순국 3개월 만에 국내외에서 안 의사의 전기가 비밀리에 간행되어 널리 읽혀왔습니다.

『안응칠 역사』는 한문으로 쓰여졌는데, 죽음을 앞둔 선생은 담담하게 자신의 출생과 성장 과정, 이토를 처단하게 된 이유 등을 진솔하게 적어나가며, 32년의 생을 정리했습니다.

안중근 의사는 자서전을 쓰면서 생존 동지들의 신변을 염려하여 세심한 배려를 한 흔적이 역력한데, 함께 의병활동을 하다가 하얼빈역 의거를 함께한 우덕순이나 단지동맹에 참여한 동지들에 대해 언급을 회피한 것도 그러한 이유에서입니다.

이 자서전은 선생의 인품과 성정을 그대로 전하여주기에 읽는 이들에게 그 어떤 문학적인 평전에 비할 수 없는 힘과 감동을 줍니다.

『안중근 의사 공판 속기록』은

이 기록은 1909년 10월 26일 하얼빈에서 안중근이 이등박문(伊藤博文)을 저격한 사건에 대한 공판속기록입니다. 이 책에는 1910년 2월 7일 오전 10시 공판부터 검찰관의 논고, 변호인의 변론, 최종 판결까지의 전 공판에 참가한 만주 일일신문 기자의 속기록으로 1910년 3월 28일 발간되었습니다.

안의사 공판 속기록은 일찍이 공개된 바 있는데, 만주일일신문(滿州日日新聞)이 발간한 『안중근사건 공판 속기록』을 번역해 실은 『애국애정 안중근의사』(1990년, 최이건 번역, 법경출판사刊)를 통해서입니다.

일제는 안중근이 한국인임에도 불구하고 일본법에 의하여 재판을 강행하고, 민선 변호인단을 인정하지 않았으며, 발언권도 인정하지 않는 등 불법재판을 자행하였습니다. 하지만 이 공판속기록 속에서 우리는 안중근의 가장 생생하고 감동적인 의사로서의 모습, 또 당시 한국인 독립운동가와 일본인들이 갖고 있던 역사와 세계 인식을 볼 수 있습니다.

| 목 차 |

안중근 연보와 화보

(安重根 年譜와 畵報)

🖐 안중근 연보

1879년 1세

　1879년 9월 2일(음력 7월 16일) 황해도 해주부 수양산 아래 황석동에서 부 안태훈과 모 백천조씨 사이에서 3남 1녀중 장남으로 태어나다. 태어날 때 배와 가슴에 북두칠성 모양의 7개의 흑점이 있어 북두칠성의 기운을 받고 태어났다고 해서 아명을 응칠이라 하다(1907년 망명 후 이 이름으로 활동함). 고려조 명헌 안향의 26대 자손이며, 해주부에 10여대 세거한 향반으로 조부 안인수는 진해 현감을 지냈으며, 부 안태훈은 성균진사이다. 고조

▲ 아버지 안태훈과 안중근의
어린 형제들

▲ 어머니 조마리아 여사

부 때부터 해주, 봉산, 연안 일대에 많은 전답을 장만하여 황해도
에서 이름난 부호가문으로 알려져 부친 때까지 이어졌다.

1884년 6세
  부친 안태훈이 진사 박영효가 주도하던 개화파에서 일본에 파
견할 70명의 유학생의 일원으로 선발되다. 그러나 갑신정변
(1884)의 실패로 수구파 정권의 탄압 대상이 되자 안태훈은 고
향으로 은거하다.

1885년 7세
  안태훈 진사가 일가 70~80명을 거느리고 세거하던 해주를 떠
나 신천군 두나면 천봉산 밑 청계동으로 이사하다. 안 의사는 유

▲ 안중근의 가족사진

학을 수학하며 한편 무예를 익혀 무인의 기상을 높이다.

안중근은 소년시절에 조부의 사랑을 받으며 집안에 마련된 서당에서 학문을 수학하고 사서삼경과 자치통감 9권, 조선사, 만국역사 등을 읽다. 한편 포수들을 따라 사격술을 익히고 사냥을 즐기다.

1886년 8세
동생 정근이 출생하다.

1889년 11세
동생 공근이 출생하다.

1892년 14세

▲ 부인 김아려와 두 아들　　　　▲ 부인과 아우 안정근의 가족

조부 인수가 사망하자 안 의사는 애통하여 병이 나서 반년간 치병하다.

1894년 16세

재령군 신환면 김홍변의 딸 김아려(17세)와 결혼하여 후에 2남 1녀(딸 현생, 아들 분도, 준생)를 두게 되다.

안 의사는 소요로 번진 동학 농민군을 진압하는 신천 의봉군의 선봉장으로 선전하여 용맹을 떨치다. 황해도에서 동학 농민군이 소요를 벌일 때 안태훈은 의병을 일으켜 그들과 전투를 벌였고, 안 의사는 의려장인 부친을 도와 자진 선봉장이 되어 적장소를 급습하고 큰 공을 세우다. 이때 안중근이 붉은 옷을 입고 있었으므로 적당이 달아나면서 '천강홍의장군(하늘에서 내려온 홍의장군)'이라 칭하다. 안태훈은 동학당에게서 노획한 1,000여 포대의 쌀을 군량미로 사용하여 훗날 그 상환을 독촉 받아 곤경에 직면하게 된다.

안 의사와 김구가 상봉하는 인연을 갖다. 동학군의 해주성 공격의 선봉장 김구가 패전하여 피신 중에 안태훈 의려장의 초청으로 청계동에서 40~50일간 은거생활을 하다.

1895년 17세

안태훈이 동학군으로부터 노획한 천여 포대의 양곡을 군량으로 사용한 것이 문제가 되어 탁지부 대신 어윤중과 전 선혜청 당상 민영준으로부터 양곡을 상환하라는 압박을 받았으나 개화파 김종한의 중재로 일시 무마되다.

안 의사 무예를 익히며 무인의 기상을 높이다. 청소년 시절부터 안중근은 "벗을 얻어 의를 맺는 일", "술 마시고 노래 부르고 춤추기", "총으로 사냥하기", "준마를 타고 달리기" 등을 즐기다.

1896년 18세

 민영준이 다시 양곡의 상환문제를 들고 나오자 신변의 위협을 느낀 안태훈이 명동성당으로 수 개월간 피신하고, 성당안에서 성서도 읽으면서 천주교 강론을 듣고 천주교에 입교하여 신도가 되기에 이르다. 그 사이 민영준의 일이 마무리되자 안태훈은 120권의 천주교 교리문답을 가지고 청계동으로 돌아와서 주민들과 인근의 유지들에게 나누어 주면서 전교활동을 시작하다. 안태훈은 청계동으로 귀향한 후 일가친척과 마을 사람들의 동의를 얻어 사람을 보내 매화동 본당의 빌렘 신부를 신천군 두라면 청계동으로 초빙하다.

1897년 19세

▲ 안중근 의사와 일가들이 다녔던 천주교 청계동 본당과 교우

안중근은 1월 중순 빌렘 신부로부터 토마스란 세례명으로 세례를 받는다. 이때 그의 부친을 비롯하여 숙부, 사촌 등 일가친척과 청계동 및 인근 마을 사람 등 모두 33명이 함께 세례를 받는다. 안중근은 빌렘 신부로부터 교리를 공부하며 평신도의 신분으로 빌렘 신부와 함께 전도를 하게 되었고, 한편 불어를 배우며 신사조를 수용하게 된다. 이 해 말 안 의사는 청계동을 사목 방문한 뮈텔 주교를 해주까지 수행한다.

1898년 20세

4월 하순, 빌렘 신부가 청계동 본당신부로 옮겨 청계동 본당이 설립된다. 청계동 본당에서 안중근은 숙부 안태건 회장과 함께 교회일에 헌신한다. 안중근은 돈독한 신앙심을 갖고 청계동 성당의 초대 본당신부로 부임한 빌렘 신부를 따라 미사 복사도 하면

◀ 뮈텔 주교

서 그를 수행하여 황해도의 여러 지방을 다니면서 전교활동에 열
중하다.

　안중근이 서울에 가서 친구들과 더불어 거리를 걸어가다가 한
일본인이 말을 타고 지나가던 한국 사람을 강제로 끌어내리고 말
을 탈취하려고 하는 장면을 목격하다. 이때 안중근이 그 약탈자
의 얼굴을 치면서 권총을 뽑아 그의 배에 갖다 대고 크게 꾸짖어
승복시키다. 말 주인이 말을 도로 찾아간 후 그 일본사람을 놓아
주니 많은 사람들이 안중근의 이름을 알고자 하다.

1899~1904년 21세 ～ 26세

　천주교를 비방하는 금광 감리 주가가 천주교에 대한 비방을 심
하게 하여 교회의 피해가 커지자 안중근이 총대로 선정되어 주가
를 힐문할 때 무기를 든 금광 일꾼 400~500명의 위협을 받고 간
신히 벗어나다.

▲ 러시아군관 시절의　▲ 독립운동가 안공근
안정근,

만인계(채표회사) 사장에 피선되어 출표식 때 기계 고장으로 군중 앞에서 수난을 당하였으나 함경도 사람 허봉의 도움으로 위기를 모면하다.

서울 사는 전 참판 김중환이 옹진군민의 돈 5,000냥을 빼앗아 간 일과 해주부 지방대 병영 위관 한원교가 이경주의 집을 비롯한 재산과 아내를 강제로 빼앗은 두 가지 사실을 따지고자 상경하였으나 이루지 못하다.

한국 교인들이 학문에 어두워서 교리를 전도하는데 어려움이 적지 않다고 생각하고 서양 수사회 가운데서 박학한 선비 몇을 청하여 대학을 설립하여 국내의 연준 자제들을 가르칠 것을 뮈텔 주교에게 건의하였으나 거절당하다. 이후 빌렘 신부로부터 배우던 불어공부를 중단하다.

조정에서 해서교안(海西敎案)을 사핵하고자 조핵사 이응익을 파견하여 천주교회의 중요 인물을 잡아들이는데, 안중근의 부친 안태훈과 숙부 안태건도 포함되었으나 빌렘 신부가 감싸주었고, 안태훈은 몇 달 동안 숨어 다니다.

안태훈이 청국인 서가에게 봉변을 당하자 안중근이 친구 이창순과 함께 서가를 찾아가 따지고 외부에 청원한 결과, 진남포 재판소에 환부하여 승소판결을 받다. 후에 다른 청국인의 소개로 서가와 만나 화해하다.

교우들을 성직자의 권위로 일방적으로 제압하는 빌렘 신부에 대항하여 서울의 뮈텔 주교에게 하소하려 하다가 빌렘 신부에게 구타를 당하다. 이때 굴욕을 참고 신부에게 대들지 않고 곧 화해하다.

1905년 27세

신문, 잡지, 각국 역사 등을 읽으면서 정치사상과 독립정신을 높이던 안중근은 러일전쟁에서 승리한 일제가 한국의 주권을 침탈하려는 의도를 드러내자 안태훈과 상의하여 중국 산동이나 상해에 국외 항일터전을 잡을 계획으로 출국하여 중국의 상해와 청도 등지를 두루 다니다. 상해에서 민영익을 2~3차례 방문했으나 만나지 못하고, 상인 서상근을 찾아가서 구국의 방도에 대하여 논의했으나 동의를 얻지 못하다. 처음에는 나라의 어려움을 극복할 방도는 외국의 도움을 구하는 길에 있으리라 생각했으나, 상해의 천주교당에서 우연히 만난 안면이 깊은 르각 신부의 권유로 교육의 발달, 사회의 확장, 민심의 단합, 실력의 양성 등 4가지에 힘 써야함을 깨닫고 진남포로 돌아오다.

안 의사 일가가 교통 요충지인 진남포로 이사하던 중 부친이 재령에서 병사하다. 가족들이 청계동에 돌아가 장례를 치르다. 안 의사는 상해에서 돌아와 이 사실을 듣고 진남포를 떠나 제계를 지키기 위해 청계동으로 다시가 상례를 마치고 가족들과 함께 그

▲ 안중근 의사의 유족

▲ 안중근 의사의 손녀와 손자

해 겨울을 보내다. 이 때 안중근은 독립하는 날까지 술을 끊기로
맹세하고 죽을 때까지 지키다.

이 해 장남 분도가 출생하다. 그러나 1914년 망명지 북만주 무
린에서 어릴 때 일제에게 독살되다.

1906년 28세

4월 안중근이 가족을 데리고 청계동을 떠나 진남포로 이사해
양옥 한 채를 짓고 살림을 안정시키고, 교육 구국운동에 투신하
여 진남포에서 삼흥학교, 프랑스 신부가 경영하던 천주교 계통의
돈의학교의 재정을 맡으면서 2대 교장에 취임하였으며, 이 무렵
서우학회(뒤에 서북학회로 개칭)에 가입하다.

▲ 1907년 간도로 떠나는 안중근 의사의 가족사진

1907년 29세

봄에 안태훈과 친분이 있던 김 진사가 안중근을 찾아와서 간도, 노령 등 해외에서의 독립운동을 권하다. 안중근은 재정을 마련하고자 한재호, 송병운 등과 함께 삼합의라는 석탄회사를 만들었으나 일본인의 방해로 수 천원을 손해만 보다.

이 무렵 대구에서 발생한 국채보상운동이 전국적으로 확대되자 안중근은 이 운동에 적극 참여, 국채보상회 관서지부를 설치하고 1천여 명의 선비들이 모인 평양 명륜당에서 의연금을 내도록 권유하였을 뿐 아니라 자기 아내와 제수들에게도 권고하여 반지 패물까지 헌납하도록 하는 등 열성적으로 구국을 위한 활동을 벌이다.

8월 1일 정미 7조약에 이어 군대가 해산되어 시위대가 봉기하였을 때에 안중근은 국외활동을 통해 새로운 진로를 모색하고자

◀▲생전의 안중근 의사

서울을 떠나 부산에 도착한 후에 다시 원산으로 향하다. 원산에서 선편을 이용하여 블라디보스톡으로 가려 했으나 청진에서 일제 임검 경관에게 발각되어 하선하다. 이에 다시 육로로 함북 회령을 경유하여 두만강을 건너 8월 16일 북간도 용정에 도착하다. 용정촌을 중심으로 북간도 일대를 3개월 동안 시찰하면서 애국계몽운동을 일으키려 하였지만, 이미 그곳에 일제 침략기구인 총감부 간도파출소가 설치되어 여의치 못하므로 10월 20일에 연추를 지나 블라디보스톡으로 향하다.

블라디보스톡에 도착한 안중근은 계동청년회의 임시 사찰직을 맡아 항일독립운동에 큰 경륜을 펴기 시작하다. 한인사회의 유력자들에게 의병부대 창설에 대해 설득작업을 시작하고, 이 과정에서 엄인섭, 김기룡 등과 의형제를 맺다.

이해 차남 준생이 출생하다.

1908년 30세

▲ 안중근 의거일 하얼빈 역에
 대기하고 있는 호위대

◀ 안중근 의사가 사용한
7연발 자동권총 외 동지들의 권총

안중근은 연해주의 한인촌을 순회하면서 동의회 회원을 모집하기 위하여 유세작업을 벌이다. 이에 다수의 한인들이 호응하여 무기, 자금 등을 지원하자 마침내 국외 의병부대를 조직하여 총독에 김두성, 총대장에 이범윤을 추대하고, 안중근은 참모중장의 임무를 맡다. 이들은 군기 등을 비밀히 수송하여 두만강 근처에서 모인 후 국내 진입작전을 도모하다.

7월, 안중근 등 여러 의병장이 대를 나누어 300여 명의 의병부대를 거느리고 두만강을 건너 함경북도 경흥 부근 홍의동과 신아산 부근으로 진공하다. 안중근 부대는 몇 차례 승첩을 올리고 일본군인과 상인 등을 생포하는 전과를 올리다. 안중근은 만국공법에 의거하여 포로들을 석방하면서 무기까지 내어주다. 이 때문에 동료의병들과 논란이 끊이지 않았으며 그중에서 부대를 나누어서 떠나버리는 사람들도 많이 생기다. 그 석방한 포로들에 의해 일본군에게 위치가 노출되면서 기습공격을 받아 회령 영산에서

▲ 공판을 받고 있는 안중근 의사
▶ 구속되어 묶여있는
   안중근 의사의 모습

자랑스런 安重根 義士 이야기 25

일군과 약 4~5시간 큰 접전을 벌였으나 중과부적으로 패퇴하다. 안중근은 수 명의 의병과 함께 일본군을 피해 달아나면서 열이틀 동안 단 두 끼만 겨우 얻어먹는 등 곤경을 겪으면서 연추의 의병 본거지로 돌아가다.

일본군을 피해 도망가는 동안 안중근이 2명의 의병에게 대세를 주다.

안중근이 블라디보스톡에서 의병의 재기를 도모했으나 여의치 못하다.

안중근은 블라디보스톡에서 수청, 하바로프스크 등을 순회하면서 각지 한인사회의 교육과 사회 조직 건설에 힘쓰다. 특히 기선을 타고 흑룡강 상류 수천 여리를 시찰하다. 그러던 중 어느 산골짜기에서 일진회 회원들에게 잡혀서 구타를 당하고 죽음의 위기에서 간신히 풀려나 친지 집에서 상한 곳을 치료하며 그 해 겨울을 지내다.

▲ 안중근 의사와 함께 단지동맹을 맺은 동지들

이 무렵 안중근이 1906년경부터 1907년 초까지 진남포에서 운영해 오던 삼흥학교는 심각한 재정난에 직면하여 진남포의 오성학교의 야학부로 재편되다. 8월 20일 황해, 평안 양도의 50여 학교 5,000명의 학생들이 모인 가운데 개최된 연합운동회에서 1906년부터 1907년까지 안중근이 재건에 힘쓴 진남포의 돈의학교가 우등을 차지하다.

1909년 31세

3월 5일경, 안중근은 연추 하리에서 11명의 동지와 함께 모여 왼손 무명지를 끊어 그 피로 '대한독립'이라는 네 글자를 쓰고 '대한독립만세'를 세 번 외치며 하늘과 땅에 맹세하고 조국의 독립회복과 동양평화 유지를 위해 헌신하는 동의단지회를 결성하다. 안 의사가 회장에 선임, 회무를 주관하다. 단지혈맹동지 12명 : 안응칠(31세), 김기룡(30세), 강순기(40세), 정원주(30세),

▲ 안중근 의사의 친필 유묵 '독립'(상), '백세청풍'(하)

▲ 안중근 의사가 혈서로 쓴 대한독립 문서

박봉석(32세), 유치홍(40세), 조응순(25세), 황병길(25세), 백규삼(27세), 김백춘(25세), 김천화(26세), 강창두(27세).

3월 21일, '해조신간'에 '안응칠'이란 이름으로 기서하여 인심을 단합하여 국권을 회복하는 방략에 대하여 논하다.

10월 초, 블라디보스톡에서 소문과 신문을 통해 이등박문이 22일경 하얼빈에 도착한다는 사실을 알게 되어 거사를 결심하다. 안중근은 우덕순과 동행의거를 제의하고, 우덕순도 쾌히 동의하다.

10월 21일, 아침에 안중근, 우덕순은 블라디보스톡을 떠나 하얼빈으로 향하던 중 통역을 맡아줄 유동하와 동행하다. 22일 하얼빈에 도착하여 김성백의 집에서 유숙하고 다음날 조도선을 찾아가서 함께 거사를 도모하다. 대동공보사 주필 이강에게 거사결행과 자금에 관한 편지를 쓰고 거사의 결의를 읊은 '장부가'를 짓

▲ 채가구 역(상)과 하얼빈 역(하) 진경　▲ 하얼빈 역의 남아있는 지격 지점

고, 우덕순도 이에 화답하는 '거의가'를 짓다.

10월 24일, 아침에 안중근은 우덕순, 조도선, 유동하와 함께 하얼빈 정거장으로 나가서 역의 관리를 통해 러청열차가 서로 바뀌는 정거장이 채가구 등지임을 알게 되다. 유동하는 남아서 연락을 담당하게 하고, 우덕순, 조도선과 함께 채가구 역에 이르러 하차하다. 안중근 일행은 이등박문이 10월 26일 아침 6시경에 이곳 채가구를 지날 것이라는 사실을 정거장 사무원을 통해 확인하다.

10월 25일, 안중근은 거사의 만전을 위하여 채가구를 거사의 한 지점으로 정하여 우덕순, 조도선 등에게 맡기고, 자신은 하얼빈으로 돌아와 하얼빈역을 의거지로 작정, 거사준비를 하다.

◀ 조선을 방문한 이토오 히로부미
1905. 11. 29. 경성역

▶ 하얼빈 역에 하차한
이토오 히로부미
1909. 10. 26. 오전 9시 반

10월 26일, 채가구에서 거사를 도모하던 우덕순, 조도선은 러시아 경비병에 의해 수상하게 여겨져, 열차가 지나가는 시각에 그들이 투숙한 역 구내여관의 문을 잠가 방안에 갇혀 있다가 거사에 실패하다.

안중근은 오전 7시경 하얼빈역으로 나가 삼엄한 경비망을 뚫고 역사안 찻집에서 이등의 도착을 기다리다. 오전 9시경 이등을 태운 특별열차가 하얼빈역에 도착하자 러시아 코코프췌프 대장대신이 기내영접을 하다. 약 20분 뒤 이등이 수행원을 거느리고 코코프체프의 안내를 받으며 열차에서 내려 도열한 의장대를 사열하고 이어 각국 사절단 앞으로 나아가 인사를 받기 시작하다. 이때 안 의사는 9시 30분경 러시아 의장대 뒤쪽에 서 있다가 약 10여보의 거리를 두고 선 자세로 브로닝 권총을 발사하여 이등에게 3발을 명중시키고, 이등을 수행하던 하얼빈 천상 총영사, 삼 비서

▲ 여순 감옥

관, 전중 만철 이사 등에게 부상을 입히다. 안중근은 러시아 헌병에 의해 체포되자 '코리아 후라(대한민국 만세)'를 세 번 외치다. 거사 직후 러시아 헌병대에 체포된 안중근은 하얼빈역 헌병대 분파소에서 러시아 검찰관에게 심문을 당하다가 오후 8,9시경에 일본 영사관으로 넘겨지다.

치명상을 입은 이등은 곧 러시아 장교들과 일본인 수행원들에 의해 열차 내로 옮겨져 응급처치를 받았으나 약 20분 후에 69세로 절명하다.

10월 30일경, 안 의사 하얼빈 일본 총영사관에서 구연효웅(溝淵孝雄 : 미조구찌 따끼오) 검찰관의 심문을 받다.

11월 1일, 일본헌병과 러시아 헌병의 감시하에 안중근 및 우덕순, 조도선, 유동하, 정대호, 김성옥 등 9인이 여순구 감옥으로 향하다.

11월 3일, 여순구에 이르러 감옥에 수감되다.

▲ 안중근 의사의 친필 옥중기
'안응칠역사' 중 첫 부분과
마지막 부분
▶ 여순 감옥의 안중근 의사
독방

12월 2일, 일본정부 관동도독부 법원에 안의사 '사형'을 지령하다. 소촌수태랑 외무대신이 현지 파견중인 창지철길 정무국장을 통하여 '중형징죄'를 전보로 명령 전달하게 하고, 나아가 고등법원장 평석씨인을 본국으로 소환해 '사형판결'을 위한 공판개정을 다짐받다.

12월 중순, 안중근의 동생 정근, 공근이 여순감옥으로 안중근을 면회오다. 안중근은 국내에서 찾아온 두 동생을 4~5일 만에, 혹은 10여일 만에 차례로 만나서 이야기를 나누고, 이 자리에서 안중근은 한국인 변호사를 청해 올 일과 천주교 신부를 청해다가 종부성사 받을 일들을 부탁하다. 또한 안중근이 자신의 자서전 '안응칠역사'를 집필하기 시작하다.

1910년 32세
1월 31일 ~ 2월 1일경부터 일본의 검찰관과 옥리들의 심문태도가 강압적으로 돌변하고 안중근에게 공판개정일이 6~7일 뒤로

▲ 여순 감옥

▶ 독방의 변기와 짚신(상)
여순 감옥의 고문 도구(하)

결정되었다고 통보하다. 또한 이미 허가한 한국인 변호사의 변호
는 물론 영국, 러시아, 스페인 등의 외국변호사도 일체 변호가 허
가되지 않으며, 일본인 관선 변호사만이 허용된다는 사실을 통보
하다.

 2월 7일 오전 10시, 중국 여순 관동도독부 고등법원 제1호 법
정에서 재판장 마나베(眞鍋十藏)의 단독심리 하에 안중근, 우덕
순, 조도선, 유동하 등 하얼빈 의거 관련자 4인에 대한 제1회 공
판이 열리다. 재판부는 재판장에 관동도독부 지방법원장 마나베
(眞鍋十藏), 담당검찰관은 미조부치(溝淵孝雄), 관선변호사는 미
즈노 요시타로(水野吉太郎), 카미다 세이지(謙田正治), 서기 와타
나베 료이치(渡邊良一)로 전원 일본인 일색으로 구성하다. 이 공
판에서 우선 안중근, 우덕순, 조도선, 유동하 등 네 피고인의 인
적사항을 확인 다음 안중근에 대한 신문이 전개되다. 안중근은

▲ 안중근 의사 사형 재판 모습

자랑스런 **安重根 義士** 이야기 **33**

"3년 전부터 대한의군 참모중장의 자격으로 이등을 포살코자 했으며, 이 거사는 개인적인 원한이 아니라 한국의 독립과 동양평화를 위해서 독립전쟁의 일환으로 결행한 것이다"라고 진술하다.

2월 8일 오전 11시, 제2회 공판이 속개되어 우덕순과 조도선에 대한 개별신문이 행해지다. 우덕순은 하얼빈 의거에 참가한 이유를 "안중근은 의병으로서 한 일이겠으나 자신은 국민의 한사람으로서 당연해 해야 할 일을 했을 뿐이다"라고 진술하다. 조도선은 정대호가 데리고 오기로 되어있는 안중근의 가족을 마중 나갈 때 러시아어 통역을 도와주기 위해서 안중근과 채가구로 동행하였다고 진술하다.

2월 9일 오전 9시 50분, 제 3회 공판이 개정되다. 먼저 유동하

▲ 검거된 안중근 의거 동지

에 대한 개별신문이 행해지다. 유동하는 안중근의 거사 의도를 몰랐다고 진술하다. 오후부터 재판장의 정거취조가 행해져 안중근이 이강에게 보내려던 편지와 안중근, 우덕순의 시가 러시아와 일본 관헌에 의해 밝혀진 사실들이 제시되다. 여기서 안중근은 '이등박문의 죄악 15개조'를 설명하다. 중도에 재판장에 의하여 중지 당하다.

2월 10일 오전 9시 40분, 제4회 공판이 시작되다. 구연 검찰관으로부터 각자에 대한 형량이 구형되었는데 안중근은 사형, 우덕순과 조도선은 징역 3년, 유동하는 징역 1년 6개월이 구형되다.

2월 12일 오전 9시 30분, 제5회 공판이 개정되다. 두 일본인 관선 변호사의 변론이 행해지다. 겸전 변호사는 주로 우덕순, 조도선, 유동하 등에 대해 변론하고 수야 변호사는 안중근에 대하여 변호하다. 변론이 끝난 후 피고인들의 최후 진술에서 안중근은 일제의 침략적 간계를 규탄하면서 한국의 독립과 동양의 평화

▲ 두 아우와 홍 신부에게 마지막 유언을 하는 안중근 의사

를 위하여 이등박문을 제거했다고 진술하고 자신을 단순한 자객
으로 취급하지 말고 전쟁 중에 잡힌 포로로 대접하여 마땅히 만
국공법에 의하여 처리하라고 진술하다.

2월 14일 오전 10시, 제6회 최종판결이 개정되다. 재판장은 일
본 형법을 적용시켜 안중근에게 사형, 우덕순에게 징역 3년, 조도
선과 유동하에게는 각각 징역 1년 6개월을 선고하다. 이러한 선
고를 받고도 안중근은 "이보다 더 극심한 형은 없느냐?"고 말하
면서 시종일관 의연한 자세를 취하다.

3월 8일, 한국으로부터 여순감옥으로 빌렘 신부가 찾아오다. 다
음 날인 9일부터 10일까지 빌렘 신부가 안 의사의 영생영락을 위

◀ 1910년 2월, 안중근 의사
가 마지막 공판을 받으러 가는
새벽길

▼ 안중근 의사 순국 직후
유해를 감옥 묘지로
발인하는 장면

하여 고해성사와 미사성제대례, 예수의 성체성혈을 받아 모시는 대예식을 행하다. 안중근은 이 미사 중에 직접 복사를 하고 성체를 받아 모시다. 이때 감옥소의 일반관리들도 함께 참례하다. 면회실에서 검찰관, 전옥, 통역, 간수장, 두 변호사 등의 입회하에 안정근, 안공근 두 아우와 빌렘 신부를 면회하고 20분 동안 기도를 드린 후 동포에게 고하는 최후의 유언을 남기다.

3월 15일, 안중근은 지난 1909년 12월 13일부터 집필하기 시작한 그의 자서전 '안응칠역사'를 92일만에 탈고하고, '동양평화론'을 쓰기 시작하다. 한편 이 무렵부터 안중근은 '국가안위노심초사', '일일부독서 구중생형극' 등 한문 붓글씨로 된 많은 유작을 남기기 시작하다.

▶ 여순 감옥의
  안중근 의사
  독방 출입문

▼ 좌 : 안중근 의사 수의
우 : 여순 감옥 사형수의
시신을 넣어 매장한 통

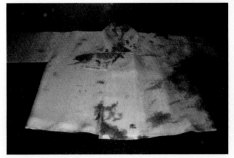

안중근이 갇혀있는 감옥에 관계하던 많은 일본인들이 비단과 지필묵을 가지고 와서 안 의사에게 기념소장할 붓글씨를 써줄 것을 부탁하다.

3월 25일, 안중근은 동생 정근과 공근을 마지막 면회하는 자리에서 모친과 부인, 숙부, 동생, 뮈텔 주교, 빌렘 신부 등에게 미리 써놓았던 6통의 유서를 전하다. 이보다 앞서 안병찬 변호사를 통하여 뼈에 사무치는 동포에게 고하는 유언을 전달하다.

3월 26일, 안중근 의사 여순감옥에서 교수형이 집행되어 순국하다. 안중근은 전날 고향으로부터 보내온 조선옷으로 갈아입고 형장으로 나아가기 전에 약 10분간 무릎을 꿇고 기도하다. 임형 직전 마지막으로 남길 유언을 묻는 검찰관의 물음에, "나의 거사는 동양평화를 위해 결행한 것이므로 임형관리들도 앞으로 한일간에 화합하여 동양평화에 이바지하기 바란다"고 하고 이 자리에서 함께 '동양평화만세'를 부를 것을 제기하자 반대하고 교수형을 집행, 안의사는 의연하게 순국하다. 안중근의 시신은 새로 송판으로 만든 침관에 안치된 후 여순감옥 묘지에 임시 안장되다(하지만 아직도 시신을 모시지 못하고 있다).

2015년 서울, 안중근 의사 순국 105주기

◀ 안중근의사 기념관.
1970년에 준공하여 1971년에
개관.
(서울 중구 남대문로5가
471번지 남산공원 내)

▶ 기념관 입구표석
'民族正氣의 殿堂'

▼ 기념관 앞뜰에는 안중근 의사의
어록비들이 빼곡하게 전시되어 있다.

▶▼ 안중근 의사 어록비.
안중근 의사의 친필로 쓰여진 휘호와
생전의 어록들을 그대로 새겨넣었다.

◀▼ 안중근 의사 기념관
내부 전시실.
기념관내 소장품으로는
'국가안위노심초사'외 20점의 휘호,
'인심결합론'외 20점의 액자,
'안중근 의사 존영'외 35점의 사진,
'안중근 의사 공판기'외 35점의 책자
등이 있으며 일반인의 관람을 위하
여 전시하고 있다.

▶ 2009년 4월, 일본 시민단체 '100년 시민네트워크'가 '한일합병' 100주년을 앞두고 교토 류코쿠(용곡)대에서 '안중근 유필, 관계자료전'을 열고 일반에 공개.

2009년 9월, 서울 예술의 전당 서예 박물관에서 공개된 안중근 의사 유묵 3점과 100년 전 원판 사진자료 27점. 이는 교토죠신지가 소장하고 류코쿠 대학에 기탁 보관하고 있는 것으로 안 의사가 뤼순 감옥에 있을 때 만났던 일본 정심사 주지 마쓰다 가이준이 직접 수습해 보관해 오던 것들이다.

'不仁者不可以久處約'(어질지 못한자는 오랫동안 거북한 제약을 견디지 못한다)
'敏而好學不恥下問'(영민하고 배우기를 좋아하여 아랫사람에게 묻기를 부끄러워하지 않는다)
'戒愼乎其所不睹'(군자는 그 보이지 않는 바에 경계하고 삼간다)

경기도 부천시 원미구 중동에 위치한 부천시립 근린공원.

본래 이름은 중동공원이었으나, 부천시가 자매도시인 중국 하얼빈으로부터 안중근 의사 동상을 기증받아 세우면서 안중근의 이름을 본 따 공원명을 개칭하였다.

안중근 연보와 화보(安重根 年譜와 畵報)

안중근 연보와 화보(安重根 年譜와 畵報)

자랑스런 **安重根 義士** 이야기

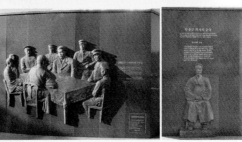

안중근 연보와 화보(安重根 年譜와 畵報)

안중근 의사 기념 조형물 부조벽화
작품명 : 대한국인 안중근 - 불꽃같은 삶
작가명 : 장성재, 권치규

자랑스런 安重根 義士 이야기

안중근 자서전

(安重根 自敍傳)

안응칠(安應七) 역사(歷史)

1909년 12월 13일 기술을 시작하다
(壹千九百九年 十二月 十三日 始述)

1

대한국 황해도 해주부(海州付) 수양산(首陽山)아래서 한 남아가 태어나니 성은 안(安)이요, 이름은 중근(重根), 자는 응칠(應七 : 성질이 가볍고 급한 데에 가깝기 때문에 이름을 중근이라 하고 배와 가슴에 일곱 개 검은 점이 있어 자를 응칠이라 함)이라 하였다.

할아버지 이름은 인수(仁壽)인데 성품이 어질고 무거웠으며, 살림이 넉넉했을 뿐더러 자선가로서도 도내에 이름이 들렸다. 일찍이 진해현감(鎭海縣監)을 지낸 이로서 6남 3녀를 낳았다. 맏이는 태진(泰鎭), 둘째는 태현(泰鉉), 셋째는 태훈(泰勳 : 나의 아버지), 넷째는 태건(泰建), 다섯째는 태민(泰敏), 여섯째는 태순(泰純)으로서 합하여 6형제였다. 모든 형제가 글을 잘 했고 넉넉했으며 그 중에서도 아버지는 재주와 지혜가 뛰어나서 8,9세 때에 이미 사서삼경(四書三經)을 통달했고, 13,4세 때에 과거 공부와 사륙병려체(四六騈儷體)를 익혔다.

아버지가 통감(通鑑)을 읽을 적에 교사가 책을 펴고 한 자를 가리키며 묻기를 "이 글자에서부터 열 장 아래 있는 글자가 무슨 글자인지 알겠느냐?"고 말하자, 한참 생각하다 대답하기를,

"알 수 있습니다. 그 자는 필시 천(天)자일 것입니다"하였다. 뒤져보았더니 과연 그 말대로 천(天)자였다.

기이하게 여기며 다시 묻기를 "이 책을 거슬러 올라가도 알 수 있겠느냐?"하자, 대답하기를,

"예! 알 수 있습니다"하였다.

이렇게 시험해 묻기를 십여 차례 했으나 바로 하나, 거꾸로 하나 마찬가지로 전혀 차오가 없으므로, 보고 듣는 이들 중 칭송하지 않는 이가 없었고, 선동(仙童)이라 일컬어 그로부터 명예가 원근에 널리 퍼져 드러났다. 중년에 과거에 올라 진사(進士)가 되고, 조씨(趙氏)에 장가들어 배필을 삼아 3남 1녀를 낳으니, 맏이는 중근(重根), 둘째는 정근(定根), 셋째는 공근(恭根)이다.

1884년 갑신년 사이, 경성(京城)에 가서 머물 적에 박영효(朴泳孝)씨가 깊이 나라의 형세가 위험하고 어지러운 것을 걱정하여 정부를 혁신하고 국민들을 개명시키고자 준수한 청년 70명을 선정하여 외국으로 보내어 유학시키려 했는데, 아버지도 거기에 뽑혔다.

슬프다! 정부의 간신배들이 박씨를 모함하여 반역하려고 한다하여 병정을 보내어 잡으려 하자, 그때 박씨는 일본으로 도망하고, 동지들과 학생들은 혹 살육도 당하고, 혹은 붙잡혀 멀리 귀양을 가기도 했다. 내 아버지는 몸을 피하여 고향집으로 돌아와 숨어 살며 조부와 서로 논하기를, "국사가 날로 틀려져가니 부귀공명은 바랄 것이 못 됩니

다"하였다.

하루는 "도대체 일찍 돌아가 산에서 살면서 구름 아래 밭이나 갈고, 달밤에 고기나 낚으며 세상을 마치는 것만 같지 못하다"하고, 집안 살림을 모두 팔아 재정을 정리하고, 마차(馬車)를 준비하여 무릇 7,80명의 가솔을 이끌고서 신천군(信川郡) 청계동(淸溪洞) 산중으로 이사를 하였다.

그곳은 지형이 험준하나 논밭이 갖추어 있고 산수경치가 아름다워 그야말로 별유천지(別有天地)라 할만 했는데, 그 때 내 나이 6,7세였다.

조부모의 사랑을 받으며 한문학교(漢文學校)에 들어가 8,9년 동안에 겨우 보통학문을 익혔다. 14세 되던 무렵에 조부 인수께서 돌아가셨는데, 나를 사랑하고 길러 주시던 정을 잊을 수 없어 심히 애통한 나머지 병으로 앓다가 반년이나 지난 뒤에 회복되었다.

어려서부터 사냥을 즐겼는데, 언제나 사냥꾼을 따라 다니며 산과 들에서 사냥하며 다녔다. 차츰 장성해서는 총을 메고 산에 올라 새, 짐승들을 사냥하느라고 학문을 힘쓰지 않으니 부모와 교사들이 크게 꾸짖기도 했으나 끝내 따르지 않았다.

친한 친구 학생들이 서로 타이르며 권면하기를, "너의 부친은 문장으로써 세상에 이름이 드러났는데, 너는 어째서 장차 무식한 하등인이 되려고 자처하느냐?"하므로 내가 대답하기를, "네 말도 옳다. 그러나 내 말도 좀 들어보아라. 옛날 초패왕(楚霸王) 항우(項羽)가 말하기를 '글은 이름이나 적을 줄 알면 그만이다'라고 했는데 만고영웅 초패왕의 명예가 오히려 천추에 남아 전한다. 나도 학문 가지고 세상에 이름을 드러내고 싶지는 않다. 저도 장부요, 나도 장부다. 너희들은 다시 나를 권하지 말라"했다.

하루는 3월 봄철이었다. 학생들과 함께 산에 올라가 경치를 구경하다가 층암절벽 위에 이르러 꽃이 탐스러워 꺾으려다가 발을 헛디뎌서 미끄러져 몇 십 척 아래로 굴러 떨어지는데 어찌할 길이 없었다. 마음을 가다듬는 차에 마침 나무 한 그루가 있기에 손을 내밀어 그것을 잡고 몸을 떨쳐 용기를 내어 일어나 사방을 돌려보니, 만일 두서너 자만 더 아래로 떨어졌더라면 수백 척 벼랑 아래로 떨어져 뼈는 부스러지고 몸은 가루가 되어 다시 살아날 여망이 없을 뻔했다. 여러 아이들은 산 위에 서서 얼굴이 흙빛이 되어 있을 뿐이다가 살길이 생긴 것을 보고 밧줄로 끌어 올려 주었는데, 한 군데도 상처는 없고 땀만 등에 흠뻑 젖었으므로 서로 손을 잡고 기뻐하며 천명에 감사하면서 산을 내려 집으로 돌아왔으니, 이것이 어려운 고비에서 죽음을 면한 첫 번째였다.

2

1884년 갑오에 내 나이 16세로 아내 김씨(金氏)에게 장가들어 현재 두 아들과 딸 하나를 낳았다.

그 무렵 한국 각 지방에서는 이른바 동학당(東學黨)이 곳곳에서 벌 떼처럼 일어나 외국인을 배척한다는 핑계로 군현(郡縣)을 횡행하면서 관리들을 죽이고 백성의 재산을 약탈했었다(이때 한국이 장차 위태롭게 된 기초로 일본, 청국, 러시아가 개전하게 된 원인을 지은 병균이었음). 관군(官軍)이 그들을 진압할 수 없었기 때문에 청국 병정들이 건너오고, 또 일본 병정들도 건너와 일본과 청국 두 나라가 서로 충돌하여 마침내 큰 전쟁이 되고 말았다.

그때 내 아버지는 동학당의 폭행을 견디기 어려워 동지들을 단결하고 격문을 뿌려 의거를 일으켜 포수들을 불러 모으고 처자들까지 항오(行伍)에 편입하니, 정병(精兵)이 무릇 70여 명이나 되어 청계산 중에 진을 치고 동학당에 항거했었다. 그 때 동학당의 괴수 원용일(元容日)이 그의 도당 2만 여를 이끌고 기세도 당당하게 쳐들어오는데, 깃발과 창과 칼이 햇빛을 가리고 북소리, 호각소리, 고함소리가 천지를 뒤흔들었다.

의병은 그 수가 70여 명을 넘지 못하여 세력의 강약이 마치 달걀을 가지고 바위를 치는 격과 같아 모든 사람들의 마음이 겁을 먹고 어찌할 줄을 몰랐다. 때는 12월 겨울철이라 갑자기 동풍(東風)이 불고 큰비가 쏟아져 지척을 분간하기 어렵자, 적병은 갑옷이 모두 젖어 찬 기운이 몸에 배어 어찌할 길이 없으므로 한 10리쯤 되는 마을로 진을 물려 밤을 지내는 모양이었다.

그날 밤 내 아버지는 여러 장수들과 함께 의논하기를,

"만일 내일까지 앉은 자리에서 적병의 포위 공격을 받게 되면, 적은 군사로 많은 적군을 대항하지 못할 것은 필연한 일이라, 오늘 밤으로 먼저 나가 적병을 습격하는 것만 같지 못하다"하고 곧 명령을 내렸다. 닭이 울자 새벽밥을 지어먹고, 정병 40명을 뽑아 출발시키고 남은 병정들은 본동(本洞)을 수비하게 했다.

그때 나는 동지 6명과 함께 자원하고 나서서 선봉(先鋒) 겸 정탐독립대(偵探獨立隊)가 되어 전진 수색하면서 적병 대장소(大將所)가 있는 지척에까지 다다랐다. 숲 사이에 숨어 엎드려 적진의 형세와 동정을 살펴보니 깃발이 바람에 펄럭이고 불빛이 하늘에 치솟아 대낮 같은데, 사람과 말들이 소란하여 도무지 기율이 없으므로 나는 동지들

을 돌아보며 이르되,

"만일 지금 적진을 습격하기만 하면 반드시 큰 공을 세울 것이다"고 했더니 모두들 말하기를,

"얼마 안 되는 잔약한 군사로써 어찌 적의 수만 대군을 당적할 수 있겠는가?"하였다. 나는 다시 대답하되,

"그렇지 않다. 병법(兵法)에 이르기를 '적을 알고 나를 알면 백 번 싸워 백 번 이긴다'고 했다. 내가 적의 형세를 보니 함부로 모아 놓은 질서 없는 군중이다. 우리 일곱 사람이 마음을 같이 하고 힘을 합하기만 하면 저런 난당(亂黨)은 비록 백 만 대중이라고 해도 겁날 것이 없다. 아직 날이 밝지 않았으니 뜻밖에 쳐들어가면 파죽지세(破竹之勢)가 될 것이다. 그대들은 망설이지 말고 내 방략대로 따르라"고 했더니, 모두들 응낙하여 계획을 완전히 끝냈다. 호령 한 마디에 일곱 사람이 일제히 적진의 대장소를 향해 사격을 시작하니, 포성은 벼락처럼 천지를 진동하고 탄환은 우박처럼 쏟아졌다.

적병은 별로 예비하지 못했기에 미처 손을 쓸 수 없었고, 몸에 갑옷도 입지 못하고 손에 기계도 들지 못한 채 서로 밀치고 밟으며 산과 들로 흩어져 달아나므로 우리는 이긴 기세를 타고 추격했다. 이윽고 동이 트자 적병은 그제야 우리 쪽의 형세가 외롭고 약한 줄을 알아차리고 사면에서 에워싸고 공격하니, 형세가 극히 위급해져서 좌충우돌(左衝右突)해 보았으나 몸이 빠져 나올 길이 없었다.

그때 갑자기 등 뒤에서 포성이 크게 울리며 한 부대 군사들이 달려와 충돌하자 적병이 패하여 달아나 포위망이 풀렸다. 이에 빠져 나올 수 있게 되었는데, 그것이 바로 본진의 후원병들이 와서 응원 접전해 준 것이었다. 두 진이 합세하여 추격하자 적병은 사방으로 흩어져 멀리 도망하고 전리품(戰利品)을 거두니, 군기(軍器)와 탄약이 수십 바

리(駄)요, 말도 그 수를 헤아릴 수 없었으며, 군량(軍糧)은 천여 포대 (包)요, 적병의 사상자는 수십 명이었으나 우리 의병들은 한 사람의 손해도 없어 하느님의 은혜에 감사하고 만세를 세 번 부르며 본동(本 洞)에 개선하여 본도 관찰부(觀察府)에 급히 승첩보고를 알렸다.

이 때 일본 위관(慰官) 영목(鈴木 : 스즈끼)이란 자가 군대를 이끌고 지나가다가 서신을 보내어 축하의 뜻을 표하는 것이었다. 이로부터 적병은 소문을 듣고 멀리 달아나 다시는 싸움이 없었고 차츰 잠잠해 져서 나라 안이 태평해졌다.

나는 그 싸움 뒤에 무서운 병에 걸려 고통하기 두서너 달에 겨우 죽 음을 면하고 소생하였는데, 그 때부터 지금에 이르도록 15년 동안에 는 전혀 조그마한 병도 한 번 앓지 않았다.

아! 토끼 사냥에 애쓴 개를 사냥이 끝나고는 개마저 잡아먹으려 들 고, 내를 건너갈 적에 요긴히 쓴 지팡이도 건너가서는 모래바닥에 동 댕이친다더니만, 그 이듬해 을미년(乙未年 : 1895) 여름에 어떤 손님 두 사람이 찾아와 아버지에게 하는 말이 "작년 전쟁 때 실어온 천여 포대 곡식은 그것이 동학당들의 물건이 아니라 본시 그 절반은 지금 탁지부 대신(度支部大臣) 어윤중(魚允中)씨가 사두었던 것이요, 또 그 절반은 전혜청 당상(前宣惠廳堂上) 민영준(閔泳駿)씨의 농장에서 추 수해 들인 곡식이니, 지체하지 말고 그 수량대로 돌려 드리시오"하는 것이었다.

아버지는 웃으며 대답하되,

"어씨, 민씨, 두 분의 쌀은 내가 알 바 아니오. 직접 동학당들의 진 중에 있던 것을 빼앗아 온 것이니 그대들은 무리한 말을 다시는 하지 마시오."하자 두 사람은 아무 대답도 없이 돌아가고 말았다.

하루는 경성에서 급한 편지 한 장이 왔다. 그 편지를 열어보니,

"지금 탁지부 대신 어윤중과 민영준 두 사람이 잃어버린 곡식 포대를 찾을 욕심으로 황제폐하께 무고로 아뢰기를, '안모(安某)가 막중한 국고금과 무역해 들인 쌀 천여 포대를 까닭 없이 도둑질해 먹었기 때문에 사람을 시켜 탐사해 본즉, 그 쌀로써 병정 수천 명을 길러 음모를 꾸미려 하고 있사오니 만일 군대를 보내어 진압하지 않으면 국가에 큰 환란이 있을 것입니다'라고 하여 곧 군대를 파견하려 하고 있으니 그렇게 알고 빨리 올라와 선후방침을 꾀하도록 하시오."하는 내용이었다.(前判決事 金宗漢의 편지)

아버지는 그 편지를 읽고 곧 길을 떠나 경성에 이르러 보니, 과연 그 말과 같으므로 사실을 들어 법관에 호소하고 두 서너 번이나 재판을 했으나 끝내 판결을 보지 못했다.

김종한씨가 정부에 제의하기를,

"안모(安某)는 본시 도적의 유(類)가 아닐뿐더러 의병을 일으켜 도적들을 무찌른 국가의 큰 공신이니 마땅히 그 공훈을 표창해야 할 일이거늘, 도리어 근사하지도 않고 당치도 않은 말로써 모함할 수가 있겠습니까?" 하였다. 그러나 어윤중은 끝내 들어주지 않더니만 뜻밖에 어씨가 민란(民亂)을 만나 난민들의 돌에 맞아 참혹하게 죽은 귀신이 되어 그의 모략도 끝나고 말았다.

그러나 독사(毒蛇)가 물러나자 맹수가 다시 나오는 격으로 이번에는 민영준이 새로 일을 벌여 해치려 들었다. 민씨는 세력가라 사태는 위급해지고 꾀와 힘이 다하여도 어찌 할 방법이 없어, 프랑스 사람의 천주교당(天主敎堂)에 피해 들어가 몇 달 동안 자취를 숨겼는데, 다행히도 프랑스 사람들이 몸을 돌보아주는 덕택을 입었고 민씨의 일도 영영 끝이 나서 무사하게 되었다. 그러는 동안 교당 안에서 오래 머물며 강론(講論)도 많이 듣고 성서(聖書)도 널리 읽어 진리를 깨닫고

몸을 허락하여 입교한 뒤에 앞으로 복음을 전파하고자 교회 안의 박
학사(博學士)인 이보록(李保祿)과 함께 많은 경서(經書)를 싣고 고향
으로 돌아왔다.

그때 내 나이 17,8세쯤이니 나이는 젊고 힘은 세고 기골(氣骨)이 빼
어나 남에게 뒤지지 않았다. 내가 평생 특성으로 즐겨하던 일이 네 가
지가 있었으니,

첫째는 친구와 의(義)를 맺는 것이요 (親友結義)

둘째는 술 마시고 노래하고 춤추는 것이요 (飮酒歌舞)

셋째는 총으로 사냥하는 것이요 (銃砲狩獵)

넷째는 날랜 말을 타고 달리는 것이었다. (騎馳駿馬)

그래서 멀고 가까운 것을 가리지 않고 만일 의협심 있는 사나이다
운 사람이 어디에 산다는 말만 들으면, 언제나 총을 지니고 말을 달려
찾아 갔었고, 과연 그가 동지가 될 만하면 감개한 이야기로 토론하고
유쾌하게 실컷 술을 마시고, 취하면 노래도 하고 춤도 추고 또 기생방
에서 놀기도 했다. 그리고는 기생에게 이르되,

"너의 절묘한 자색으로 호걸 남자와 짝을 지어 같이 늙는다면 그 얼
마나 좋은 일이겠느냐. 너희들이 그렇지 못하고 돈 소리만 들으면 침
을 흘리고 정신을 잃어 염치불구하고 오늘은 장가(張哥), 내일은 이
가(李哥)로 금수의 행동을 하는 것이냐?"했는데, 그런 내 말을 계집들
이 공손히 듣지 않고 미워하는 빛이나 공손하지 않은 태도를 보이면,
나는 욕을 퍼붓기도 하고 매질도 했기 때문에 친구들은 나의 별호를
번개입(電口)이라고 불렀다.

하루는 동지 6,7인과 산에 가서 노루사냥을 하는데, 공교롭게도 탄
환이 총구멍에 걸려서(구신6연발) 빼낼 수도 없고 들이밀 수도 없어
쇠꼬챙이로 총구멍을 뚫으려고 주저 않고 마구 쑤셨더니 "꽝!"하고 터

지는 소리에 혼비백산(魂飛魄散)하여 머리가 붙어 있는지 없는지, 목숨이 살았는지 죽었는지조차도 깨닫지 못했다.

이윽고 정신을 차려 자세히 살펴보니 탄환이 폭발하여 쇠꼬챙이는 탄환알과 함께 오른손을 뚫고 공중으로 날아가고 나는 곧 병원으로 가서 치료했다. 그로부터 지금에 이르기까지 10년 동안 비록 꿈속에라도 그 때 놀랐던 일에 생각이 미치면 모골(毛骨)이 송연(悚然)해진다. 그 뒤 또 한 번은 남의 잘못 쏜 엽총에 산탄(散彈) 두 개가 등 뒤를 맞추기는 했으나 그리 중상(重傷)은 아니었고 곧 총알을 빼내어 나왔다.

3

그 무렵 아버지가 널리 복음(福音)을 전파하니 원근에서 권면하여 입교하는 사람들이 날마다 늘어갔다. 우리 가족들도 모두 천주교를 믿게 되었는데, 나도 역시 입교하여 프랑스인 선교사 홍신부(洪神父) 요셉(若瑟)에게서 영세를 받고 성명(聖名)을 도마(多默)라 하였다. 경문 강습도 받고 도리(道理)를 토론도 하기를 여러 달이 지나니, 신덕(信德)이 차츰 굳어지고 독실이 믿어 의심치 않고 천주 예수 그리스도를 숭배하게 되어 날이 가고 달이 가서 몇 해가 지났다. 그 때 교회의 사무를 확장하고자 나는 홍교사(洪敎師)와 함께 여러 고을을 다니며 사람들에게 권면하고 전도하면서 군중들에게 연설했다.

"형제들이여. 내가 할 말이 있으니 꼭 내 말을 들어주시오. 만일 어떤 사람이 혼자서만 맛있는 음식을 먹고 그것을 가족들에게 나누어주지 않는다거나, 또 재주를 간직하고 남을 가르쳐 주지 않는다면 그것을 과연 동포의 정리(情理)라고 할 수 있겠소? 지금 내게 별미가 있고 기이한 재주가 있는데 그 음식은 한 번 먹기만 하면 장생불사(長生不死)의 음식이요, 또 이 재주를 한 번 통하기만 하면 능히 하늘로 날아 올라갈 수 있는 것이기 때문에 그것을 가르쳐 드리려는 것이니 여러 동포들은 귀를 기울이고 들으시오. 대개 천지간 만물 가운데서 오직 사람이 가장 귀하다고 하는 것은 혼이 신령이기 때문이오. 혼에는 세 가지가 있는데, 첫째는 생혼(生魂)이니 그것은 초목의 혼으로서 능히 생장하는 혼이요, 둘째는 각혼(覺魂)이니 그것은 금수의 혼으로서 능히 지각(知覺)하는 혼이요, 셋째는 영혼(靈魂)이니 그것은 사람의 혼으로서 능히 생장하고 능히 지각하고 또 능히 시비를 분변하고 도리를 토론하고 능히 만물을 맡아 다스릴 수 있기 때문에 오직 사람이 가장 귀하다 하는 것이오.

사람이 만일 영혼이 없다고 하면 육체 만으로서는 짐승만 같지 못할 것이오. 왜 그런가 하면 짐승은 옷이 없어도 추위를 나고, 직업이 없어도 먹을 수 있고, 날 수도 있고 달릴 수도 있어 재주와 용맹이 사람보다 낫기 때문이오. 그러나 하고 많은 동물들이 사람의 절제를 받는 것은 그것들의 혼이 신령하지 못하기 때문이오. 그러므로 영혼의 귀중함은 이것을 미루어서도 알 수 있는 일인데, 이른바 천명(天命)의 본성이란 것은 그것이 바로 지극히 높으신 천주께서 사람의 태중에서부터 불어넣어 주는 것으로서 영원무궁하고 죽지도 멸하지도 않는 것이오.

그러면 천주는 누구인가? 한 집안 가운데는 그 집주인이 있고 한 나라 가운데는 임금이 있듯이, 이 천지 위에는 천주가 계시어 시작도 없고 끝도 없이 삼위일체로서(성부, 성자, 성신이니 그 뜻이 깊고 커서 아직 해석하지 못했음) 전능(全能), 전지(全知), 전선(全善)하고 지공(至公), 지의(至義)하여 천지만물과 일월성신을 만들어 이루시고, 착하고 악한 것을 상주고 벌주시는 오직 하나요 둘이 없는 큰 주재자(大主宰者)가 바로 그 분이오.

만일 한 집안의 아버지 되는 이가 집을 짓고 산업을 마련하여 그 아들에게 주어 재산을 누리며 쓰게 했는데, 아들은 제가 잘난 것이라 생각하고 어버이를 섬길 줄 몰라 불효막심하다면 그 죄가 중하다 할 것이오. 또 한 나라의 임금이 정치를 공정히 하고 백성들의 생업을 보호하여 모든 국민들이 태평을 누릴 수 있게 되었는데, 백성이 그 명령에 복종할 줄 모르고 전혀 충군 애국하는 성품이 없다면 그 죄는 가장 중하다 할 것이오.

그런데 이 천지간에 큰아버지요 큰 임금이신 천주께서 하늘을 만들어 우리를 덮어 주시고, 땅을 만들어 우리를 떠받쳐 주시고, 해와 달과 별들을 만들어 우리를 비추어 주시고, 또 만물을 만들어 우리로 하여금 쓰게 하시니 실로 그 은혜가 크고 그같이 막대한데, 만일 사람들이 망령되이 제가 잘난 척하여 충효를 다하지 못하고 근본을 보답하는 의리를 잊어버린다면 그 죄는 비길 데 없이 큰 것이니, 어찌 두려운 일이 아니며 어찌 삼갈 일이 아니겠소. 그러므로 공자(孔子)도 말하기를, '하늘에 죄를 지으면 빌 데도 없다'하였소.

천주님은 지극히 공정하여 착한 일에 갚아주지 않는 일이 없고 악한 일에 벌하지 않는 일이 없거니와, 공죄(功罪)의 심판은 몸이 죽는 날 내는 것이라 착한 이는 영혼이 천당에 올라가 영원무궁한 즐거움을 받는 것이요, 악한 자는 영혼이 지옥으로 들어가 영원히 다함없는 고통을 받게 되는 것이오.

한 나라의 임금도 상주고 벌주는 권세를 가졌거늘 하물며 천지를 다스리는 거룩한 큰 임금이겠소. 혹시 어째서 천주님이 사람들이 살아 있는 현세(現世)에서 착하고 악한 것을 상주고 벌주지 않느냐고 하겠지마는 그것은 그렇지 아니하오. 이 세상에서 주는 상벌은 한정이 있지마는 선악에는 한이 없는 것이오. 만일 어떤 사람이 한 사람을 죽여 시비를 판별할 적에 죄가 없으면 그만이려니와 죄가 있어도 그 한 사람만 다스리는 것으로 족한 것이오.

그러나 어떤 사람이 여러 천만 명을 죽인 죄가 있을 적에 어찌 그한 몸뚱이만 가지고 대신할 수 있겠고, 또 만일 어떤 사람이 여러 천만 명을 살린 공로가 있을 적에 어찌 잠깐 되는 세상 영화로써 그 상을 다했다고 할 수 있겠소.

더구나 사람의 마음이란 때를 따라 변하는 것이어서 혹 금시는 착하다가도 다음에는 악한 일을 짓기도 하고, 혹시 오늘은 악하다가도 내일은 착하게도 되는 것이니, 만일 그 때마다 선악에 상벌을 주기로 든다면 이 세상에서 인류가 보존하기 어려울 것이 분명하오.

또 이 세상 벌은 다만 그 몸을 다스릴 뿐이요, 그 마음은 다스리지 못하는 것이지만 천주님의 상벌은 그렇지 아니하오. 전능(全能), 전지(全知), 전선(全善)하고 지공(至公), 지의(至義)하기 때문에 사람의 목숨을 너그러이 기다려 주었다가 세상을 마치는 날 선악의 경중을 심판한 연후에 죽지 않고 멸하지도 않는 영혼으로 하여금 영원무궁한 상벌을 받게 하는 것인데, 상은 천당의 영원한 복이요 벌은 지옥의 영원한 고통으로서, 천당에 오르고 지옥에 떨어지는 것을 한번 정하고는 다시 변동이 없는 것이오.

아, 사람의 목숨은 많이 가야 백년을 넘지 못하는 것이오. 또 어진 사람이나 어리석은 사람이나 귀하고 천한 것을 물을 것 없이 누구나 알몸으로 이 세상에 태어났다가 알몸으로 뒷세상으로 돌아가는 것이니, 이것이 이른바 빈손으로 왔다가 빈손으로 돌아간다는 그것이오. 세상일이란 이같이 헛된 것인데, 이미 그런 줄 알면서 왜 허욕의 구렁텅이에서 허우적거리며 악한 일을 하고도 깨닫지 못하는 것인지 나중에 뉘우친들 무엇 하리오.

만일 천주님의 상벌도 없고 또 영혼도 역시 몸이 죽을 때 같이 따라 없어지는 것이라면 잠깐 사는 세상에서 잠깐 동안에 혹 꾀함직 하지 마는, 영혼이란 죽지 않고 없어지지도 않는 것이며, 천주님의 지극히 높은 권한도 불을 보는 것처럼 명확한 것이오.

옛날 요(堯) 임금이 말한, '저 흰 구름을 타고 제향(帝鄕)에 이르면 또 다른 무슨 생각이 있으리오'한 것이나, 우(禹) 임금이 말한, '삶이런 붙어있는 것(寄他)이요, 넋(魂)은 내려가는 것이라'한 것과 또 '혼은 올라가는 것이요, 넋(魂)은 내려가는 것이라'한 것들이 모두 다 영혼은 멸하지 않는다는 뚜렷한 증거가 되는 것이오.

만일 사람이 천주님의 천당과 지옥을 보지 못했다 하여 그것이 있는 것을 믿지 않는다 하면 그것은 마치 유복자(遺腹子)가 아버지를 못 보았다고 해서 아버지 있는 것을 안 믿는 것과 같고, 또 소경이 하늘을 못 보았다고 해서 하늘에 해가 있는 것을 안 믿는 것과 무엇이 다를 것이오. 또 화려한 집을 보고서 그 집을 지을 때 보지 않았다 해서 그 집을 지은 목수가 있었던 것을 안 믿는다면 어찌 웃음거리가 되지 않겠소.

저 하늘과 땅과 해와 달과 별들의 넓고 큰 것과 날고 달리는 동물과 식물 등 기기묘묘(奇奇妙妙)한 만물이 어찌 지은 이 없이 저절로 생성(生成)할 수 있을 것이오? 만일 과연 저절로 생성하는 것이라면 해와 달과 별들이 어째서 어김없이 운행되는 것이며, 또 봄, 여름, 가을,

겨울이 어째서 틀림없이 질서가 돌아갈 수 있을 것이오?

비록 집 한 칸, 그릇 한 개도 그것을 만든 사람이 없다면 생겨날 수가 없는 것인데, 하물며 수륙(水陸) 간에 하고 많은 기계(機械)들이 만일 주관하는 이가 없다면 어찌 저절로 운전될 리가 있겠소. 그러므로 믿고 안 믿는 것은 보고 못 본 것에 달린 것이 아니라 이치에 맞고 안 맞는 것에 달렸을 따름이오.

이러한 몇 가지 증거를 들어 지극히 높은 천주님의 은혜와 위엄을 확실히 믿어 의심하지 아니하고 몸을 바쳐 신봉하며 만일에 대응하는 것이야말로 우리 인류들의 당연한 본분인 것이오.

지금으로부터 1천 8백여 년 전에 지극히 어진 천주님이 이 세상을 불쌍히 여겨 만인의 죄악을 속죄하여 구원해 내시고자 천주님의 둘째 자리인 성자(聖子)를 동정녀 마리아의 뱃속에 잉태케 하여 유태국 베들레헴에서 탄생시키니 이름하여 예수 그리스도라 했소.

그가 세상에 머무르기를 33년 동안, 사방을 두루 다니며 사람들을 보고 그 허물을 뉘우치게 하고 신령한 행적을 많이 행하였으니 소경은 눈을 뜨고, 벙어리는 말을 하고, 귀머거리는 듣고, 앉은뱅이는 걷고, 문둥이가 낫고, 죽은 사람이 되살아나니 원근 간에 이 소문을 듣고 따르지 않는 사람이 없었소.

그 중에서 12인을 가려 제자를 삼고 또 특히 한 사람을 뽑으니 이름은 베드로라, 그로써 교종(敎宗)을 삼아 장차 그 자리를 대신하게 하고자 권한을 맡기고 규칙을 정해서 교회(敎會)를 세웠던 것이오. 지금 이태리국 로마부(府)에서 그 자리에 계신 교황(敎皇)은 베드로로부터 전해 내려오는 자리로서, 지금 세계 각국 천주교인들이 모두 다 그를 우러러 받드는 것이오.

그 당시 유태국 예루살렘 성중에서 옛 교를 믿던 사람들이 예수의

착한 일 하는 것을 미워하고 권능을 시기하여 무고로 잡아다가 무수히 악형하고 천만 가지 고난을 가한 다음 십자가에 못을 박아 공중에 매어 달았을 때, 예수는 하늘을 향해 "만인의 죄악을 용서해 주소서" 하고 기도한 뒤에 큰 소리 한 번에 마침내 숨이 끊어졌소. 그 때 천지가 진동하고 햇빛이 어두워지니 사람들이 모두 놀라 '하느님의 아들'이라 일컬었고, 제자들은 그 시체를 거두어 장사지냈소.

예수는 사흘 뒤 다시 살아나 무덤에서 나와 제자들에게 나타나 같이 지내기를 40일 동안에 죄를 사하는 권한을 전하고 무리들을 떠나 하늘로 올라가셨소. 제자들은 하늘을 향하여 예배하고 돌아와 세계를 두루 다니며 천주교를 전파하니, 오늘에 이르기까지 2천 년 동안에 신도들이 몇 억만 명인지 알지 못하고 천주교의 진리를 증거하고 천주님을 위하여 목숨을 바치려는 사람들도 몇 백만 명인지 모르오.

지금 세계 문명국 박사, 학사, 신사들로 천주 예수 그리스도를 믿지 않는 사람이 없소. 그러나 지금 세상에는 위선(僞善)의 교도 대단히 많은데, 이것은 예수께서 미리 제자들에게 예언했으되 '뒷날 반드시 위선하는 자가 있어 내 이름으로 민중들을 감화시킨다 할 것이니, 너희들은 삼가서 그런 잘못에 빠져들지 말라. 천국으로 들어가는 문은 다만 천주교회의 문 하나밖에 없다'고 하였소.

원컨대 우리 대한의 모든 동포 형제, 자매들은 크게 깨닫고 용기를 내어 지난날의 허물을 깊이 참회함으로써 천주님의 의자(義子)가 되어 현세(現世)를 도덕시대로 만들어 다 같이 태평을 누리고, 죽은 뒤에 천당에 올라가 상을 받아 무궁한 영복(永福)을 함께 누리기를 천만번 바라오."

이 같이 설명했는데 듣는 사람들로는 혹은 믿는 이도 있었고 혹은 믿지 않는 이도 있었다.

4

그 때 교회는 차츰 확장되어 교인이 수만 명에 가깝고 선교사 여덟 분이 황해도 안에 와서 머물고 계셨다.

나는 그 때 홍 신부에게서 프랑스 말을 몇 달 동안 배웠었다.

나는 홍 신부와 서로 의논하기를,

"지금 한국 교인들이 학문에 어두워서 교리를 전도하는 데에 손해가 적지 않은데, 하물며 앞날 국가 대세야 말하지 않아도 생각할 만합니다. 민(閔) 주교에게 말씀해서 서양 수사회(修士會) 가운데서 박학한 선비 몇 사람을 청해 와서 대학교를 설립한 뒤에 국내에 재주가 뛰어난 자제들을 교육한다면 몇 십 년이 안 가서 반드시 큰 효과가 있을 것입니다"하였다.

이에 계획을 세우고서 홍 신부와 함께 곧 서울로 가서 민 주교를 만나보고 그 의견을 제출했더니 주교가 말하되,

"한국인이 만일 학문이 있게 되면 교를 믿는 일에 좋지 않을 것이니, 다시는 그런 의논을 꺼내지 마시오"하는 것이었다.

나는 두 번 세 번 권고했으나 끝내 들어주지 않으므로 어찌할 길이 없어 본향으로 돌아오긴 했으나, 그로부터 분개함을 참지 못하고 마음속으로 맹세하되,

"교의 진리는 믿을지언정 외국인의 심정을 믿을 것이 못 된다"하고 프랑스 말 배우던 것도 폐하고 말았다. 벗이 묻기를,

"무엇 때문에 배우지 않는가?"하므로 나는 대답하되,

"일본말을 배우는 자는 일본의 종놈이 되고, 영어를 배우는 자는 영국의 종놈이 된다. 내가 만일 프랑스 말을 배우면 프랑스 종놈을 면치

못할 것이라 그래서 폐한 것이다. 만일 우리 한국이 세계에 위력을 떨친다면 세계 사람들이 한국말을 통용할 것이니 그대는 조금도 걱정하지 말게"했더니 그는 할 말이 없어 물러가고 말았다.

그 당시 이른바 금광 감리(監理) 주가(朱哥)라는 사람이 천주교를 비방하여 피해가 적지 않았는데, 내가 총대(總代)로 선정되어 그가 있는 곳에 파견되어 가서 사리를 들어 질문하는 차에, 금광 일꾼들 4,5백 명이 제각기 몽둥이와 돌을 가지고 옳고 그른 것을 묻지도 않고 몰려 내려오니, 그것이 바로 법은 멀고 주먹은 가깝다는 것인데 위급하여 어쩌할 길이 없었다.

나는 오른손으로 허리춤에 차고 있던 단도를 뽑아들고 왼편 손으로는 주가의 오른손을 잡고서 큰 소리로 꾸짖되,

"네가 비록 백만 명 무리를 가졌다 해도 네 목숨은 내 손에 달렸으니 알아서 해라"했더니 주가가 크게 겁내어 좌우를 꾸짖어 물리치므로 내게는 대지 못했었다. 나는 주가의 오른 손을 잡은 채로 문 밖으로 끌고 나와 10여 리를 동행한 뒤에 그를 놓아 보내고 나도 그곳을 벗어 나왔었다.

그 뒤에 나는 만인계(萬人契: 채표회사) 사장에 피선되어 출표식(出票式)을 거행하는 날에 다다라, 원근에서 참석해 온 사람들 수만 명이 계장 앞뒤 좌우에 늘어서서 인산인해(人山人海)와 다름이 없었다. 계소는 가운데 있어 여러 임원들이 함께 있는 곳이요, 네 군데 문은 순검(巡檢)이 지키며 보호해 주었다.

그 때 표 뽑는 기계가 고장이 생겨 표인(票印) 5,6개가 한꺼번에 쏟아져 나왔는데(표인은 매번에 한 개씩 나오는 것이 규례임), 이것을 본 수 만 명이 시비곡직은 가리지 않고 협잡한 짓이라 하며 고함을 지르자 돌멩이와 몽둥이가 비오듯 했다. 파수하던 순검은 사방으로

흩어져 달아나고 일반 임원들도 상한 사람들이 수 없이 많았다.

저마다 살기 위해서 도망해 가고, 다만 남아 있는 사람은 나 한 사람뿐이었다. 군중들은 고함을 지르며, "사장을 쳐 죽여라 하고, 일제히 몽둥이로 치고 돌을 던져 오므로 위급하여 목숨이 경각에 달렸었다. 문득 생각해보니 만일 사장이란 자가 한 번 도망을 간다면 회사 사무는 다시 돌아볼 여지도 없을 것이요, 더구나 뒷날 명예가 어찌될 것인가 말하지 않아도 알 수 있는 일이었다.

그러나 형세가 어쩔 길이 없이 급하니, 행리(行李) 속에서 총 한 자루를 꺼내어(12연발 나가는 신식 총이었음) 오른손에 들고 걸어서 계단 위로 올라가 군중을 향하여 크게 외치되,

"왜 이러는가? 왜 이러는가? 잠깐 내 말을 들으라. 무엇 때문에 나를 죽이려는가? 그대들이 시비곡직도 가리지 않고 소란을 피우고 난동을 부리니, 세상에 어찌 이 같은 야만의 행동이 있을 것인가? 그대들이 비록 나를 해치려 하지마는 나는 죄가 없다. 어찌 까닭 없이 목숨을 버릴 수 있을 것인가? 나는 결코 죄 없이 죽지는 않을 것이다. 만일 나와 더불어 목숨을 겨룰 자가 있으면 유쾌히 앞으로 나서라"하고 타이르자, 군중들이 모두 겁을 집어먹고 물러나 흩어지고 다시는 더 떠드는 자가 없어졌다.

이윽고 한 사람이 밖으로부터 수만 명이 에워싼 위를 뛰어 넘어오는데, 빠르기가 나는 새와 같았다. 그가 내 앞에 다가서더니 나를 향하여 꾸짖으며 말하기를, "너는 사장이 되어 가지고 수만 명을 청해다 놓고는 이렇게 사람을 죽이려는 것이냐?"하는 것이었다. 문득 그 사람됨을 보니 신체가 건장하고 기골이 청수하며 목소리도 우렁차서 과연 일대 영웅이라 할 만 했다. 나는 단 아래로 내려와 그의 손목을 쥐고 예하며 이르되,

"형씨! 형씨! 노여워 말고 내 말을 들으시오. 지금 사세가 이렇게 된 것은 내 본의가 아니오. 일의 경우가 이러이러했던 것인데 난동부리는 무리들이 공연히 소란을 일으켰던 것이오. 다행히 형씨가 내 위태로운 목숨을 살려 준 것이오. 옛 글에 죄 없는 한 사람을 죽이면 그 앙화가 천세에 미치고, 죄 없는 사람 하나를 살려주면 그 음덕의 영화가 만대에 미친다 했소. 성인이라야 능히 성인을 알고 영웅이라야 능히 영웅과 사귈 수 있는 것이오. 형과 내가 이로부터 백 년의 교분을 짓는 것이 어떠하오?"했더니 그는 대답하되,

"좋소"하고는, 군중을 향하여 큰 소리로 "사장은 도무지 죄가 없소. 만일 사장을 해치려는 자가 있으면 나는 주먹으로써 때려 죽여 버리고 말 것이오"하고 말하고서는 두 손으로 군중을 헤치고 나가는데 마치 물결과 같았고 일반 사람들도 무너져 흩어져 버렸다.

나는 비로소 마음을 놓고 다시 단 위로 올라가 큰 소리로 군중들을 불러 모아 안정시킨 뒤에 타일러 설명하되,

"오늘 된 일들은 이렇고 저렇고 간에 별로 허물될 것이 없고, 공교롭게도 기계고장으로 생긴 일이니, 원컨대 여러분들도 용서해 주는 것이 어떠하오?"하자 군중들도 모두 좋다고 했다. 나는 다시 말하되,

"그러면 오늘 출표식 거행하는 것을 마땅히 시종여일하게 한 다음에라야 남의 웃음거리를 면할 것이오. 그러니 속히 다시 거행하여 끝을 내는 것이 어떠하오?"했더니, 군중들이 모두 손뼉을 치며 응낙하므로 마침내 식을 계속 거행하여 무사히 끝마치고 헤어졌다.

그 때 그 은인과 성명을 통했는데, 성은 허씨(許氏)요, 이름은 봉(鳳)이요, 함경북도 사람이었다.

나는 그의 큰 은혜에 감사한 다음에 형제의 의를 맺고 술을 차리고 연락했는데, 그는 독한 술을 백여 잔을 마시고도 조금도 취한 빛이 없

었다. 또 그의 팔 힘을 시험해 보았더니, 가얌나무 열매[榛子]와 잣
[暢子] 수십 개를 손바닥에 놓고 두 손바닥을 맞대고 가니, 마치 맷돌
로 눌러 간 듯이 으깨져서 가루가 되므로, 이를 보는 이들이 놀라지
않는 이가 없었다.

또 다른 재주가 한 가지 있었는데, 두 팔을 등 뒤로 돌려 기둥을 안
은 뒤에 밧줄로 두 손을 세게 묶으니, 기둥이 저절로 두 팔 사이에 있
어 몸뚱이가 기둥과 일체가 된 것처럼 되어 손을 묶은 밧줄을 풀지
않고는 도저히 몸을 빼낼 도리가 없게 되었다. 그렇게 해놓은 뒤에 여
러 사람들이 둘러서서 보는 동안 일분 사이에 돌아보니, 두 팔을 묶은
밧줄은 그대로 있어 변함없이 그대로인데, 기둥을 두 팔 사이에서 뽑
아 전과 같이 우뚝 서니, 그것은 그 몸이 기둥에 걸리지 않고 빠져나
온 것이었다.

보는 이들이 모두들 탄복하며,

"주량(酒量)은 이태백(李太白)보다 낫고, 힘은 항우(項羽)에 모자라
지 않고, 술법은 좌좌(佐左)에 비길 만하다"고들 하였다. 몇 날 동안
같이 즐기다가 서로 나누인 뒤로 지금껏 몇 해 동안에 그가 어떻게
되었는지 알지 못한다.

5

그 무렵 두 가지 일이 있었다.

한 가지는 옹진(甕津) 군민이 돈 5천 냥을 경성에 사는 전 참판(前

參判) 김중환(金仲煥)에게 뺏긴 일이요, 또 한 가지는 이경주(李景周)의 일이다. 이씨는 본적이 평안도 영유군(永柔郡) 사람으로 직업은 의사인데, 황해도 해주부(海州部)에 와 살면서 유수길(柳秀吉 : 본시 천인이요 부자였음)의 딸과 결혼하여 수삼 년 동안 같이 지내는 동안 딸 하나를 낳았는데, 유수길은 이씨에게 집과 전답과 재산과 노비들을 많이 나누어 주었다.

그 때 해주부 지방 대병영(隊兵營) 위관(尉官) 한원교(韓元校)라는 자가 이씨가 상경한 틈을 타서 그의 아내를 꾀어내어 간통하고, 유수길을 위협하여 그 집과 세간살이를 뺏은 뒤에 버젓이 살고 있었다. 그 때 이씨가 그 소문을 듣고 경성으로부터 본가로 돌아왔더니, 한가가 병정을 시켜 이씨를 구타하여 내쫓으니, 머리가 깨어지고 유혈이 낭자하여 눈으로 차마 보기 어려웠다.

그러나 이씨는 타향에서 외로운 처지라 형세가 어찌할 길이 없어 겨우 도망하여 목숨을 부지한 뒤에 곧 상경하여 육군법원에 호소하고 한가와 더불어 재판을 7,8차나 했지만, 한가는 벼슬만 면직되었을 뿐이었고 이씨는 아내와 가산을 되찾지 못한 채(그것은 한가가 세력이 있는 때문이었음), 한가는 그 여인과 함께 가산을 거두어 가지고 상경하여 살고 있었다.

그 때 옹진군민이나 이씨가 모두 교회에 다니던 사람이라 내가 총대로 뽑혀 두 사람들과 상경하여 두 가지 일에 관여하게 되었다.

먼저 김중환을 찾아가 보았더니, 귀한 손님들이 한 방 가득히 앉았는데, 주인과 서로 인사하고 성명을 통한 뒤에 자리를 잡고 앉았다.

김중환이 "무슨 일로 찾아 왔는가?"하고 물으므로 나는 대답하되,

"나는 본시 시골에 사는 어리석은 백성이라 세상 규칙이나 법률을 잘 모르므로 문의하러 찾아 왔습니다"하였다.

김은 "무슨 일을 물으러 왔는가?"하므로 나는 대답하되,

"만일 경성에 있는 한 대관(大官)이 시골 백성의 재산 몇 천 냥을 억지로 뺏고 돌려주지 않는다면, 그것은 무슨 법률로 다스릴 수가 있습니까?"하고 말했다. 김은 잠자코 한참 있다가 말하기를,

"그것이 내게 관계된 일이나 아닌지?"하자, 나는 "그렇습니다. 공께서는 무슨 연고로 옹진군민의 재산 5천 냥을 억지로 뺏고는 갚아 주지 않는 것입니까?"하였다. 김은

"나는 지금 돈이 없어 갚지 못하겠고 뒷날 갚도록 할 생각일세"하자 내가 대답하기를,

"그럴 수 없습니다. 이 같은 고대광실에 많은 물건들을 풍부히 갖추어 놓고 살면서 5천 냥이 없다고 한다면 어느 누가 믿을 것입니까?" 하고 서로 문답하고 있자, 옆에서 듣고 있던 한 관원이 큰 소리로 나를 꾸짖으며 하는 말이,

"김 참판께서는 연세가 높은 대관이요, 그대는 나이 젊은 시골 백성인데, 어디서 감히 이 같은 불공한 말을 할 수 있는가?"하는 것이었다. 나는 웃으며 묻되,

"공은 누구시오?"하니 그가 대답하기를,

"내 성명은 정명섭(丁明燮)일세"(당시 한성부 재판소 검사관이었음) 하여 나는 다시 말하기를,

"공은 옛 글을 읽지 못했소? 예로부터 지금까지 어진 임금과 훌륭한 재상은 백성을 하늘처럼 알았고, 어두운 임금과 탐관들은 백성을 밥처럼 알았소. 그러기 때문에 백성이 부하면 나라가 부하고 백성이 약하면 나라가 약해지는 것이오. 이처럼 어지러운 시대에 공들은 국가를 보필하는 신하로서 임금의 거룩한 뜻을 받들지 못하고 이같이 백성을 학대하니, 어찌 국가의 앞길이 통탄스럽지 아니하겠소. 하물며

지금 이 방은 재판소가 아니오. 공이 만일 5천 냥을 돌려 줄 의무가 있다면 나와 같이 이야기해 봅시다"하니 정가가 아무 대꾸도 하지 못하자 김중환이 하는 말이,

"두 분이 서로 힐난할 것이 없네. 내가 몇 날 뒤에 5천 냥을 갚아 주겠으니 그대는 너그러이 용서하게"하며 네다섯 번이나 애걸하므로 사세 부득이 날짜를 한정하고 물러 나왔다.

그 때 이경주가 한원교의 주소를 알아내어 상의하기를,

"한가는 세력가이므로 법관에서 부르면 무엇을 핑계하고 도망가기 때문에 잡아다가 공판을 할 수 없을 것이오. 그러므로 우리들이 먼저 가서 한가 부처를 잡은 위에 같이 법정으로 가서 공판을 받도록 합시다"하고, 이씨가 동지 몇 사람과 함께 한가가 있는 집으로 가서 뒤져 보았으나 한가 부처는 미리 눈치를 채고 피해버렸기 때문에 잡아내지 못하고 그냥 돌아왔었다.

그런데 한가는 되레 한성부(漢城府)에다 무고로 고소하기를,

"이경주가 본인의 집에 와서 안뜰에까지 들어와 늙은 어머님을 구타하였습니다"하니 한성부에서는 이경주를 잡아가서 검사 있는 자리에서 증인을 묻자, 이씨는 내 이름을 대어 나도 역시 붙잡혀 가서 문초를 받게 되었는데, 검사소(檢查所)에 이르러 보니 검사관이 바로 정명섭이었다. 정씨는 나를 보자 성난 기색이 얼굴에 나타나는 것을 보고 나는 속으로 몰래 웃으며, '오늘은 반드시 정가에게서 전일 다툰 보복을 받겠구나(김중환의 집에서 서로 다툰 혐의로). 그러나 죄 없는 나를 누가 능히 해칠 것이냐?'하고 생각하자, 검사가 내게 묻기를,

"네가 이가와 한가 두 사람의 일을 증거해 아느냐?"하므로 나는

"그렇다"하고 대답했다. 그는 다시 묻기를,

"무엇 때문에 한가의 어머니를 때렸느냐?"하여 나는 대답하되,

"그렇지 않다. 처음부터 그런 행동을 한 일이 없다. 그야말로 내가 하고 싶지 않은 일을 남에게 하지 말라는 말 그대로 어찌 남의 늙은 어머니를 때릴 리가 있겠는가?"하였다. 그러자 그는 또 묻기를,

"그러면 무엇 때문에 남의 집 안뜰에까지 돌입해 들어갔던가?"하여 내가 대답하기를,

"나는 본시 남의 집 안뜰에 들어간 일이 없다. 다만 이경주의 집 안 뜰에 출입한 일은 있다"했더니,

"어째서 이가의 집 안뜰이라 하는가?"하였다.

"그 집은 이가의 돈으로 산 집이요, 방안에 있는 살림살이도 모두가 이가가 전일 가지고 쓰던 것이요, 노비들도 역시 이가가 부리던 노비요, 그 아내도 바로 이가가 사랑하던 아내이니, 그것이 이가의 집이 아니고 누구 집이겠는가?"했더니 그 검사가 묵묵히 말이 없었다.

그러자 문득 보니 한원교가 내 앞에 서 있기에 나는 급히 한가를 불러 "한가야! 너는 내 말을 들으라. 대개 군인이란 것은 국가의 중임을 맡은 것이다. 충의의 마음을 배양하여 외적을 방어하고 강토를 지키며 인민을 보호하는 것이 당당한 군인의 직분인데, 너는 하물며 위관(尉官)이 되어 어진 백성의 아내를 강제로 뺏고 재산을 토색질하고 그 세력만 믿고서 꺼리는 바가 없으니, 만일 경성에 너 같은 도둑놈이 많이 산다면 다만 서울 놈들만이 자식 낳고 손자 낳고 집을 보전하고 생업에 안전할 따름이요, 저 시골 잔약한 백성들은 그 아내와 그 재산을 모두 서울 놈들한테 뺏기고 말 것 아니냐? 세상에 어찌 백성 없는 나라가 있느냐? 너 같은 서울 놈은 만 번 죽어도 아깝지 않다"고 말하는데, 미처 말이 끝나기도 전에 검사가 책상을 치면서 큰 소리로 꾸짖기를,

"이놈! (욕을 했다) 서울 놈들 서울 놈들 하는데, 경성이 어떤 이가

사는 곳이기에 네가 감히 그런 말을 하는 것이냐?"하는 것이었다. 나는 웃으며 대답하기를,

"공은 무엇 때문에 그렇게 화를 내는가? 내가 말한 것은 한가를 두고, 너 같은 도둑놈이 서울에 많이 있다면 다만 서울 놈들만이 생명을 보전할 것이요 시골 백성은 모두 죽을 것이라고 한 말이다. 만일 한가 같은 놈이라면 당연히 그 욕을 받아야 하지마는 한가 같지 않은 사람이야 무슨 상관이 있을 것인가? 공은 잘못 듣고 오해한 것이다"라고 했다.

정(丁)은 다시 말하되,

"네 말은 잘못한 말을 꾸며대는 말이다"하므로 나는 다시 대답하되,

"그렇지 않다. 좋은 말로 잘못을 꾸며댈 수도 있지마는 아무런들 물을 가리켜 불이라 한다면 누가 그것을 믿을 것인가?"하였다. 이에 검사도 대답하지 못하고는 하인을 시켜 이경주를 감옥에 가둔 뒤에 나에게 하는 말이 "너도 잡아 가두겠다"하므로 내가 노하며 말하기를,

"어째서 나를 가둔다는 말인가? 오늘 내가 여기 온 것은 다만 증인으로 불려온 것이지, 피고로 붙잡혀 온 것은 아니다. 더구나 천만 조항의 법률이 있다고 해도 죄 없는 사람 잡아 가두라는 법은 없을 것이요, 또 비록 감옥이 백 천 간이나 있다 해도 죄 없는 사람 가두는 감옥은 없을 것이다. 오늘과 같은 문명시대에 공이 어찌 감히 사사로이 야만의 법률을 쓸 수 있을 것인가?"하고, 활발하게 앞을 향해서 문밖으로 나와 여관으로 돌아왔다. 이에 검사도 아무런 이야기가 없었다.

6

그 때 고향집에서 편지가 왔는데, 아버지 병환이 위중하다고 했다. 급히 돌아가고 싶어 곧장 행장을 차려 육로로 떠났다.

시절이 한겨울 추운 때라 천지에 흰 눈이 가득하고 하늘에는 찬바람이 불어쳤다. 독립문 밖을 지나면서 돌이켜 생각해보니 간담이 찢어지는 것만 같았다. 이와 같은 친구가 죄도 없이 감옥에 갇혀 벗어나지 못하고 겨울날 차가운 옥 속에서 어찌 그 고생을 받는가 싶어서였다. 더구나 어느 날에나 저같이 악한 정부를 한 주먹으로 두들겨 개혁한 뒤에 난신적자(亂臣賊子)들을 쓸어버리고 당당한 문명 독립국을 이루어 명쾌하게도 민권(民權) 자유를 얻을 수 있겠는가 하는 생각이 미치자 피눈물이 솟아올라 참으로 발걸음을 옮겨 놓을 수가 없었다.

그러나 어찌할 길이 없어 죽장마혜(竹杖麻鞋)로 혼자 천리 길을 걸어오는데, 중로에서 마침 이웃 고을 친구 이성룡(李成龍)씨를 만났다.

이씨는 말을 타고 오다가 나를 보고,

"잘 만났네. 서로 길동무가 되어 같이 고향으로 돌아가면 참 좋겠네"하므로 나는 대답하되 "타고 걷는 것이 서로 다른데, 어찌 동행이 되겠는가?"했더니 이씨가 하는 말이,

"그렇지 않네. 이 말은 경성에서부터 값을 정하고 세를 낸 말인데, 추운 날씨라 말을 오래 탈 수는 없네. 자네랑 몇 시간마다 타고 걷는 것을 서로 바꾼다면 길도 빠르고 심심치도 않겠네. 그러니 사양 말고 타게"하고는 서로 길동무가 되어 걷기를 몇 날 뒤에 연안읍(延安邑)에 이르렀는데, 그 지방에서는 그 해에 날이 가물고 비가 안 와서 흉년이 들었었다.

그 때 나는 말을 타고 이씨는 뒤따라 걸어오는데, 마부가 말을 이끌고 가면서 서로 이야기를 하다가 마부가 전선목(電線木 : 전주를 이름)을 가리키며 욕을 하면서

"이제 외국 사람이 전보를 설치한 뒤로는 공중에 있는 전기를 몽땅 거두어다가 전보통 속에 가두어 두었기 때문에 전혀 공중에 전기가 없어져 비가 안 와서 이렇게 흉년이 든 것이오"하므로 나는 웃으며 타이르되,

"어찌 그럴 리가 있겠는가? 그대가 서울에서 오래 사는 사람으로서 그렇게 무식한가?"

그러자 말도 채 끝나기 전에 마부는 말채찍으로 내 머리를 두세 번이나 마구 때리며 욕을 퍼부으며,

"네가 어떤 사람이기에 나를 보고 무식한 사람이라고 하는가?"하는 것이었다. 나는 아무리 생각해도 그 까닭을 알 수 없었다. 더구나 거기가 무인지경이요, 또 그놈의 행동이 그렇게 흉악하기 때문에 나는 말 위에 앉아서 내려오지도 않고 또 말도 하지 않고 하늘을 쳐다보고 크게 웃을 뿐이었다. 이씨가 애를 써서 마부를 잡고 만류해서 다행히 큰 해를 면하기는 했으나 내 의관은 온통 파상을 입었었다.

이윽고 연안 성중에 이르자 그곳 친구들이 내 꼴을 보고 놀라 묻기에 그 까닭을 이야기했더니, 모두들 분노하여 마부를 법관에게 말해서 잡아다가 징벌하도록 하자 했으나 내가 말리며,

"이 녀석은 제 정신을 잃어버린 미친 사람이니 손 댈 것 없이 돌려보내자"하여 모두들 그렇게 해서 무사히 놓아 보내 주었다.

고향으로 돌아와 집에 이르러 보니 아버지 병환은 차츰 차도가 있어 몇 달 뒤에는 완전히 회복되었다.

그 뒤에 이경주는 사법관의 억지 법률로 3년 징역에 처했다가 1년

뒤에 사면을 입어 풀려 나왔는데, 한원교는 만금(萬金)의 뇌물을 바쳐 송가(宋哥), 박가(朴哥) 두 사람을 시켜 이씨를 사람 없는 곳으로 꾀어내어서는 한가가 칼을 빼어 이씨를 찔러 죽인 뒤에 달아났다(슬프다. 재물과 계집 때문에 사람의 목숨을 죽이는 것은 뒷사람이 경계할 만한 것임).

그 때 사법에서 잡으라고 발령하여 송(宋), 박(朴) 두 사람과 그 계집은 법률에 의해서 처형되었으나, 한가는 끝내 잡지 못했던 것은 통분할 일이요, 이씨는 참혹하게도 영세의 원혼이 되고 말았다.

그 당시 각 지방에 있는 관리들의 학정으로 백성들은 피와 기름을 빨려 관리와 백성 사이가 서로 원수처럼 보고 도둑처럼 대했었다. 다만 천주교인들은 포악한 명령에 항거하고 토색질을 하지 않았기 때문에 관리들이 교인을 미워하기를 외적(外賊)과 다름없이 하였다. 그런데 저들은 옳고 우리가 잘못되어 어찌할 도리가 없는 일이 있었다(좋은 일에는 마가 많고 고기 한 마리가 바다를 흐림).

그 무렵 난동부리는 패들이 교인인 양 칭탁하고 협잡하는 일이 더러 있었기 때문에 관리들이 이 틈을 타서 정부 대관과 더불어 비밀히 의논하고 교인들을 모함하려고 했다.

황해도에서 교인들의 행패로 인하여 행정 사법을 할 수 없다고 하여 정부로부터 사핵사(査劾使) 이응익(李應翼)을 특파하였는데, 해주부에 이르러서는 순검과 병정들을 각 고을로 파송하여 천주교회 우두머리 되는 이들을 옳고 그르고를 묻지도 않고 모조리 잡아 올리는 통에 교회 안이 크게 어지러워졌다.

내 아버지를 잡으려고 순검과 병정들이 두세 차례나 왔지만 끝내 항거하여 잡아가지 못했다. 몸을 다른 곳으로 피하여 있으면서 관리배들의 악행을 통분히 여기며 탄식하며 밤낮으로 술을 마시어 심화

(心火)로 병이 되어 중병에 걸렸는데, 몇 달 뒤에야 고향집으로 돌아
왔으나 치료에 효험이 없었다. 그 때 교회 안의 일은 프랑스 선교사의
보호로 차츰 조용해졌었다.

　그 다음해에 무슨 볼일이 있어 다른 곳에 나갔다가(文化郡이었음)
내 아버지가 이창순(李敞淳)의 집에 와 계신다는 말을 들었다(安岳邑
에 가까운 곳이었음). 그래서 곧 그 집으로 갔더니 아버지는 이미 고
향집으로 돌아가셨기에 그 집 이씨 친구와 함께 서로 술을 마시며 이
야기를 했는데, 이(李)의 말이 "이번에 그대 아버님이 공교롭게 큰 욕
을 당하고 돌아갔네" 하므로 나는 깜짝 놀라 무슨 일이 있었냐고 물었
더니, 이(李)의 대답이

　"그대 아버님이 신병을 치료하러 우리 집에 오셨다가 내 아버지와
함께 안악(安岳)읍에 있는 청국(淸國) 의사 서가(舒哥)를 찾아가 진
찰을 받은 뒤에 술을 마시며 이야기를 했는데, 그 청국 의사가 무슨
까닭이었던지 그대 아버지의 가슴과 배를 발로 차서 상처를 입혔기
때문에 하인들이 그 청국 의사를 붙들고 때리려 하자, 그대 아버님께
서 타이르기를 '오늘 우리들은 여기 병을 치료하러 의사를 찾아온 것
인데, 만일 의사를 때리면 시비는 물론하고 남의 웃음거리를 면하기
어려울 것이니, 명예가 있으니 참는 것이 어떤가?'하여 모두들 분함
을 참고 돌아왔네"하는 것이었다.

　나는 "내 아버지께서는 대인(大人)의 행동을 지켜 그리하셨지만 나
는 자식 된 도리로 어찌 참고 지날 수가 있겠는가? 당연히 그곳에 가
서 잘 잘못을 자세히 알아본 연후에 법사(法司)에 호소해서 그 같이
행패하는 버릇을 고치게 하는 것이 어떤가?"했더니, 이(李)도 그렇다
하여 곧 두 사람이 동행하여 서가를 찾아가 그 사실을 물었다.

　말을 채 몇 마디도 하기 전에, 어허! 그 야만 청국인은 벌떡 일어나

칼을 빼어 들고 내 머리를 향해 내려치려 하는 것이었다. 나는 깜짝 놀라 급히 일어나 왼편 손으로 그 놈의 내리치려는 손을 막고, 오른손으로 허리춤에 있는 단총을 찾아 쥐고 서가의 가슴팍에 대고 쏘려는 것처럼 하니, 서가는 겁을 집어먹고 손을 대지 못했다.

이렇게 할 즈음 동행한 이창순이 그 위급한 형세를 보고 역시 제가 가진 단총을 뽑아 가지고 공중을 향해서 두 방을 쏘자, 서가는 내가 총을 쏜 줄 알고 크게 놀랐고 나도 역시 어찌된 일인지 몰라 크게 놀랐었다. 이씨는 달려와서 서가의 칼을 빼앗아 돌에 쳐서 반을 동강이 내고, 두 사람이 칼 반 동강씩을 나눠 가지고 서가의 발 아래로 내동댕이치자 서가는 땅에 거꾸러졌다.

나는 곧 법관에게 가서 전후사연을 들어 호소했으나 법관은 외국인의 일이라 재판할 수가 없다 하므로, 다시 서가 있는 곳으로 왔으나 고을 사람들이 모여들어 만류하기 때문에 서가를 내버려두고 이(李)친구와 함께 각각 집으로 돌아왔었다.

그런지 한 5,6일 지난 뒤에 밤중에 어떤 놈들인지 7,8인이 이창순의 집에 뛰어들어 그 부친을 마구 때리고 잡아가는 것이었다. 이창순은 바깥방에 자다가 그것이 화적(火賊)놈들이 쳐들어온 줄 알고, 손에 단총을 뽑아들고 뒤쫓았더니 그놈들이 이씨를 향하여 총을 쏘는 것이었다. 이씨도 역시 총을 쏘며 죽기 살기로 돌격하자 놈들은 이씨의 부친을 버리고 도망쳐 가고 말았다.

이튿날 자세히 알아보니 서가가 진남포 청국 영사에게 호소해서 청국 순사 2명과 한국 순검 2명을 안가(安哥)에게로 파송하여 잡아오라고 지령했는데, 그들이 안가의 집으로 가지 않고 그같이 공연히 이가의 집으로 침입했던 것이다.

이 같은 편지가 오니 나는 곧 길을 떠나 진남포로 가서 알아본즉,

청국 영사는 그 일을 경성에 있는 공사(公使)에게 보고하여 한국 외부(外部)에 조회할 것이라 하기에, 나는 즉시 경성으로 가서 그 전후 사실을 들어 외부에 청원했더니, 다행히 진남포 재판소에 환부하여 재판을 받도록 판결이 되어 서가와 더불어 공판을 받게 되었다. 그리하여 결국 서가의 전후 만행이 나타나자 서(徐)는 그르고 안(安)은 바르므로 판결은 그렇게 끝을 보게 되었다.

뒤에 어떤 청국 사람 소개로 서가와 같이 만나 피차에 사과하고 평화를 유지하게 되었었다. 그 동안에 나는 홍 신부와 더불어 크게 다툰 일이 있었다.

홍 신부는 언제나 교인들을 압제하는 폐단이 있었기 때문에 나는 여러 교인들과 상의하되 "거룩한 교회 안에서 어찌 이 같은 도리가 있을 수 있겠는가? 우리들이 당연히 경성에 가서 민 주교(閔主敎)에게 청원하고, 만일 민 주교가 안 들어주면 당연히 로마부(羅馬府) 교황(敎皇)에게 가서 품해서라도 기어이 이러한 폐습은 막도록 하는 것이 어떻소?"하자 모두들 그대로 따르기로 했다.

그 때 홍 신부가 이 말을 듣고 크게 성이 나서는 나를 무수히 치고 때렸기 때문에 나도 분하기는 했으나 그 욕스러움을 참았다. 그랬더니 홍 신부가 나를 타이르며,

"잠시 성을 낸 것은 육정(肉情)으로 한 일이라 회개할 것이니, 서로 용서하는 것이 어떤가?"하므로 나도 역시 감사하다 하고 전일의 우정을 다시 찾아 서로 좋게 지내게 되었다.

7

세월이 흘러 1905년 을사년을 당했다.

인천(仁川) 항만에서 일본과 러시아 두 나라가 대포소리를 크게 울려, 동양의 일대문제가 터져 일어나게 되었다는 통신이 들어왔다. 홍신부는 한탄하면서

"한국이 장차 위태롭게 되었다"하므로 내가 묻기를,

"왜 그러합니까?"했더니 홍이 하는 말이

"러시아가 이기면 러시아가 한국을 주장하게 될 것이요, 일본이 이기면 일본이 한국을 관할(管轄)하려 들 것이니 어찌 위태롭지 않겠는가?"하는 것이었다.

그때 나는 날마다 신문과 잡지와 각국 역사를 상고하며 읽고 있어서 이미 지나간 과거와 현재, 그리고 미래의 일들을 예측했었다.

일로전쟁이 끝난 뒤에, 이등박문(伊藤博文 : 이토오 히로부미)이 한국으로 건너와서 정부를 위협하여 5조약을 강제로 맺으니 삼천리 강산과 2천만 인심은 뒤흔들려 바늘방석에 앉은 것같이 되었다.

그때 아버지께서는 심신이 울분하여 병이 더욱 중하게 되었는데, 나는 아버지와 비밀히 상의하기를,

"일본과 러시아가 개전했을 때 일본이 전쟁을 선포하는 글 속에서 동양의 평화를 유지하고 한국의 독립을 굳건히 하겠다고 해놓고는, 이제 일본이 그 같은 대의(大義)를 지키지 않고 야심적인 책략을 자행하고 있습니다. 그것은 모두 일본의 대정치가인 이등박문의 정략입니다. 먼저 강제로 조약을 정하고 다음으로 유지당(有志黨)을 없앤 뒤에 강토를 삼키려는 것이 바로 현재 나라 망치는 새 법입니다. 그러므

로 만일 속히 계획을 세우지 않으면 큰 화를 면하기 어려울 것인데, 어찌 손을 마주 쥐고 아무 방책도 없이 앉아서 죽기를 기다리겠습니까?

그러나 이제 의거를 일으켜 이등의 정책에 반대한다고 한들, 강약이 같지 않으니 부질없이 죽을 뿐 아무 성과가 없을 것입니다. 현재 청국의 산동(山東)과 상해(上海) 등지에 한국인이 많이 살고 있다고 하니, 우리 집안도 모두 그곳으로 옮겨 가서 살다가 선후 방책을 도모하는 것이 어떻겠습니까? 제가 먼저 그곳으로 가서 살펴본 뒤에 돌아올 것이니, 아버지께서는 그 동안에 비밀히 짐을 꾸린 뒤에 식구들을 데리고 진남포로 가서 기다리시면 제가 돌아오는 날 다시 의논해서 행하도록 하십시다"하여 부자간의 계획은 정해졌다.

나는 곧 길을 떠나 산동(山東) 등지를 두루 다녀본 뒤에, 상해(上海)에 이르러 민영익(閔泳翊)을 찾았더니, 문지기 하인이 문을 닫고 들이지를 아니하며 하는 말이

"대감은 한국인을 만나지 아니하오."

하므로 그날은 그냥 돌아왔다가 다음날 두세 번 더 찾았으나 역시 전일과 같이 만나보는 것을 허락하지 아니하기에 나는 크게 꾸짖기를,

"공은 한국인이 되어가지고 한국 사람을 안 만난다면 어느 나라 사람을 보는 것인가? 더욱이 공은 한국에서 여러 대로 국록(國祿)을 먹은 신하로서 이같이 어려운 때를 만나 사람 사랑하는 마음이 전혀 없이 베개를 높이하고 편안히 누워 조국의 흥망을 잊어버리고 있으니, 세상에 어찌 이 같은 도리가 있을 것인가? 오늘날 나라가 위급해진 것의 원인은 공들과 같은 대관들한테 있는 것이지 민족의 허물에 달린 것이 아니기 때문에 얼굴이 부끄러워서 만나지 않는 것인가?"하고

한참동안 욕을 퍼붓고는 돌아와 다시 더 찾지 않았다.

그 뒤에 서상근(徐相根)이란 이를 찾아가서 만나 이야기하기를,

"지금 한국의 형세가 위태하기 조석지간에 있으니 어쩌하면 좋겠소? 무슨 좋은 계책이 없겠소?"하였더니, 서(徐)가 대답하기를,

"공은 한국의 일을 날 보고는 말하지 마시오. 나는 일개 장사치로서 몇 십 만원 재정을 정부 대관배에게 뺏기고 이렇게 몸을 피해서 여기와 있는 것인데, 더구나 국가 정치가 백성들에게야 무슨 관계가 있을 것이오?"하는 것이었다. 나는 웃으며 말하되,

"그렇지 않소. 공은 다만 그 하나만 알고 둘은 모르는 셈이오. 만일 백성이 없다면 나라가 어디 있을 것이오? 더구나 나라란 몇 개 대관들의 나라가 아니라 당당한 2천 만 민족의 것인데, 만일 국민이 국민된 의무를 행하지 아니하고서 어찌 민권(民權)과 자유를 얻을 수 있을 것이오? 그리고 지금은 민족세계인데, 어째서 홀로 한국 민족만이 남의 밥이 되어 앉아서 멸망하기를 기다리는 것이 옳겠소?"하였더니, 서(徐)가 말하기를,

"공의 말이 그렇기는 하나 나는 다만 장사로써 입에 풀칠만하면 그만이니, 다시 정치 이야길랑 하지 마오"하는 것이었다.

나는 두 번 세 번 의논을 해보았으나 전혀 응낙이 없었다. 그야말로 소귀에 경 읽기와 마찬가지라 하늘을 우러러 탄식하며 스스로 생각하기를,

'우리 한국 사람들의 뜻이 모두 이와 같으니 나라의 앞길이 말하지 않아도 알 수 있겠다'하였다. 여관으로 돌아와 침상에 누워 이런 생각 저런 생각에 감개한 정화를 참을 길이 없었다.

어느 날 아침 천주교당에 가서 한참동안 기도를 드린 다음 문 밖으로 나와 바라볼 즈음에 문득 신부(神父) 한 분이 앞길을 지나가다가

고개를 돌려 나를 보는데, 서로 보고 서로 놀라며, "네가 어째서 여기 왔느냐?"하고 손을 잡고 서로 인사하니, 그는 바로 곽(郭)신부였다(이 신부는 프랑스 사람으로서 여러 해 동안 한국에 와 머물며 황해도 지방에 전도하고 있었기 때문에 나와 절친한 사이였고 이제 향항(香港)으로부터 한국에 돌아가는 길이었음). 그야말로 참말 꿈만 같았다. 두 사람은 같이 여관으로 돌아와 이야기를 시작했다. 곽(郭)이 묻기를,

"네가 여기를 왜 왔느냐?"하기에 내가 대답하기를,

"선생께서는 지금 우리나라의 비참한 꼴을 듣지 못했소?"하자 곽도 말하기를,

"이미 오래 전에 들었지"하므로 나는 말하되,

"현상이 그와 같아 형세를 어떻게 할 도리가 없으니, 부득이 가족들을 외국으로 옮겨다가 살게 해 놓은 다음에 외국에 있는 동포들과 연락하여 여러 나라로 돌아다니며 억울한 정상을 설명해서 동정을 얻은 뒤에, 때가 오기를 기다려서 한 번 의거를 일으키면 어찌 목적을 이루지 못하겠소?" 하였더니, 곽은 아무 말 없이 한참 있다가 대답하되,

"나는 종교가요 전도사(傳道師)라, 전혀 정치계에 관계가 없기는 하다마는 지금 네 말을 듣고는 느꺼운 정을 이길 수가 없구나. 너를 위해서 한 방법을 일러 줄 것이니 만일 이치에 맞거든 그대로 하고, 그렇지 못하거든 뜻대로 하라"하기에 내가 "그 계획을 듣고 싶소이다"하자, 곽이 하는 말이

"네가 하는 말도 그럴 수는 있다마는 그것은 다만 하나만 알고 둘은 모르는 일이다. 가족을 외국으로 옮긴다는 것은 틀린 계획이다. 2천만 민족이 모두 너같이 한다면 나라 안은 온통 빌 것이니, 그것은 곧 원수가 원하는 바를 이루어주는 것이다. 우리 프랑스가 독일과 싸울 적

에 두 지방을 비어 준 것은 너도 아는 것이다. 지금껏 40년 동안에 그 땅을 회복할 기회가 두어 번이나 있었지마는 그곳에 있던 유지당(有志黨)들이 온통 외국으로 피해 갔기 때문에 그 목적을 달성치 못했던 것이니 그것으로써 본보기를 삼아야 할 것이다. 또 해외에 있는 동포들로 말하면 국내 동포에 비해서 그 사상이 배나 더하여 서로 모의하지 않아도 같이 일 할 수 있으니 걱정할 것이 없으나, 열강 여러 나라의 움직임으로 말하면 혹시 네가 말하는 억울한 설명을 듣고서는 모두 가엾다고 하기는 할 것이나 그들이 그렇다고 반드시 한국을 위하여 군사를 일으켜 성토하지는 않을 것이 분명하다.

지금 각국이 이미 한국의 참상을 알고 있기는 하나 각각 제 나라 일에 바빠서 전혀 남의 나라를 돌아봐 줄 겨를이 없다. 만일 뒷날 운이 이르러 때가 오면 혹시 일본의 법 행위를 성토할 기회가 있을 것이나 오늘 네가 하는 설명은 별로 효과가 없을 것이다. 옛글에 일렀으되 '스스로 돕는 자를 하늘이 돕는다'했으니, 너는 속히 본국으로 돌아가서 먼저 네가 할 일이나 하도록 해라. 그것은 바로 첫째는 교육의 발달이요, 둘째는 사회의 확장이요, 셋째는 민심의 단합이요, 넷째는 실력의 양성이니, 이 네 가지를 확실히 성취시키기만 하면 2천만의 정신(마음)의 힘이 반석과 같이 든든해서 비록 천만 문(千萬門)의 대포를 가지고서도 능히 공격하여 깨뜨릴 수가 없을 것이다.

이것이 이른바 한 지아비의 마음도 빼앗지 못한다는 그것이거늘, 하물며 2천만 사람의 정신(마음)의 힘이겠느냐? 그렇게 하면 강토를 빼앗겼다는 것도 형식상으로 된 것일 뿐이요, 조약을 강제로 맺었다는 것도 종이 위에 적힌 빈 문서라 허사로 돌아가고 말 것이다. 그같이 하는 날에라야 정확히 사업을 이루고 목적을 달성할 수 있을 것이다. 이 방책은 만국이 두루 통하는 예이므로 그렇게 권유하는 것이니, 잘 헤아려 보라"하는 것이었다.

그 말을 다 들은 뒤에 나는 대답하되,

"선생님 말씀이 옳습니다. 그대로 따르겠습니다"하고 곧 행장을 차려가지고 기선을 타고 진남포로 돌아왔었다.

1905년 12월 상해로부터 진남포로 돌아와 집안 소식을 알아본즉, 그 동안에 가족들이 이미 청계동(淸溪洞)을 떠나 진남포에 도착했는데, 다만 아버지께서 중도에 병세가 더욱 중해져서 마침내 세상을 떠났기 때문에 가족들이 아버지의 영구를 모시고 도로 돌아가 청계동에 장례를 모셨다고 하였다. 나는 이 말을 듣고 통곡하며 몇 번이나 혼절하였다.

다음날 길을 떠나 청계동에 이르러 상청을 차리고 재계(齋戒)를 지키기 몇 날 뒤에 상례를 마치고서 가족들과 함께 그 해 겨울을 났다. 그 때 나는 대한독립하는 날까지 술을 끊기로 맹세했다.

8

다음해(1906) 봄 3월에 가족들을 데리고 청계동을 떠나 진남포에 이사하여 양옥 한 채를 지어 살면서 살림을 안정시킨 뒤에, 집 재산을 기울여 두 곳에 학교를 세웠다. 그 하나는 삼흥학교(三興學校)요, 또 하나는 돈의학교(敦義學校)로서 교무(校務)를 맡아 재주가 뛰어난 청년들을 교육했다.

또 그 다음해(1907) 봄에 어떤 사람 한 분이 찾아 왔는데, 그의 기상을 살펴보니 위풍이 당당하여 자못 도인(道人)의 풍모가 있었다.
성명을 통해보니 그는 김 진사(金進士)였는데 그가 하는 말이,

"나는 본시 그대의 부친과 친교가 두터운 사람이라 특별히 찾아온
걸세"하였다.

"선생께서 멀리서부터 찾아오셨으니 무슨 좋은 말씀을 해 주시겠습
니까?"하니 그가 말하기를,

"그대의 기개를 가지고 지금 이같이 나라 정세가 위태롭게 된 때에
어찌 앉아서 죽기를 기다리려 하는가?"하였다.

"무슨 계책이 있겠습니까?"하고 물었더니,

"지금 백두산(白頭山) 뒤에 있는 서북 간도(懇島)와 러시아 영토인
블라디보스톡(海蔘威) 등지에 한국인 백여 만 명이 살고 있는데, 물산
이 풍부하여 과연 한 번 활동할 만한 곳이 될 수 있네. 그러니 그대
재주로 그곳에 가면 뒷날 반드시 큰 사업을 이룰 것일세"하여 나는 대
답하기를,

"꼭 가르치시는 대로 지키겠습니다"하였다.

그 무렵 나는 재정을 마련해 볼 계획으로 평양(平壤)으로 가서 석탄
광을 캐었는데, 일본인의 방해로 인하여 좋은 돈 수천 원이나 손해를
보았었다. 또 그때 한국 국민들이 국채보상회(國債報償會)를 발기하
여 군중들이 모여서 회의를 하게 되었는데, 일본 별순사(別巡査) 1명
이 와서 조사하며 묻기를,

"회원은 얼마이며 재정은 얼마나 거두었는가?"하므로 나는 대답하
기를,

"회원은 2천만 명이요, 재정은 1천 3백만 원을 거둔 다음에 보상하
려 한다"하였더니 그 일본인은 욕을 하면서 말하기를,

"한국인은 하등 사람들인데 무슨 일을 할 수 있을 것인가?"하므로

나는 다시 말하되,

"빚을 진 사람은 빚을 갚는 것이요, 빚을 준 사람은 빚을 받는 것인데, 무슨 불미한 일이 있어서 그같이 질투하고 욕질을 하는 것인가?" 했더니, 그 일본인이 성을 내면서 나를 치며 달려들기에 나는 말하되, "이같이 까닭 없이 욕을 본다면 대한 2천만 민족이 장차 큰 압제를 면하기 어려울 것이다. 어찌 나라의 수치를 달게 받을 수 있을 것이냐?" 하고 발분하여 서로 같이 치기를 무수히 하자, 곁에 있던 사람들이 애써 말려 끝을 내고 모두들 헤어졌었다.

그때(1907년) 이등박문(伊藤博文)이 한국에 와서 7조약을 강제로 맺고, 광무(光武) 황제를 폐하고 병정들을 해산시키자, 2천만 인민이 일제히 분발하여 의병들이 곳곳에서 벌떼처럼 일어나 삼천리강산에 대포소리가 크게 울렸다.

그때 나는 급급히 행장을 차려 갖고 가족들과 이별하고 북간도(北間島)를 향하여 거기에 도착하니, 그곳 또한 일본 병정들이 막 와서 주둔하고 있어서 도무지 발붙일 곳이 없었다. 그래서 서너 달 동안 각 지방을 시찰한 다음 다시 그곳을 떠나 러시아 영토로 들어가 연추(烟秋)란 곳을 지나 블라디보스톡(海蔘威)에 이르니, 그 항구 안에는 한국인이 4,5천 명이나 살고 있었고 학교도 두어군데 있으며 또 청년회도 있었다.

나는 청년회에 가담해서 임시 사찰(臨時査察)에 뽑혔는데, 어떤 사람이 허락도 없이 사담(私談)을 하기로 내가 규칙에 따라 금지시켰더니, 그 사람이 화를 내며 내 귀뺨을 몇 차례나 때리자, 여러 사람이 만류하며 화해하도록 권하는 것이었다. 내가 웃으며 그 사람더러 이른 말이

"오늘날 이른바 사회란 것은 여러 사람의 힘을 모으는 것으로 주장

을 삼는 것인데, 이같이 서로 다투면 어찌 남의 웃음거리가 아니겠는가? 옳고 그르고는 물을 것 없고 서로 화목하는 것이 어떠한가?"하였더니 모두가 좋은 일이라 하고 헤어졌는데, 그 후로 나는 귓병을 얻어 몹시 앓다가 달포 뒤에야 차도가 있었다.

그곳에 한 분이 있었는데 성명은 이범윤(李範允)이었다. 그 분은 일로전쟁(日露戰爭)전에 북간도 관리사(管理使)에 임명되어 청국 병정들과 수 없이 교전했으며, 일로전쟁 때는 러시아 병정들과 힘을 합하여 서로 도왔다가 러시아 병정이 패전하고 돌아갈 적에 같이 러시아 영토로 와서 지금까지 그 곳에서 살고 있었다.

나는 그 분을 찾아가 이야기하며,

"각하는 일로전쟁 때 러시아를 도와 일본을 쳤으니 그것은 하늘의 뜻을 어긴 것이라 할 것입니다. 왜 그런고 하니 그때 일본이 동양의 대의(大義)를 들어 동양평화와 대한의 독립을 굳건히 할 뜻을 가지고 세계에 선언한 위에 러시아를 친 것이라, 그것은 하늘의 뜻에 순응한 것이므로 다행히 크게 승첩한 것입니다. 그런데 지금 만일 각하께서 다시 의병을 일으켜 일본을 친다고 하면 그것 또한 하늘의 뜻에 순응하는 것이라 할 수 있습니다. 망령되고 건방지고 눈앞에 아무도 없는 듯이 교만하고 극악해져서 위로 임금을 속이고 백성들을 함부로 죽이며 이웃나라의 의(誼)를 끊고 세계의 신의를 저버리니, 그야말로 하늘을 반역하는 것이어서 어찌 오래갈 리가 있겠습니까? 속담에 이르기를, 해가 뜨면 이슬이 사라지는 것이 이치요, 해가 차면 반드시 저물어지는 것이 그 또한 이치에 맞는다고 했습니다. 각하께서도 이제 임금님의 거룩한 은혜를 받고도 이같이 이 나라가 위급한 때를 만나 팔짱을 끼고 구경만해서야 되겠습니까? 만일 하늘이 주는 것을 받지 않으면 도리어 그 벌을 받게 되는 것이니, 어찌 각성하지 않을 것입니

까? 원컨대 각하께서는 속히 큰일을 일으켜서 시기를 놓치지 마십시오"했더니, 이(李)가 말하기를,

"말인즉 옳네마는 재정이나 군기를 전혀 마련할 길이 없으니 어찌할 것인가?"하므로 나는 말하되,

"조국의 흥망이 조석에 달렸는데 다만 팔짱끼고 앉아 기다리기만 하면 재정과 군기가 어디 하늘에서 떨어져 내려올 것입니까? 하늘에 순응하고 사람의 뜻을 따르기만 하면 무슨 어려움이 있을 것입니까? 이제 각하께서 의거를 일으키기로 결심만 하신다면, 제가 비록 재주야 없을망정 만분의 하나라도 힘이 되겠습니다"고 했으나, 이범윤은 머뭇거리며 결단하지 못했다.

그곳에 좋은 인물로 두 분이 있었으니, 하나는 엄인섭(嚴仁燮)이요, 또 하나는 김기룡(金起龍)이었다. 두 사람 모두 자못 담략과 의협심이 뭇사람 보다 뛰어나기로, 나는 그 두 사람과 형제의 의를 맺으니 엄은 큰 형이 되고, 내가 그 다음이요, 김(金)이 셋째가 되어 그로부터 세 사람은 의리가 중하고 정이 두터워 의거할 일을 모의하면서 각처 지방을 두루 돌며 많은 한국인들을 찾아 만나 연설을 했다.

"비유컨대 한 집안에서 한 사람이 부모와 동생들을 작별하고 떠나와 다른 곳에서 사는지 10여 년인데, 그 동안에 그 사람의 가산이 넉넉해지고 처자가 방에 가득하고 벗들과 서로 친하여 걱정 없이 안락하게 살게 되면 반드시 고향집 부모 형제를 잊어버리는 것이 자연한 사세입니다. 그러다가 어느 날 고향집 형제 중에서 한 사람이 와서 급히 말하기를, '방금 집에 큰 화가 생겼으니 다른 곳에서 강도가 와서 부모를 내쫓고 집을 뺏어 살며 형제들을 죽이고 재산을 약탈하는 통탄할 일이 생겼소. 그러니 형제들이 속히 돌아가 위급한 것을 구해 주시오'하며 간청한다 할 적에 그 사람 대답이 '이제 내가 여기서 살며 걱

정 없이 편안한데 고향집 부모 형제가 내게 무슨 관계냐?'고 한다면 그것을 사람이라 하겠습니까, 짐승이라 하겠습니까? 더구나 곁에서 보는 이들이 '저 사람은 고향집 부형도 모르는 사람이니 어찌 친구를 할 수 있을 것인가?'하고 반드시 배척을 받아 친구의 의도 끊어지고 말 것이니. 친척도 배척하고 친구도 끊어진 사람이 무슨 면목으로 세상에 살 수 있을 것입니까?

동포들이여! 동포들이여! 내 말을 자세히 들어보시오. 현재 우리 한국의 참상을 그대들은 아는가 모르는가? 일본이 동양평화를 유지하고 한국독립을 굳건히 한다고 했으나 오늘에 이르러서는 이같이 무거운 의리를 지키지 아니하고, 도리어 한국을 침략하여 5조약과 7조약을 강제로 맺은 다음, 정권을 손아귀에 쥐고서 황제를 폐하고 군대를 해산하고 철도, 광산, 산림, 천택(川澤)을 빼앗지 않은 것이 없으며, 관청으로 쓰던 집과 민간의 큰 집들은 병참(兵站)이라는 핑계로 모조리 뺏어 거하고, 기름진 전답과 오랜 산소들도 군용지라는 푯말을 꽂고 무덤을 파헤쳐 화가 백골에까지 미쳤으니 국민 된 사람으로 또 자손 된 사람으로 어느 누가 분함을 참고 욕됨을 견딜 것입니까? 그래서 2천만 민족이 일제히 분발하여 3천리 강산에 의병들이 곳곳에서 일어났습니다.

아! 슬픕니다. 저 강도들이 도리어 우리를 폭도(暴徒)라 일컫고, 군사를 풀어 토벌하고 참혹하게 살육하여 두 해 동안에 해를 입은 한국인이 수십만 명에 이르렀습니다. 강토를 뺏고 사람들을 죽이는 자가 폭도입니까, 제 나라를 지키고 외적을 막는 사람이 폭도입니까? 이야말로 도둑놈이 막대기 들고 나서는 격입니다.

한국에 대한 정략이 이같이 잔혹해진 근본을 논한다면, 그것은 이른바 일본의 대정치가 늙은 도둑 이등박문의 폭행인 것입니다. 한국 민족 2천만이 일본의 보호를 받고자 원한다 하고, 그래서 지금 태평무사하며 평화롭게 날마다 발전하는 것처럼 꾸며대면서 위로 천황을 속이고 밖으로 열강들의 눈과 귀를 가려 제 마음대로 농간(弄奸)을 부리며 못하는 일이 없으니, 어찌 통분한 일이 아니겠습니까? 우리 한국 민족이 만일 이 도둑놈을 죽이지 않는다면 한국은 결국 없어지고야 말 것이며 동양도 또한 망하고야 말 것입니다.

여러분! 여러분! 깊이 생각들 하십시오. 여러분들이 조국을 잊었습니까, 아닙니까? 선조의 백골을 잊었습니까, 아닙니까? 친척과 일가들을 잊었습니까, 아닙니까? 만일 잊어버리지 않았다면 이같이 위급해서 죽느냐 사느냐 하는 때를 당해서 분발하고 크게 깨달으십시오.

뿌리 없는 나무가 어디서 날 것이며, 나라 없는 백성이 어디서 살 것입니까? 만일 여러분이 외국에서 산다고 하여 조국을 가벼이 알면 반드시 '한국 사람들은 조국도 모르고 동족도 모르니, 어찌 외국을 도울 리 있으며 다른 종족을 사랑할 리가 있겠는가? 이같이 무익한 인종은 쓸데가 없다'하고 평론이 들끓어, 멀지 않아 반드시 아라사 국경 밖으로 쫓겨날 것이 뻔한 일입니다. 이런 때를 당해서 조국의 강토가 이미 외적에게 빼앗기고 외국인마저 일제히 배척하고 받아주지 않는다면 늙은이를 업고 어린 것들을 데리고서 장차 어디 가서 살 것입니까?

여러분! 폴란드 사람의 학살이나 흑룡강(黑龍江) 위에서 있었던 청국 사람들의 참상을 듣지 못했습니까? 만일 나라를 잃어버리고도 강국인과 동등할 수 있다면 나라 망하는 것을 걱정할 것이 무엇이며, 그렇다면 강국이라고 좋을 것이 무엇입니까? 어느 나라를 물론하고 나라 망한 인종은 그같이 참혹하게 죽고 학대 받는 것을 피하지 못하는 것입니다.

그러므로 오늘날 우리 대한 인종은 이런 위급한 때를 다하여 무슨 일을 하는 것이 좋겠는가? 이리 생각해 보고 저리 생각해 보아도 결국 한번 의거를 일으키는 것만 같지 못하니, 적을 치는 일 밖에는 다시 더 다른 방법이 없습니다. 왜 그런가 하니, 지금 한국에서는 내지 (內地) 13도 강산에 의병이 일어나지 않은 곳이 없으나 만일 의병이 패하는 날에는, 슬프다! 저들 간사한 도둑놈들은 좋고 나쁘고 간에 덮어놓고 폭도란 이름을 붙여 사람마다 죽임을 당할 것이요, 집집에 불을 지를 것이니, 그런 뒤에는 한국민족이 된 사람들은 무슨 면목으로 세상에 나설 수 있을 것입니까?

그런즉 오늘, 국내 국외를 물론하고 한국인들은 남녀노소 할 것 없이 총을 메고 칼을 차고 일제히 의거를 일으켜 이기고 지는 것과 잘 싸우고 못 싸우고를 돌아볼 것 없이 통쾌한 싸움 한 바탕으로써 천하 후세의 부끄러운 웃음거리를 면해야 할 것입니다. 만일 이같이 애써 싸우기만 하면 세계열강의 공론도 없지 않을 것이라, 독립할 수 있는 희망도 있을 것입니다.

더구나 일본은 불과 5년 사이에 반드시 아라사와 청국과 미국 등 3국과 더불어 개전하게 될 것이니 그것이 한국의 큰 기회가 될 것입니다. 이때에 있어 한국인이 만일 아무런 예비가 없다면 설사 일본이 져도 한국은 다시 다른 도둑의 손 안으로 들어갈 것입니다.

그러므로 오늘로서 한번 의병을 일으키고부터는 계속해서 끊이지 않도록 하여 큰 기회를 잃지 않아야 할 것이요, 스스로 강한 힘으로 자신이 국권을 회복해야만 건전한 독립이라 할 수 있을 것입니다. 할 수 없다는 것은 망할 근본이니, 그야말로 '능히 할 수 없는 것은 만사가 망하는 근본이요, 능히 할 수 있다는 것은 만사가 흥하는 근본이라'는 말 그대로입니다. 그러므로 '스스로 돕는 자를 하늘이 돕는다'하는 것입니다.

여러분들에게 묻습니다. 앉아서 죽기를 기다리는 것이 옳습니까, 분발하고 힘을 내는 것이 옳습니까? 이렇고 저렇고 간에 결심하고 각성하고 깊이 생각하여 용기 있게 전진하시기를 바랍니다"하고 연설했다.

그리고 각 지방을 두루 돌았는데, 이에 듣고 보는 사람들이 많이들 복종해 왔다. 혹은 자원해서 출전도 하고, 혹은 기계도 내고, 혹은 의금(義金)을 내어 돕기도 하므로 그것으로써 의거의 기초를 삼기에 족했었다.

9

그 때 김두성(金斗星) 과 이범윤(李範允) 등이 모두 함께 의병을 일으켰는데, 그 사람들은 전일에 이미 총독(總督)과 대장(大將)으로 피임된 이들이요, 나는 참모중장(參謀中將)의 책으로 피선되어 의병과 군기 등을 비밀히 수송하여 두만강(豆滿江) 근처에서 모인 다음 큰일을 모의하였다. 그때 내가 의논을 끌어내어 말하기를,

"지금 우리들은 2,3백 명밖에 안 되니, 적은 강하고 우리는 약하므로 적을 가벼이 여겨서는 안 된다. 더구나 병법에 이르기를 '비록 백번 바쁜 중에서라도 반드시 만전(萬全)의 방책을 세운 연후에 큰일을 꾀할 수 있다' 하였으니, 지금 우리들이 한번 의거로써 성공할 수 없을 것은 뻔한 일이다. 그러므로 첫 번에 이루지 못하면 두 번, 세 번,

열 번에 이르고, 백번 꺾여도 굴함이 없이 금년에 못 이루면 다시 명년에 도모하고, 명년, 내명년, 10년, 백년까지 가도 좋다. 만일 우리 대에 목적을 못 이루면, 아들 대, 손자 대에 가서라도 반드시 대한국의 독립권을 회복한 다음에라야 말 것이다.

그렇게 해서 기어이 앞에 나가고, 뒤에 나가고, 급히 나가고, 더디 나가고, 미리 준비하고, 뒷일도 준비하고, 모두 준비하기만 하면 반드시 목적을 달성할 수 있을 것이다.

그러므로 오늘 앞서 나온 군사들은 병약하고 나이 늙은이들이라도 합당하다. 그 다음 청년들은 사회를 조직하고 민심을 단합하고 유년을 교육하여 미리 준비하고 뒷일도 준비하는 한편, 여러 가지 실업에도 힘쓰며 실력을 양성한 연후에라야 큰일을 쉽게 이룰 것이다. 모두들 의견이 어떠한가?"하고 말했으나 듣고도 좋지 않게 이야기하는 사람들이 많았다. 왜 그런가 하니, 이곳 기풍이 완고해서, 첫째는 권력이 있는 사람과 재산가들이요, 둘째는 주먹 센 사람들이요, 셋째는 관직이 높은 사람들이요, 넷째는 나이 많은 이들을 치는데, 이 네 종류의 권력 가운데 나는 전혀 한 가지 권력도 못 가졌으니 어찌 능히 실시할 수가 있겠는가. 그래서 나는 마음에 불쾌하여 물러나고 싶은 마음도 있었으나 이미 내친걸음이라 어찌할 길이 없었다.

그때 여러 장교들을 거느리고 부대를 나누어 출발하여 두만강을 건너니 때는 1908년 6월이었다. 낮에는 엎디고 밤길을 걸어 함경북도에 이르러 일본 군사와 몇 차례 충돌하여 피차간에 혹은 죽고 상하고 혹은 사로잡힌 자도 있었다. 그때 일본 군인과 장사치들로 사로잡힌 자들을 불러다가 묻기를,

"그대들은 모두 일본국 식민들이다. 그런데 왜 천황의 거룩한 뜻을 받들지 않고, 일로전쟁을 시작할 때 선전서에 동양평화를 유지하고

대한독립을 굳건히 한다해 놓고는 오늘에 와서 이렇게 다투고 침략하니 이것을 평화독립이라 할 수 있겠느냐? 이것이 역적강도가 아니고 무엇이더냐?" 했더니 그 사람들이 눈물을 떨어뜨리며 대답하되,

"우리들의 본심이 아니요, 부득이한 데서 나온 것입니다. 사람이 세상에 나서 살기를 좋아하고 죽기를 싫어하는 것은 사람들의 떳떳한 정인데, 더구나 우리들이 만 리 바깥 싸움터에서 참혹하게도 주인 없는 원혼들이 되게 되었으니 어찌 통분하지 않겠습니까?

오늘 이렇게 된 것은 다른 때문이 아니라, 모두 이등박문의 허물입니다. 임금님의 거룩한 뜻을 받들지 않고 제 마음대로 권세를 주물러서, 일본과 한국 두 나라 사이에 귀중한 생명을 무수히 죽이고 저는 편안히 누워 복을 누리고 있으니, 우리들이 분개한 마음이 있건마는 사세가 어찌할 수 없어 이 지경에까지 이르렀습니다.

그러니 옳고 그른 역사 판단이 어찌 없겠습니까? 더구나 농사짓고 장사하는 백성들로 한국에 건너온 자들이 더욱 곤란합니다. 이같이 나라에 폐단이 생기고 백성들이 고달프고 전혀 동양평화를 돌아보지 아니하는데, 일본 국세가 편안하기를 어찌 바랄 수 있겠습니까? 그러므로 우리들이 비록 죽기는 하나 통탄스럽기 그지없습니다"하고 말을 마치고는 통곡하기를 그치지 아니했다.

"내가 그대들의 하는 말을 들으니 과연 충의로운 사람들이라 하겠다. 그대들을 놓아 보내 줄 것이니, 돌아가거든 그대들은 난신적자(亂臣賊子)를 쓸어버려라. 만일 또 그 같은 간흉한 무리들이 까닭 없이 동족과 이웃나라 사이에 전쟁을 일으키고 침해하는 언론을 제출하는 자가 있거든, 그 이름을 쫓아가 쓸어버리면 10명이 넘기 전에 동양평화를 꾀할 수 있을 것이다. 그대들이 능히 그렇게 할 수 있겠는가?"하고 말하자, 그 사람들은 기뻐 날뛰며 그렇게 하겠다고 하므로 곧 풀어

놓아 주었더니, 그 사람들이 말하되,

"우리들이 군기 총포들을 안 가지고 돌아가면 군율을 면하기 어려울 것인데 어떻게 하면 좋겠습니까?"하므로 나는 말하되,

"그러면 곧 총포들을 돌려 주마"하고 다시 이르기를,

"그대들은 속히 돌아가서 뒷날에도 사로잡혔던 이야기는 결코 입 밖에 내지 말고 삼가 큰일을 꾀하라"했더니, 그 사람들은 천번 만번 감사하면서 돌아갔다.

그 뒤에 장교들이 불평하며 내게 말하기를,

"어째서 사로잡은 적들을 놓아 주는 것이오?"하므로 내가 대답하기를,

"현재 만국 공법에 사로잡은 적병을 죽이는 법은 전혀 없다. 어디다가 가두어 두었다가 뒷날 배상을 받고 돌려보내 주는 것이다. 더구나 그들이 말하는 것이 진정에서 나오는 의로운 말이라, 안 놓아 주고 어쩌겠는가?" 하였더니 여러 사람들이 말하되,

"저 적들은 우리 의병들을 사로잡으면 남김없이 참혹하게도 죽이는 것이 일이오. 또 우리들도 적을 죽일 목적으로 이곳에 와서 풍찬노숙(風餐露宿)해 가면서 그렇게 애써서 사로잡은 놈들을 몽땅 놓아 보낸다면 우리들이 무엇을 목적하는 것이오?"하므로 나는 대답하되,

"그렇지 않다. 그렇지 않다. 적들이 그같이 폭행하는 것은 하느님과 사람들이 다 함께 노하는 것인데, 이제 우리들마저 야만의 행동을 하고자 하는가? 또 일본의 4천만 인구를 모두 다 죽인 뒤에 국권을 도로 회복하려는 계획인가? 저쪽을 알고 나를 알면 백번 싸워 백번 이기는 것이다. 이제 우리는 약하고 저들은 강하니, 악전(惡戰)할 수는 없다.

뿐만 아니라 충성된 행동과 의로운 거사로써 이등의 포악한 정략을

성토하여 세계에 널리 알려서 열강의 동정을 얻은 다음에라야 한을 풀고 국권을 회복할 수 있을 것이니, 그것이 이른바 약한 것으로 강한 것을 물리치고 어진 것으로써 악한 것을 대적한다는 그것이다. 그대들은 부디 많은 말들을 하지 말라"하고 간곡하게 타일렀다.

그러나 여러 사람들의 의논이 들끓으며 따르지 않았고, 장교 중에 부대를 나누어 가지고 멀리 가버리는 사람도 있었다.

그 뒤에 일본 병정들이 습격하므로 충돌하기가 4,5시간 동안 날은 저물고 폭우가 쏟아져서 지척을 분간키 어려웠다. 장졸들이 이리 저리 분산하여 얼마나 죽고 살았는지조차 판단하기가 어려웠으나 형세가 어쩔 길이 없어 수십 명과 함께 숲 속에서 밤을 지냈다. 그 이튿날 6,7십 명이 서로 만나 그 동안의 사연을 물었더니 각각 대를 나누어 흩어져 갔다는 것이었다.

그때 여러 사람들이 이틀이나 먹지 못해서 모두들 주린 기색이 있어 제각기 살려는 생각만 가지는 것이라, 그 지경을 당하고 보니 창자가 끊어지고 간담이 찢어지는 것 같았지만, 사세가 어찌할 수 없어 여러 사람들의 마음을 달랜 뒤에 마을로 들어가 보리밥을 얻어먹고 조금 주림과 추위를 면했다.

그러나 군중의 마음은 복종함이 없고 기율(紀律)도 따르지 않으니, 이런 때를 당하여 이 같은 질서 없는 무리들을 데리고서는 비록 손자(孫子)나 오자(吳子)나 제갈공명(諸葛孔明)이 되살아나도 어찌할 수 없을 것이다. 내가 다시 흩어진 무리들을 찾고 있을 즈음에, 마침 복병을 만나 한 번 저격을 받고는 남은 사람들마저 흩어져 다시는 모으기가 어려웠다.

10

나는 혼자서 산 위에 앉아 웃으며 스스로 이르되,

"어리석도다, 나여! 저 같은 무리들을 데리고 무슨 일을 꾀할 수 있을 것인가. 누구를 탓하고 누구를 원망하랴"하고 다시 분발하여 용기를 내어 앞으로 나가 사방을 수색하여 다행히 두서너 사람을 만나 서로 의논하기를,

"어떻게 하면 좋겠는가?"

했더니, 네 사람의 의견이 모두 달라 어떤 이는 목숨껏 살아야지 하고, 어떤 이는 자살해 버리고 싶다 하고, 또 어떤 이는 스스로 일본군에게 나가서 사로잡혀 버리겠다고도 하는 것이었다. 나는 이리 저리 생각하기를 한참 하다가 문득 시 한 수를 동지들에게 읊어주었다.

사나이 뜻을 품고 나라 밖에 나왔다가
큰일을 못 이루니 몸 두기 어려워라.
바라건대 동포들아, 죽기를 맹서하고
세상에 의리 없는 귀신은 되지 말게.

시를 다 읊고 다시 이르기를,

"그대들은 모두들 뜻대로 하라. 나는 산 아래로 내려가서 일본군과 더불어 한바탕 장쾌하게 싸워서 대한민국 2천만인 중의 한 분자가 된 의무를 다한 다음에는 죽어도 한이 없겠다"하였다. 그리고는 기계(총)를 가지고 적진을 바라보며 나아가노라니, 그 중의 한 사람이 몸을 던져 뛰쳐나와 붙들고 통곡하면서 말하였다.

"공의 의견은 큰 잘못이오. 공은 다만 한 개인의 의무만 생각하고 수많은 생명과 뒷날의 큰 사업은 돌아보지 않겠다는 말이오? 오늘의 사세로는 죽는다 해도 아무 이익이 없는 일이오. 만금(萬金)같이 소중한 몸인데 어찌 초개(草芥)같이 버리려는 것이오? 오늘로 마땅히 다시 강동(江東 : 강동은 러시아 영토 안에 있는 땅 이름임)으로 건너 가서 앞날의 좋은 기회를 기다려서 다시 큰일을 도모하는 것이 십분 이치에 맞는 일인데, 어찌 깊이 헤아리지 않는 것이오?" 하므로, 나는 생각을 돌이켜 말하되,

"공의 말이 참으로 옳소. 옛날 초패왕(楚覇王) 항우(項羽)가 오강 (烏江)에서 자결한 것에는 두 가지 뜻이 있었는데, 하나는 무슨 면목 으로 다시 강동의 부로(父老)들을 만날 수 있겠느냐는 것이요, 또 하 나는 강동이 비록 작을지언정 족히 왕 될 만하다는 말 때문에 분이 나서 스스로 오강에서 죽은 것이오. 그 때에 있어서 항우가 한번 죽고 나서는 천하에 또 다시 항우가 없었던 것이라 어찌 아깝지 아니하오. 오늘 안응칠(安應七)이 한 번 죽으면 세계에 다시는 안응칠이 없을 것은 분명하오. 무릇 영웅이란 것은 능히 굽히기도 하고 능히 버티기 도 하는 것이라, 목적을 성취하기 위해서 마땅히 공의 말을 따르겠소" 하였다.

그리고는 비로소 네 사람이 동행하여 길을 찾을 즈음에 다시 서너 사람을 만나 서로 이르되,

"우리들 8,9인이 대낮에 적진을 뚫고 가기란 어려울 것이라 밤길을 걷는 것만 못하다"했다.

그날 밤 장맛비가 그치지 않고 퍼붓기 때문에 지척을 분간키 어려 워서 피차에 길을 잃고 서로 흩어져 다만 세 사람이 동행이 되었는데, 세 사람이 모두 그곳 지리를 전혀 알지 못했다. 뿐만 아니라 구름과

안개가 하늘에 차고 땅을 덮어 동서를 분간 못해 어찌할 길이 없었다. 더구나 산은 높고 골은 깊은데 인가도 전혀 없어 이같이 헤매기를 4,5일이었다. 도무지 밥 한 끼니도 못 먹어 배는 고프고 발에는 신조차 신지 못해서 춥고 주리고 고생스러움을 견디기가 어려웠다. 그래서 풀뿌리를 캐어 먹고 담요를 찢어 발을 싸매고서 서로 위로하고 서로 보호하면서 가노라니 멀리서 개 짖는 소리가 들려왔다.

나는 두 사람에게 이르기를,

"내가 먼저 마을 집으로 내려가서 밥도 얻고 길도 물어 올 것이니, 숲 속에 숨어서 내가 돌아오기를 기다리오"하고 인가를 찾아 내려갔더니 그 집은 일본 병정의 파출소였다. 일본 병정들이 횃불을 켜들고 문으로 나오는 것을 보고 나는 급히 몸을 피하여 산속으로 돌아와 다시 두 사람과 의논하여 달아났는데, 그때 기력이 다 되고 정신이 어지러워 땅에 쓰러졌다가 다시 정신을 차려 하늘에 축도를 올리되,

"죽어도 속히 죽고 살아도 속히 살게 해 주소서"하고 기도를 마치고서, 냇물을 찾아가 배가 부르도록 물을 마신 뒤에 나무 아래 누워서 밤을 지냈다. 이튿날 두 사람은 너무도 괴로운 탄식을 그치지 않으므로 나는 타이르되,

"너무 걱정하지 마시오. 사람의 목숨은 하늘에 매인 것이니 걱정할 것이 없소. 사람은 비상한 곤란을 겪은 다음에라야 비상한 사업을 이루는 것이오. 죽을 땅에 빠진 다음에라야 살아나는 것이오. 이같이 낙심한대서 무슨 유익이 있겠소? 천명을 기다릴 따름이오"하였다.

말인즉 큰 소리를 했으나, 아무리 생각해 보아도 어찌할 방법이 없었다. 스스로 생각하며 다짐했었다.

'옛날 미국 독립의 주인공인 워싱턴이 7,8년 동안 풍진(風塵) 속에서 그 많은 곤란과 고초를 어찌 능히 참고 견디었던고. 참으로 만고에

둘도 없는 영걸이로다. 내가 만일 뒷날에 일을 성취하면 반드시 미국으로 가서 특히 워싱턴을 위해서 추상하고 숭배하고 기념하며 뜻을 같이하리라.'

그리고 그날 세 사람은 죽고 사는 것을 돌아보지 않고 대낮에 인가를 찾다가 다행히 산 속 두메산골 집 한 채를 만났는데, 주인을 불러 밥을 빌었더니, 그 주인이 조밥 한 사발을 주면서 하는 말이

"당신들은 머뭇거리지 말고 어서 가시오. 어서 가시오. 어제 이 아랫마을에 일본 병정이 와서는 죄 없는 양민을 다섯 사람이나 묶어 가지고 가서 의병들에게 밥을 주었다는 구실로 쏘아 죽이고 갔소. 여기도 때때로 와서 뒤지는 것이니까, 꾸짖지 말고 어서 가시오."하였다.

우리는 다시 더 말하지 아니하고, 밥을 안아 쥐고 산으로 올라와 세 사람이 같이 갈라 먹었는데, 그 같은 별미(別味)는 세상에서 다시는 얻어 볼 수 없는 맛이었다. 아마 하늘 위에 있는 신선식당 요리일 것이니, 그때 밥을 굶은 지 이미 엿새나 지났던 것이다.

다시 산을 넘고 내를 건너 방향도 모르고 나아갔다. 언제나 낮에는 엎디고 밤길을 걸었는데, 장맛비까지 그치지 않아 고초는 더욱 심했었다. 몇 날 뒤 어느 날 밤, 또 한 집을 만나 문을 두들기며 주인을 불렀더니 주인이 나와 날더러 하는 말이,

"너는 필시 러시아에 입적한 자일 것이니, 일본 군대에 묶어 보내야겠다"하며 몽둥이로 때리고 같은 패거리를 불러 나를 묶으려 하므로 형세가 어쩔 수 없어 몸을 피해 도망쳤다. 마침 한 좁은 길목을 지나게 되었는데, 거기는 일본 병정이 파수 보는 곳이라, 캄캄한 속에서 지척을 사이에 두고 서로 맞부딪치자 일본 병정은 나를 향해서 총을 서너 방 쏘았으나 다행히 맞지 않았다.

급히 두 사람과 함께 산 속으로 피해 들어가 다시는 감히 큰 길로는

나가지 못하고, 다만 산골로만 다니며 4,5일 동안을 다시 전과 같이 밥을 얻어먹지 못하여 춥고 주린 것이 전일보다 더 심했었다. 그래서 두 사람에게 권하되,

"두 형은 내 말을 믿고 들으시오. 세상에 사람이 만일 천지간의 큰 임금이요 큰 아버지인 천주님을 신봉하지 않으면 금수만도 못한 것이오. 더구나 오늘 우리들은 죽을 지경을 면하기가 어렵게 되었으니, 속히 천주 예수의 진리를 믿어 영혼의 영생을 얻는 것이 어떻소? 옛 글에도 아침에 도를 들으면 저녁에 죽어도 좋다 하였소. 형들은 속히 전일의 허물을 회개하고 천주님을 믿어 영생하는 구원을 받는 것이 어떻소?"하고는, 천주가 만물을 창조해 만드신 도리와 지극히 공변되고 지극히 의롭고 선악을 상벌하는 도리와 예수 그리스도가 세상에 내려오셔서 구속하는 도리를 낱낱이 권면 했더니, 두 사람이 다 들은 뒤에 천주교를 믿겠노라고 하므로, 곧 교회의 규칙대로 대세(代洗)를 주고 예를 마쳤다(이것은 대리로 세례를 주는 권한임).

그리고는 다시 인가를 찾았는데, 다행히 깊은 산 외진 곳에 집 한 채를 만나 문을 두들겨 주인을 부르니, 이윽고 한 늙은이가 나와 방 안으로 영접해 들이기로 인사를 마치고 밥을 달라고 청했더니, 말이 끝나자 곧 동자를 불러 음식상을 가득히 차려 내왔다(산중의 별미란 산나물과 과일이었음). 염치 불구하고 한바탕 배부르게 먹은 뒤에 정신을 돌이켜 생각해 보니, 대개 열이틀 동안에 단 두 끼 밥을 먹고 목숨을 건져 여기까지 온 것이었다. 주인 늙은이에게 크게 감사하면서 전후에 겪은 고초를 낱낱이 이야기했더니 노인이 말하되,

"이렇게 나라가 위급한 때를 만나 그 같은 곤란은 국민의 의무지요. 더구나 흥이 다하면 슬픔이 오고 쓴 맛이 끝나면 단맛이 온다는 말이 있지 않소. 걱정하지 마시오. 그런데 지금 일본 병정들이 곳곳을 뒤지

고 있으니, 참으로 길 가기가 어려울 것이오. 그러니 꼭 내가 지시하
는 대로 하시오"하며, 어디로 해서 어디로 가면 두만강이 멀지 않으니
속히 건너 돌아가 뒷날 좋은 기회를 타서 큰일을 도모하라고 타이르
므로, 나는 그의 성명을 물었으나 노인은,

"깊이 물을 것 없소"하고 웃으며 대답하지 않았다. 그래서 노인에게
감사하고 작별한 뒤에 그의 지시대로 하여 몇 날 뒤에 세 사람이 모
두 무사히 강을 건넜다. 그리고 나서야 겨우 마음을 놓고 한 마을 집
에 이르러 몇 날 동안을 편안히 쉰 다음에 비로소 옷을 벗어보니 거
의 다 썩어서 몸을 가릴 수가 없었다.

출전한 뒤로 전후 날짜를 헤아려보니 무릇 한 달 반인데, 집안에서
자본 일이 없이 언제나 노영(露營)으로 밤을 지냈고, 장맛비가 그침
없이 퍼부어 그 동안의 백 가지 고초는 붓 한 자루로 적을 수가 없다.

11

나는 러시아 영토인 연추(烟秋) 방면에 이르렀는데, 친구들이 서로
만나서도 알아보지 못했다. 피골(皮骨)이 상접하여 전혀 옛적 모습이
없었기 때문이었다. 천 번 만 번 생각해 보아도 만일 천명이 아니었다
면 전혀 살아 돌아올 길이 없는 일이었다. 그곳에서 십 여일 묵으며
치료한 뒤에 블라디보스톡(海蔘威)에 이르니 그곳 동포들이 환영회를
차려 놓고 나를 청하므로 나는 사양해 말하되,

"패군한 장수가 무슨 면목으로 여러분들의 환영을 받을 수가 있겠

소?" 하였더니 여러 사람이 말하되,

"한 번 이기고 한 번 지는 것은 군사상에 언제나 있는 일이니 무엇이 부끄럽소. 더구나 그 같이 위험한 데서 무사히 살아 돌아왔으니 어찌 환영해야 할 일이 아니겠소?"하는 것이었다.

그때 다시 그곳을 떠나 하바로프스크(河發浦) 방면으로 향했다. 기선을 타고 흑룡강(黑龍江) 상류 수천 여리를 시찰하였다. 한국인 유지의 집을 방문한 뒤에 다시 수청(水淸) 등지에 이르러 혹은 교육에 힘쓰기도 하고 혹은 사회를 조직하기도 하면서 각 방면을 두루 다녔다.

어느 날 산골짜기 아무도 없는 곳에 이르렀을 때, 갑자기 어떤 흉악한 놈들 6,7명이 뛰어나와 나 한 사람을 묶고 하는 말이,

"의병대장을 잡았다"하자 그때 동행 두어 사람은 도망치고 말았다. 저들이 날더러 하는 말이 "너는 어째서 정부에서 엄금하는 의병을 감히 행하는 것이냐?"하므로 나는 대답하되,

"현재 이른바 우리 한국정부는 형식으로는 있는 것 같지마는 내용인즉 이등(伊藤) 한 개인의 정부다. 한국민족 된 사람이 정부의 명령에 복종한다는 것은 실상 이등에게 복종하는 것이다"하였으나 그 놈들은 두 말할 것 없이 때려 죽여야 한다면서 수건으로 내 목을 묶어 눈 바닥에 쓰러뜨려 놓고 무수히 마구 때리는 것이었다. 나는 큰 소리로 꾸짖되,

"너희들이 만일 여기서 나를 죽이면 그대들은 무사할 것 같으냐? 아까 나와 동행했던 두 사람이 도망해 갔으니, 바로 그 두 사람이 반드시 우리 동지들에게 알릴 것이다. 너희들을 뒷날 모조리 다 죽여 버릴 것이니 알아서 해라"했더니 저들도 내 말을 듣고는 서로 귓속말로 소곤거리는데, 그것은 아마도 필시 나를 죽일 수 없다는 것을 의논하는 것이었다. 이윽고 나를 이끌고 산 속 어떤 초가집 안으로 들어가 어떤

놈은 나를 때리고 어떤 놈은 그것을 말리므로 나는 좋은 말로 권했으나 저들은 아무 말도 대답하지 못하다가 서로 이르되,

"김가(金哥) 네가 처음 끌어낸 일이니, 김가 네가 마음대로 해라. 우리들은 관계하지 않겠다"하자 그 김가란 자가 나를 끌고 산 아래로 내려갔다. 나는 한편으로 타이르고 한편으로는 항거했더니 김가도 이치에 어찌할 수가 없어 아무 말도 없이 물러가고 말았는데, 그들은 모두 일진회(一進會)의 남은 도당들로서 본국에서부터 이곳으로 피난해 와서 사는 놈들이었는데, 마침 내가 지나간다는 말을 듣고 그 같은 행동을 한 것이었다.

그때 나는 빠져나와 죽음을 면하고 친구 집을 찾아가 상한 데를 치료하며 그 해 겨울을 지냈다.

이듬해(1909) 기유에 연추(烟秋) 방면으로 돌아와 동지 12인과 같이 상의하되,

"우리들이 전후에 전혀 아무 일도 이루지 못했으니 남의 비웃음을 면하기 어려울 것이오. 뿐만 아니라 만일 특별한 단체가 없으면 어떤 일이고 간에 목적을 달성하기가 어려울 것인즉, 오늘 우리들은 손가락을 끊어 맹서를 같이 지어 증거를 보인 다음에 마음과 몸을 하나로 묶어 나라를 위해 몸을 바쳐 기어이 목적을 달성하도록 하는 것이 어떻소?" 하자 모두가 그대로 따르겠다고 하였다. 마침내 열 두 사람이 각각 왼편 손 약지(藥指)를 끊어 그 피로써 태극기 앞면에 글자 넉자를 크게 쓰니 '대한독립(大韓獨立)'이었다. 쓰기를 마치고 대한독립만세를 일제히 세 번 부른 다음 하늘과 땅에 맹서하고 흩어졌다.

그 뒤에 각처로 왕래하며 교육에 힘쓰고 국민의 뜻을 단합하고 신문을 구독하는 것으로써 일을 삼았다. 그때 문득 정대호(鄭大鎬)의 편지를 받고 곧 가서 만나보고 고향집 소식을 자세히 들었다. 그리고 가

족들 데리고 오는 일을 부탁하고 돌아왔다. 또 봄, 여름 사이에 동지 몇 사람과 함께 한국 내지로 건너가 여러 가지 동정을 살피고자도 했으나 운동비를 마련할 길이 없어 목적을 이루지 못하여 부질없이 세월만 보내고 어느 새 첫 가을 9월이 되니 때는 곧 1909년 9월이었다.

그때 나는 연추 방면에 머무르고 있었는데, 하루는 갑자기 아무 까닭도 없이 마음이 울적해지며 초조함을 이길 수 없고 스스로 진정하기 어려워 친구 몇 사람에게 말하기를,

"나는 지금 블라디보스톡으로 가려고 하오"하였더니,

그 사람들 말이,

"왜 그러는 것이오? 아무런 기약도 없이 졸지에 가려는 것이오?"하므로 나는 말하되,

"나도 그 까닭을 모르겠소. 저절로 마음에 번민이 일어나서 도저히 이곳에 더 머물고 있을 생각이 없어 떠나려는 것이오"하였다.

그들은 다시 묻기를,

"이제 가면 언제 오는 것이오?"하므로,

나는 무심중에 갑자기 대답하기를,

"다시 안 돌아오겠소"하였는데, 그들은 무척 괴상히 여겼을 것이다. 나도 역시 불각 중에 그런 대답을 했던 것이다.

서로 작별하고 길을 떠나 보로실로프[口港]에 이르러 기선을 만나 올라탔다(이 항구에서는 기선이 1주일에 혹 한두 번씩 블라디보스톡으로 다닌다고 했음). 블라디보스톡에 이르러 들으니 이등박문(伊藤 博文 : 이토우 히로부미)이 장차 이곳에 올 것이라는 소문이 자자했다. 그래서 자세한 내막을 알고 싶어 여러 신문을 사보았더니, 근일 사이에 하얼빈에 도착할 것이라는 것이 참말이요 의심할 것이 없었다. 나는 스스로 남몰래 기뻐하되,

"여러 해 소원하던 목적을 이제야 이루게 되다니! 늙은 도둑이 내 손에서 끝나는구나!"하였다.

그러나 여기에 온다는 말은 아직 자세치 않은 말이요, 하얼빈에 간 연후에라야 일을 성공할 것이 틀림없을 것이라 생각하고, 곧 일어나 떠나고도 싶건마는 운동비를 마련할 길이 없어 이리저리 궁리하다가 마침 이곳에 와서 사는 한국 황해도 이석산(李錫山)을 찾아 갔다.

그때 이씨는 마침 다른 곳으로 가려고 행장을 꾸려가지고 문을 나서는 참이라, 그를 급히 불러 조용한 방으로 들어가 돈 1백 원만 꾸어 달라고 청했다. 그러나 이씨는 끝내 들어주지 않는 것이었다. 일이 여기에 이르고 보니 사세를 어찌할 길이 없어 위협한 나머지 일백 원을 강제로 뺏어 가지고 돌아오니, 일이 반은 이루어진 것 같았다.

12

이때 동지 우덕순(禹德淳)을 청하여 일을 일으킬 방책을 비밀히 약속한 다음, 각각 권총을 휴대하고 곧 길을 떠나 기차를 타고 가면서 생각하니 두 사람이 다 러시아 말을 전혀 모르므로 걱정이 적지 않았다.

도중에 스이펜호[綏芬河] 지방에 이르러 유동하(柳東夏)를 찾아 말하기를 "지금 내가 가족들을 맞이하기 위해서 하얼빈으로 가는데, 내가 러시아말을 몰라 답답하네. 자네가 거기에 같이 가서 통역을 해주고 여러 가지 일을 주선해 줄 수 없겠는가?"하였더니 유(柳)의 말이,

"나도 역시 약을 사러 하얼빈으로 가려는 참이라 같이 가는 것이 참 잘된 일이오"하므로 곧 길을 떠나 동행이 되었다.

이튿날 하얼빈에 있는 김성백(金聖伯)의 집에 이르러 유숙하고, 다시 신문을 얻어 보고 이등이 오는 기일을 자세히 탐지하였다.

또 그 이튿날 다시 남쪽으로 장춘(長春) 등지로 가서 거사하고도 싶었으나, 유동하가 본시 나이 어린 사람이라 곧 저희 집으로 돌아가겠다고 하므로 다시 통역할 사람을 얻어야 했다. 마침 조도선(曹道先)을 만나 가족들을 맞기 위해 동행해서 남쪽으로 가자했더니, 조씨는 곧 승낙하는 것이었다.

그날 밤은 또 김성백(金聖伯)의 집에서 묵었었다. 그때 운동비가 부족할 것이 걱정스러워서 유동하를 시켜 김성백에게 가서 50원만 잠깐 빌려주면 멀지 않아 곧 갚겠노라고 말하려고 유씨가 찾아갔으나 밖에 나가고 없었다.

그때 나는 홀로 여관방 등불 밑 차디찬 상위에 앉아 잠깐 동안 장차 행할 일을 생각하며 강개한 마음을 이길 길 없어 노래 한 장을 읊었다.

장부가 세상에 나가니, 그 뜻이 크도다 (丈夫處世兮 其志大矣)

때가 영웅을 만들고, 영웅은 때를 만드는 도다 (時造英雄兮 英雄時趙)

천하를 웅시하매 언제 업을 이룰 것인가 (雄視天下兮 何日成業)

동풍이 점점 차가워지고 장사의 의기는 뜨거워지누나 (東風漸寒兮 壯士義熱)

분연히 한번 가서 반드시 목적을 이루리라 (念慨一去兮 必成目的)

쥐 도적 이등이여, 어찌 너의 목숨을 살려줄 수 있으리 (鼠竊伊藤兮

豈肯比命)

여기에 이를 줄 어찌 알았으랴, 사세가 그러하도다 (豈度至比兮 事勢固然)

동포 동포여, 속히 대업을 이루자 (同胞同胞兮 速成大業)

만세 만세여, 대한독립이로다 (萬歲萬歲兮 大韓獨立)

만세 만세여, 대한동포로다 (萬歲萬歲兮 大韓同胞)

읊기를 마치고 다시 편지 한 장을 써서 블라디보스톡에 있는 대동공보(大東共報) 신문사에 붙이려 했으니, 그 뜻인즉 첫째 우리들이 행하는 목적을 신문지상에 널리 알리자는 것이요, 또 한 가지는 유동하가 만일 김성백에게서 50원 돈을 꾸어 온다면 갚아줄 방책이 없기 때문에 대동공보사에서 갚아주도록 하는 핑계로 말한 것이니, 잠깐 동안의 흉계였던 것이다. 편지를 끝마치자 유씨가 돌아왔는데 돈 꾸어오는 일이 성사되지 않았다 하기에 잠도 자지 못하고 그날 밤을 지냈다.

이튿날 이른 아침 우(宇), 조(曺), 유(柳) 세 사람과 함께 정거장으로 가서 조씨로 하여금 남청열차(南淸列車)가 서로 바뀌는 정거장이 어디 있는가를 역의 관리에게 자세히 묻게 했더니 채가구(蔡家溝) 등지라고 하였다. 나는 곧 우와 조 두 사람과 함께 유씨와 작별한 뒤에 열차를 타고 남행하여 그 방면에 이르러 차에서 내려 여관을 정하고 유숙하며 정거장 사무원에게 묻기를,

"이곳에 기차가 매일 몇 차례나 내왕하는가?"하였더니 그의 말이,

"매일 세 번씩 내왕하는데, 오늘 밤에는 특별차가 하얼빈에서 장춘으로 더 나가서 일본대신 이등을 영접해서 모레 아침 여섯 시에 여기에 이를 것입니다"라고 대답하는 것이었다.

이같이 분명한 통신은 전후에 처음 듣는 확실한 소식이기에 다시

깊이 헤아려 생각하되,

"모래 아침 여섯 시쯤이면 아직 날이 밝기 전이니 이등이 반드시 정거장에 내리지 않을 것이요, 또 설사 차에서 내려 시찰한다 하여도 어둠속이라 진짜인지 가짜인지를 분간할 수가 없을 것이다. 더구나 내가 이등의 모습을 모르는 데야 어찌 능히 일을 치를 수가 있을 것이랴"하고 다시 앞서 장춘 등지로 가보고 싶어도 노비가 부족하니 어쩌면 좋을런지! 이런 저런 생각에 마음만 몹시 피로웠다.

그때 유동하에게 전보를 쳤다.

"우리는 여기 이르러 하차했다. 만일 그곳에 긴급한 일이 있거든 전보를 쳐주기 바란다"했다.

황혼이 된 뒤에 답전이 왔으나 그 말뜻이 전연 분명치 아니해서 더욱 의아스러움이 적지 않아 그날 밤 충분히 깊이 생각하며 다시 좋은 방책을 헤아린 뒤, 이튿날 우씨에게 상의하기를,

"우리가 이곳에 같이 있는 것은 좋은 방법이 아니다. 첫째는 돈이 부족하고, 둘째는 유씨의 답전이 심히 의아스럽고, 셋째는 이등이 내일 아침 새벽에 여기를 지나갈 터인즉 일을 치르기가 어려울 것이기 때문이다.

만일 내일의 기회를 잃어버리면 다시는 일을 도모하기가 어려울 것이다. 그러므로 그대는 여기서 머물러 내일의 기회를 기다려 틈을 보아 행동하고 나는 오늘 하얼빈으로 돌아가서 내일 두 곳에서 일을 치르면 충분히 편리할 것이다. 만일 그대가 일을 성공하지 못하면 내가 꼭 성공할 것이요, 만일 내가 일을 성공하지 못하면 그대가 꼭 일을 성공해야 할 것이다. 또 만일 두 곳에서 다 뜻대로 되지 않는다면 다시 운동비를 마련해 가진 다음, 새로 상의해서 거사하도록 하는 것이 가장 완전한 방책일 것이다"하였다.

그리고 서로 작별하고 나는 기차를 타고 도로 하얼빈으로 돌아와 다시 유동하를 만나 대담한 전보의 글 뜻을 물었으나 유씨의 답변이 역시 분명치 않으므로 내가 성을 내어 꾸짖었더니, 유씨는 말도 아니 하고 문밖으로 나가버리는 것이었다.

그날 밤 김성백의 집에서 자고 이튿날 아침 일찍 일어나 새 옷을 모조리 벗고 수수한 양복 한 벌로 갈아입은 뒤에 단총을 지니고 바로 정거장으로 나가니 그 때가 오전 7시쯤이었다. 거기에 이르러 보니 러시아 장관(將官)과 군인들이 많이 와서 이등을 맞이할 절차를 준비하고 있었다. 나는 차 파는 집에 앉아서 차를 두서너 잔 마시며 기다렸다.

9시쯤 되어 이등이 탄 특별기차가 와서 닿았는데, 그곳은 인산인해(人山人海)이었다. 나는 안에 앉아서 그 동정을 엿보며 스스로 생각하기를,

'어느 시간에 저격하는 것이 좋을까?'하며 십분 생각하되 미처 결정을 내리지 못할 즈음, 이윽고 이등이 차에서 내려오자 각 군대가 경례하고 군악소리가 하늘을 울리며 귀를 때렸다. 그 순간 분한 생각이 터져 일어나고 삼천리 길 업화(業火)가 머리속에서 치솟아 올랐다.

'어째서 세상일이 이 같이 공평하지 못한가? 슬프다. 이웃나라를 강제로 뺏고 사람의 목숨을 참혹하게 해치는 자는 이같이 날뛰고 조금도 꺼림이 없는 대신, 죄 없이 어질고 약한 이 몸은 이처럼 곤경에 빠져야 하는가?'

다시 더 말할 것 없이 곧 뚜벅뚜벅 걸어서 용기 있게 나아가 군대가 늘어서 있는 뒤에까지 이르러 보니, 러시아 일반 관리들이 호위하고 오는 중에 맨 앞에 누런 얼굴에 흰 수염을 가진 일개 조그마한 늙은 이가 이같이 염치없이 감히 천지 사이를 횡행하고 다니고 있지 않

은가.

'저것이 필시 이등 노적(老賊)일 것이다.'

나는 곧 단총을 뽑아들고 그 오른쪽을 향해서 4발을 쏜 다음, 생각해보니 십분 의아심이 머릿속에서 일어났다. 내가 본시 이등의 모습을 모르기 때문이었다. 만일 한 번 잘못 쏜다면 큰일이 낭패가 되는 것이라, 그래서 다시 뒤쪽을 향해서 일본인 단체 가운데서 가장 의젓해 보이는 앞서 가는 자를 새로 목표하고 3발을 이어 쏜 뒤에 또 다시생각하니, 만일 무죄한 사람을 잘못 쏘았다 하면 일은 반드시 불미할 것이라 잠깐 정지하고 생각하는 사이에 러시아 헌병이 와서 붙잡히니, 그때가 바로 1909년 음력 9월 13일 상오9시 반쯤이었다.

나는 곧 하늘을 향하여 큰 소리로 '대한만세'를 세 번 부른 다음 정거장 헌병 분파소(分派所)로 붙잡혀 들어갔다.

온 몸을 검사한 뒤에 조금 있다가 러시아 검찰관(檢察官)이 한국인 통역과 같이 와서 성명과 어느 나라 어느 곳에 살며, 어디로부터 와서 무슨 까닭으로 이등을 해쳤는가를 물으므로 대강을 설명해 주었는데, 통역하는 한국인의 한국말은 잘 알아들을 수 없었다.

그때 사진을 찍는 자가 두서너 번 있었고, 오후 8,9시쯤 해서 러시아 헌병 장관(將官)이 나와 함께 마차를 타고 어느 방향인지 모를 곳으로 가서 일본 영사관에 이르러 넘겨주고 가버렸다.

그 뒤에 이곳 관리가 두 차례나 신문했고 4,5일 뒤에 구연(溝淵孝雄 : 미조구찌) 검찰관이 와서 다시 심문하므로 전후 역사의 세세한 것을 공술(供述)했더니, 구연(溝淵) 검찰관이 이등을 가해한 일에 대해서 물으므로 나는 이렇게 대답했다.

하나, 한국 민황후를 시해한 죄요.

둘, 한국 황제를 폐위시킨 죄요.

셋, 5조약과 7조약을 강제로 체결한 죄요.

넷, 무고한 한국인들을 학살한 죄요.

다섯, 정권을 강제로 빼앗은 죄요.

여섯, 철도, 광산, 산림, 천택을 강제로 빼앗은 죄요.

일곱, 제일은행권 지폐를 강제로 사용한 죄요.

여덟, 군대를 해산시킨 죄요.

아홉, 교육을 방해한 죄요.

열, 한국인들의 외국유학을 금지시킨 죄요.

열하나, 교과서를 압수하여 불태워 버린 죄요.

열둘, 한국인이 일본의 보호를 받고자 한다고 세계에 거짓말을 퍼뜨린 죄요.

열셋, 현재 한국과 일본 사이에 경쟁이 쉬지 않고 살육이 끊이지 않는데, 한국이 태평무사한 것처럼 위로 천황을 속인 죄요.

열넷, 동양평화를 깨뜨린 죄요.

열다섯, 일본 천황폐하의 아버지 태황제를 죽인 죄라고 했었다.

검찰관이 다 듣고 난 뒤에 놀라면서 하는 말이,

"지금 진술하는 말을 들으니 참으로 동양의 의사라 하겠다. 당신은 의사이니까 반드시 사형 받을 법은 없을 것이니 걱정하지 말라"는 것이었다. 나는 대답하되,

"내가 죽고 사는 것은 논할 것 없고, 이 뜻을 속히 일본 천황폐하에게 아뢰어라. 그래서 속히 이등의 옳지 못한 정략을 고쳐서 동양의 위급한 대세를 바로잡도록 하기를 간절히 바란다"하고 말을 마치자, 또 지하실 감옥에 가두더니 다시 4,5일 뒤에 말하기를,

"오늘은 이로부터 여순구(旅順口)로 갈 것이다"하는 것이었다.

그때 보니 우덕순(禹德淳), 조도선(曹道先), 유동하(柳東夏), 정대호

(鄭大鎬), 김성옥(金成玉)과 또 얼굴을 알지 못하는 사람 2,3인이 같이 결박이 되어 정거장에 이르러 기차를 타고 떠났다.

이 날 장춘(長春) 헌병소에 이르러 밤을 지내고 이튿날 다시 기차를 타고 어떤 정거장에 대었는데, 일본 순사 하나가 올라와서 갑자기 내 뺨을 주먹으로 후려갈기므로 내가 성이 나서 욕을 하자 헌병 정교(正校)가 곁에 있다가 그 순사를 끌어 기차에서 내려 보낸 뒤에 날더러 하는 말이,

"일본 한국 간에 이같이 좋지 못한 사람이 있으니 성내지 마시오"하는 것이었다.

그 이튿날 여순구에 이르러 감옥에 갇히니 때는 9월 21일쯤이었다 (음력임).

이로부터 감옥에 갇힌 뒤로 날마다 차츰 가까이 지내게 되는 중에 전옥(典獄)과 경수계장(警守係長)과 일반 관리들도 나를 후대하므로 나는 느꺼움을 이기지 못하고 마음속으로 이것이 참말인가 꿈인가를 의심했었다.

'같은 일본인인데 어째서 이같이 서로 다른 것인가? 한국에 와 있는 일본인은 강폭하기가 말할 수 없는데, 여순구에 와 있는 일본인은 어째서 이같이 어질고 후한가? 한국과 여순구에 있는 일본인들의 종자가 달라서 그런 것인가, 풍토 기후가 달라서 그런 것인가? 한국에 있는 일본인들은 권세 맡은 이등이 악하기 때문에 그 마음을 본떠서 그러하고, 여순구에 있는 일본인들은 권세 맡은 도독(都督)이 인자해서 그 덕에 감화되어 그런 것인가?'하고 아무리 생각해 보아도 그 까닭을 알 수 없었다.

그 뒤에 구연 검찰관이 한국어 통역관 원목(圓木)씨와 함께 감옥소에 와서 10여차 신문했는데, 그 동안에 주고받은 이야기들은 낱낱이

다 쓰지 못한다(상세한 것은 검찰관의 기록 속에 실렸기 때문에 구태여 다시 쓰지 아니한다).

검찰관은 늘 내게 대해서 후대를 하고 신문한 뒤에는 언제나 이집트 담배를 주기 때문에 담배를 피워가며 공정한 토론도 하고, 또 동정하는 빛이 그 얼굴에 나타났다.

하루는 영국 변호사 한 사람과 러시아 변호사 한 사람이 찾아와서 내게 말하되,

"우리 두 사람은 블라디보스톡에 있는 한국인 제씨들의 위탁을 받고 와서 변호를 하려는 것이오. 이로부터는 이미 허가를 받았으니 공판하는 날 다시 와서 만나겠소"하고 가는 것이었다.

나는 마음속으로 크게 놀라고 또 약간 이상스레 생각했다.

'일본의 문명한 정도가 여기까지 온 것인가? 내가 전일에는 생각이 미치지 못했던 것이다. 오늘 영국, 러시아 변호사들을 능히 허용해 주는 것을 보니 과연 세계에서 1등 국가의 행동이라 할만하다. 그러면 내가 오해했던 것인가? 이 같은 과격수단을 쓴 것이 망동이었던가?' 하고 너무도 의아스럽게 생각했었다.

이때 한국 내부(內部) 경시 일본인 노인 경(境)씨가 왔는데, 한국어를 너무도 잘하는 사람으로서 날마다 만나 이야기를 했다. 일본, 한국 두 나라 사람이 상대해서 서로의 의견을 주고받으니, 정략기관은 서로 크게 다를망정 개인 인정으로 말하면 차츰 친근해져서 정다운 옛 친구와 서로 다를 것이 없었다. 어느 날 나는 경(境)씨에게 물었다.

"일전에 영국, 러시아 두 나라 변호사가 여기 왔었는데, 이로부터는 법원 관리가 공평한 진심으로 허가해 준 것인가?"

그가 대답하되, "참말로 그렇다"하므로 나는 다시 말하되,

"과연 그러하다면 동양의 특색이 있는 일이다. 그러나 만일 그렇지

않다면 나의 일에 대해서는 해로울지언정 이로움은 없을 것이다"하고 웃으며 헤어졌다.

그때 전옥 율원(栗原)씨와 경수계장 중촌(中村)씨는 항상 나를 보호해 주고 후대했다. 매주일에 한 번씩 목욕을 시켜주고 날마다 오전, 오후 두 차례씩 감방에서 사무실로 데리고 나와 각국 상등 담배와 서양과자와 차를 주기 때문에 배불리 먹기도 했다.

또 아침, 점심, 저녁 세 끼니에 상등 쌀밥을 주었고, 내복으로 상등품 한 벌을 갈아입히고, 솜이불 네 벌을 특별히 주었으며, 밀감, 배, 사과 등 과일을 날마다 두서너 차례씩 주는 것이었다. 날마다 우유도 한 병씩 주었는데 이것은 원목씨가 특별히 대접하는 것이었고, 구연 검찰관은 닭과 담배 등을 사 넣어 주었는데, 이같이 특별히 대우해준 것에 대해서는 감사해 마지못하며 이루 다 적지 못한다.

11월쯤 되어서이다. 나의 친동생 정근(定根)과 공근(恭根) 두 사람이 한국 진남포(鎭南浦)로부터 이곳에 와서 반가이 만나 면회했는데, 서로 작별한지 3년 만에 처음 보는 것이라 생시인지 꿈이지 깨닫지 못했다. 그로부터 항상 4,5일 만에, 혹은 10여일 만에 차례로 만나 이야기를 나누었다. 한국인 변호사를 청해 올 일과 천주교신부를 청해다가 성사(聖事)를 받을 일들을 부탁하기도 했다.

그 뒤 하루는 검찰관이 또 와서 신문하는데, 그 말과 행동이 전일과는 아주 딴판이어서 혹은 압제도 주고 혹은 억설도 하고, 또 혹은 능욕하고 모멸도 하는 것이라 나는 스스로 생각하되,

"검찰관의 생각이 이같이 돌변한 것은 아마 제 본심이 아니요, 어디서 딴 바람이 불어 닥친 것일 것이다. 그야말로 도심(道心)은 희미하고 인심은 위태롭다더니 빈 문자가 아니로구나"하고 분해서 대답하기를,

"일본이 비록 백만 명 군사를 가졌고 또 천만 문(門)의 대포를 갖추었다 해도 안응칠의 목숨 하나 죽이는 권세 밖에 또 무슨 권세가 있을 것이냐. 인생이 세상에 나서 한 번 죽으면 그만인데 무슨 걱정이 있을 것이냐. 나는 더 대답할 것이 없으니 마음대로 하라"고 했다.

이때로부터 나의 장래 일은 크게 잘못 되어져서 공판도 반드시 잘못 판단될 것이 명확한 일이었다. 더욱이 언권이 금지되어 내가 목적한 바 의견을 진술할 도리가 없었고 모든 사태는 숨기고 속이는 것이 현저했다.

'이것이 무슨 까닭인가?' 나는 생각해 보았다.

'이것은 반드시 굽은 것을 곧게도 만들고 곧은 것은 굽게도 만들려 하는 것이다. 대개 법이란 것은 거울과 같아 털끝만큼도 어긋날 수가 없는 것이다. 이제 내가 한 일은 시비곡직이 이미 명백한 일인데 무엇을 숨길 것이며 무엇을 속일 것이냐. 세상 인정이란 잘난 이 못난 이를 물론하고 옳고 아름다운 일을 꺼리는 것이므로 숨기려는 것이다. 그것을 미루어 생각하면 알 수 있는 것이다.'

이때 나는 분함을 참을 수 없어 두통이 심해졌다가 몇 날 뒤에야 나았다가 그 뒤로 한 달 남짓 무사히 지났는데, 이 또한 이상한 일이었다. 어느 날 검찰관이 날더러 하는 말이,

"공판일이 이미 6,7일 뒤로 정해졌다. 그런데 영국, 러시아 변호사는 일체 허가되지 아니하고 이곳에 있는 관선 변호사를 쓰게 되었다" 하므로 나는 스스로 생각했다.

'내가 전일 상등, 중등 두 가지로 생각하고 바랐는데 그것은 지나친 생각이었고, 이제는 하등 판결에 지나지 않을 것이다.'

그 뒤 공판 첫날 법원 공판석에 이르렀더니 정대호, 김성옥 등 다섯 사람은 이미 무사히 되어 풀려 돌아갔고, 다만 우, 조, 유 3인은 나와

함께 피고로 출석하게 되었는데, 방청인도 수 삼백 명이었다.

그때 한국인 변호사 안병찬(安炳瓚)씨와 전일 허가를 받고 갔던 영국인 변호사가 모두 와서 참석했으나 도무지 변호권을 주지 않았기 때문에 다만 방청할 따름이었다. 재판관이 출석하여 검찰관의 심문한 문서에 의해서 대강을 신문하는데, 내가 자세한 의견을 진술하려하면 재판관은 그저 회피하며 입을 막으므로 설명할 도리가 없었다.

나는 이미 그 까닭을 알기 때문에 하루는 기회를 타서 몇 개 목적을 설명하려 했더니, 재판관은 문득 놀라 자리에서 일어나 방청석을 금지시키고 다른 방으로 물러갔다. 나는 스스로 생각했다.

'내 말 속에 칼이 들어 있어서 그러는 것이냐, 총과 대포가 들어 있어서 그러는 것이냐? 마치 맑은 바람이 한 번 불자 쌓였던 먼지가 모두 흩어지는 것과 같아서 그런 것이리라. 이는 다른 까닭이 있는 것이 아니라, 내가 이등의 죄명을 말하는 중에 일본 효명천황(孝明天皇) 죽인 대목에 이르자 그같이 좌석을 깨어버리고 만 것이리라.'

그러더니 조금 뒤에 재판관이 다시 출석하여 날더러 하는 말이 "다시는 그 같은 말을 하지 말라"하는 것이었다. 이때 나는 얼마동안 묵묵히 앉아 스스로 생각했다.

'진과(眞鍋) 판사가 법률을 몰라서 이러한 것인가? 천황의 목숨이 대단치 않아서 이러한 것인가? 이등이 세운 관리라 이러한 것인가? 어째서 이러한 것인가? 가을바람에 술이 취해서 이러한 것인가? 오늘 내가 당하는 이 일이 생시인가, 꿈속인가?

나는 당당한 대한민국 국민인데 왜 오늘 일본 감옥에 갇혀 있는 것인가? 더욱이 일본 법률의 재판을 받는 까닭이 무엇인가? 내가 언제 일본에 귀화한 사람인가? 판사도 일본인, 검사도 일본인, 변호사도 일본인, 통역관도 일본인, 방청인도 일본인! 이야말로 벙어리 연설회냐?

귀머거리 방청이냐? 이것이 꿈속 세계냐? 만일 꿈이라면 어서 깨고 확실히 깨려무나!'

이러한 때에 설명해서 무엇하랴. 아무런 이야기도 소용이 없었다. 그래서 나는 웃으며 대답하되,

"재판관 마음대로 하라. 나는 아무런 다른 말도 하지 않겠다"고 했다.

그 이튿날 검찰관이 피고의 죄상을 설명하기를 종일토록 쉬지 않고 입술과 혓바닥이 닳도록 말하다가 기진해서 끝내고, 마침내 청하는 것이 나를 사형에 청하는 것뿐이었다.

내가 사형하는 이유를 물었더니,

"이런 사람이 세상에 살아 있으면 많은 한국인이 그 행동을 본뜰 것이라 일본인들이 겁이 나서 보전할 도리가 없을 것이기 때문이다"라는 것이었다. 나는 찬 웃음을 지으며 스스로 생각했다.

"지금부터 옛날에 이르기까지 천하 각국에 협객과 의사가 끊어지지 않는데 그들이 모두 나를 본떠서 그러는 것이냐? 속담에 어떤 사람을 막론하고 열 사람의 친한 재판관을 원하기보다 단 한 가지 죄도 없기를 원해야 한다더니 바로 그것이 옳은 말이다. 만일 일본인이 죄가 없다면 무엇 때문에 한국인을 겁낼 것인가? 그 많은 일본인 가운데 왜 굳이 이등 한 사람이 해를 입었던가? 오늘 또 다시 한국인을 겁내는 일본인이 있다 하면 그야말로 이등과 같은 목적을 가진 사람이 아니겠는가?

더구나 내가 사사로운 혐의로 이등에게 해를 가했다고 하는데, 본시 내가 이등을 알지 못하거늘 무슨 사혐이 있을 것인가? 만일 내가 이등에게 사혐이 있어서 그랬다면 검찰관은 나와 무슨 사혐이 있어서 이러는 것인가? 만일 검찰관이 하는 말대로 한다면 세상에는 공법 공

사가 없고 모두 사정 사험에서 나온다고 해야겠는데, 그렇다면 구연(溝淵) 검찰관이 사험으로써 나를 사형에 처하도록 청하는 것에 대해서 또 다른 검찰관이 구연의 죄를 심사한 뒤에 형벌을 청하는 것이 공리에 합하는 것이다. 그렇게 할양이면 세상일이 언제 끝나는 날이 올 것인가?

또 이등이 일본 천지에서 가장 높고 큰 인물이기 때문에 일본 4천만 인민이 모두 경외하는 것이요, 그러기 때문에 내 죄가 역시 극히 중대하기 때문에 중대한 형벌을 청구하는 것으로 생각하는데, 그렇다면 왜 하필 사형으로써 청구하는 것이냐? 일본인이 재주가 없어 사형 이외에 보다 더 위에 윗등 가는, 극히 중대한 형벌을 미리 마련해 두지 못했던가? 좀 더 경감해 준다고 생각해서 한 것이 그런 것인가?"

나는 천번 만번 생각해 보아도 이유 곡절을 분간할 길이 없어 의아할 따름이었다.

그 이튿날 수야(水野), 서전(鋤田) 두 변호사가 변론해서 말하되,

"피고의 범죄는 분명하고 의심할 바가 없으나 그것이 오해에서 된 일이므로 그 죄가 중대하지는 아니하다. 더구나 한국인민에 대해서는 일본 사법관의 관할권이 없다"고 하므로, 나는 다시 변명해서 이렇게 말했다.

"이등의 죄상은 천지신명과 사람이 모두 다 아는 일인데 무슨 오해란 말인가? 더구나 나는 개인으로 남을 죽인 범죄인이 아니다. 나는 대한국 의병 참모중장의 의무로 소임을 띠고 하얼빈에 이르러 전쟁을 일으켜 습격한 뒤에 포로가 되어 이곳에 온 것이다. 여순구(旅順口) 지방재판소와는 전연 관계가 없는 일인즉, 만국공법과 국제공법으로써 판결하는 것이 옳다"하자, 이때 시간이 이미 다 되어 재판관이 말하되,

자랑스런 **安重根 義士** 이야기 🖐 123

"모레 다시 와서 선고를 하겠다"하므로 나는 혼자 생각하기를,

"모레면 일본국 4천 7백만 인격의 근수를 달아보는 날이다. 어디 경중 고하를 지켜보리라"했다.

그날 안중근과 우덕순 등의 법원 판결에 이른즉, 진과(眞鍋) 재판관이 선고하되,

"안중근은 사형에 처한다. 그리고 우덕순은 3년 징역, 조도선·유동하는 각각 1년 반 징역에 처한다"하고, 검찰관도 똑같은 말을 하는 것이었다. 그리고 공소 일자는 5일로 판정하고 그 안에 다시 정한다 하고는 더 말이 없이 부랴부랴 공판을 끝내고 흩어지니, 때는 1910년 경술 정월 초3일이었다(음력임).

나는 도로 감옥으로 돌아와 생각하기를,

'내가 생각했던 것에서 벗어나지 않았다. 예부터 허다한 충의로운 지사들이 죽음으로써 한하고 충간하고 정략을 세운 것이 뒷날의 역사에 맞지 않은 것이 없다. 이제 내가 동양의 대세를 걱정하여 정성을 다하고 몸을 바쳐 방책을 세우다가 끝내 허사로 돌아가니 통탄한들 어찌하랴. 그러나 일본국 4천만 민족이 '안중근의 날'을 크게 외칠 날이 멀지 않을 것이다.

동양의 평화가 이렇게 깨어지니 백년 풍운이 어느 때에 그치리오. 지금 일본 당국자가 조금이라도 지식이 있다면 반드시 이 같은 정책은 쓰지 않을 것이다. 더구나 만일 염치와 공정한 마음이 있었던들 어찌 능히 이 같은 행동을 할 수 있을 것인가?

지난 1895년(을미)에 한국에 와 있던 일본 공사 삼포(三浦)가 병정을 몰아 대궐을 침범하고 우리의 명성황후(明成皇后)를 시해했으되, 일본 정부는 삼포를 아무런 처형도 하지 않고 석방했는데, 그 내용인즉 반드시 명령하는 자가 있어서 그렇게 한 것이 분명하다 했다. 그런

데 오늘 이르러 나의 일로 말하면 비록 개인 간의 살인죄라고 할지라도 삼포의 죄와 나의 죄가 어느 누가 중하며 어느 누가 경한가? 그야말로 머리가 깨어지고 쓸개가 찢어질 일이 아니냐? 내게 무슨 죄가 있느냐? 내가 무슨 죄를 범했느냐?'하고 천번 만번 생각하다가 문득 크게 깨달은 뒤에 손뼉을 치며 크게 웃고 말하되,

"나는 과연 큰 죄인이다. 다른 죄가 아니라, 내가 어질고 약한 한국 인민된 죄로다"하고 생각하자 마침내 의심이 풀려 안심이 되었다.

그 뒤에 전옥 율원(栗原)씨의 특별소개로 고등법원장 평석(平石)씨와 만나 담화했는데, 나는 사형판결에 대하여 불복하는 이유를 대강 설명한 뒤에 동양대세의 관계와 평화정략의 의견을 말했더니, 고등법원장이 다 듣고 난 뒤에 감개하여 대답해 말하되,

"내가 그대에 대해서 비록 두터이 동정하지만은 정부 주권의 기관을 고칠 수 없는 것을 어찌하겠는가? 다만 그대가 직술하는 의견을 정부에 품달하겠다"하므로,

"이 같이 공정한 논평이 귀를 스치니 일생에 두 번 듣기 어려운 일이다. 이 같은 공의 앞에서야 비록 목석이라도 감복하겠다"하고 나는 다시 청하되,

"만일 허가될 수 있다면 동양평화론 1책을 저술하고 싶으니, 사형집행 날짜를 한 달 남짓 늦추어 줄 수 있겠는가?"했더니,

고등법원장이 대답하되,

"어찌 한달 뿐이겠는가. 설사 몇 달이 걸리더라도 특별히 허가하겠으니 걱정하지 말라"하므로, 나는 감사하기를 마지못하고 돌아와 공소권 청구할 것을 포기했다. 설사 공소를 한다고 해도 아무런 이익도 없을 것이 뻔할 뿐더러, 고등법원장의 말이 과연 진담이라고 하면 굳이 더 생각할 것도 없어서였다. 그래서 동양평화론을 저술하기 시작

했다.

그때 법원과 감옥소의 일반관리들이 내 손으로 쓴 글로써 필적을 기념하고자 비단과 종이 수백 장을 사 넣고 청구하므로, 나는 부득이 자신의 필법이 능하지 못하고 또 남의 웃음거리가 될 것도 생각지 못하고서 매일 몇 시간씩 글씨를 썼다.

내가 감옥에 있은 뒤로 특별히 친한 벗 두 사람이 있었는데, 하나는 부장 청목(靑木)씨요, 하나는 간수 전중(田中)씨였다. 청목씨는 성질이 어질고 공평하고, 전중씨는 한국어에 능통해서 나의 일동일정을 두 사람이 돌보아 주었기 때문에 나와 두 사람은 정이 들어 서로 형제와 같았다.

그때 천주교회 전교사 홍 신부가 나의 영생 영락하는 성사를 해주기 위해서 한국으로부터 이곳에 와서 나와 서로 면회하니 꿈과 같고 취한 것 같아 기쁨을 이를 길이 없었다. 그는 본시 프랑스 사람으로서 파리에서 동양전교회 신품(神品)학교를 졸업한 뒤에 동정을 지키고 신품성사를 받아 신부로 승격했었다. 그는 재주가 출중해서 많은 학문을 널리 알아 영어, 일어, 로마 고대어까지 모르는 것이 없는 이였다.

1891년쯤에 한국에 와서 경성과 인천항에서 몇 해를 살았고, 그 뒤 1895년 6월쯤에 다시 황해도 등지로 전교할 적에 내가 입교하여 영세를 받고 그 뒤에도 같이 있었더니, 오늘 이곳에서 다시 만날 줄 누가 능히 생각이나 했겠는가? 그의 나이는 53세다.

그때 홍 신부가 내게 성교의 도리를 가지고 훈계한 뒤에 이튿날 고해(告解)성사를 주고, 또 이튿날 아침 감옥에 와서 미사 성제대례를 거행하고 성체성사로 천주의 특별한 은혜를 받으니 감사하기 이를 길 없었는데, 이때 감옥소에 있는 일반관리들이 모두 와서 참례했었다.

그 이튿날 오후 2시쯤에 또 와서 내게 이르되,

"오늘 한국으로 돌아가겠기에 작별차로 왔다"하고, 서로 이야기하기를 몇 시간 동안 한 뒤에 손목을 쥐고 서로 작별하며 내게 말하되,

"인자하신 천주께서 너를 버리지 않을 것이요, 반드시 거두어 주실 것이니 안심하고 있으라"하며 손을 들어 나를 향하여 강복한 뒤에 떠나가니, 때는 1910년 경술 2월 초1일 오후 2시쯤이었다(음력임). 이상이 안중근의 32년 동안의 역사의 대강이다.

1910년 경술 음력 2월 초5일,
양력 3월 15일
여순옥에서
대한국인 안중근이 쓰다.

안중근 의사 공판 속기록
(安重根 義士 公判 速記錄)

안중근 의사 공판 속기록
(安重根 義士 公判 速記錄)

만주 일일 신문 기자 속기
(滿洲 日日 新聞 記者 速記)

1910년 2월 7일 오전 10시 개정.
마나베(眞鍋) 재판장은 먼저 피고 안중근(安重根)에 대하여 심문을
시작함 (關東都督府 囑託 統監府 通譯生 소노끼 通譯)

일반 취조(一般取調)

※ 재 : 재판장, 안 : 안중근

재 : 이름은 무엇입니까?
안 : 안응칠(安應七)이라고 하오.
재 : 나이는 몇 살입니까?
안 : 31세요.
재 : 직업은 무엇이오?
안 : 무직이오.
재 : 체포될 때까지 어디 있었습니까?
안 : 러시아령 블라디보스톡(일명:浦壇, 海蔘威로 불리는 러시아

지명) 근처에 있었소.

재 : 주소는?

안 : 일정치 않소.

재 : 조선에서의 원적지는?

안 : 평안도 진남포요.

재판장은 다음에 우덕순(禹德淳)에게 향하여

재 : 이름은 무엇이라고 부릅니까?

우 : 우덕순(禹德淳)이라고 하오.

재 : 나이는 몇 살입니까?

우 : 34세.

재 : 직업은?

우 : 담배 소매상이요.

재 : 주소는?

우 : 블라디보스톡의 한국인 고준문(高俊文)씨댁.

재 : 원적은 조선의 어디입니까?

우 : 경성(京城 : 지금의 서울)이오.

재 : 경성의 어디입니까?

우 : 동대문(東大門)안 양사동(養士洞).

재 : 출생한 곳은?

우 : 충청도 제천(忠淸道 堤川)이오.

재판장은 다음 조도선(曹道先)에게 향하여

재 : 당신의 이름은 무엇입니까?

조 : 조도선(曹道先)이라고 하오.

재 : 나이는?

조 : 37세요.

재 : 직업은?

조 : 세탁업이오.

재 : 체포될 때까지 어디에 있었습니까?

조 : 하얼빈(만주지명)에 있었소.

재 : 하얼빈의 어디입니까?

조 : 베네지가요.

재 : 무엇이라고 하는 집입니까?

조 : 자우리라고 하는 러시아인의 집에 세 들어 사는 조선 사람의
집에 있었소.

재 : 그 조선 사람의 이름은 무엇입니까?

조 : 김성옥(金成玉)이라고 부르오.

재 : 조선(朝鮮)에 원적(原籍)이 있습니까?

조 : 함경남도(咸鏡南道) 홍원군(洪原郡)의 경포면(景浦面)에 있소.

재 : 출생한 곳은?

조 : 역시 경포면(景浦面)이오.

재판장은 여기서 유동하(柳東夏)를 향하여

재 : 다음 이름은?

유 : 유동하(柳東夏).

재 : 나이는 몇 살이며 직업은 무엇입니까?

유 : 18세이며, 이렇다 할 직업은 없소.

재 : 체포 전에는 어디 있었습니까?

유 : 스이펜호(綏紛夏 : 러시아 지명)에 있었소.

재 : 스이펜호 거리의 이름은?

유 : 별다른 이름은 없습니다.

재 : 조선에 원적이 있습니까?

유 : 함경남도(咸鏡南道) 덕원군(德原郡)의 원산(元山)이오.

재 : 출생한 곳은?

유 : 역시 원산입니다.

이때 재판장은 피고 네 명을 향하여 "지금 검찰관으로부터 당신 네

명에 대한 공소 이유를 진술할 것입니다"하자, 미조구찌(溝淵) 검찰관
이 일어서서 기소 사실을 공소(공소사실은 별항에 있기에 생략함)함
이 끝나고, 재판장은 피고들을 향하여 "지금으로부터 검찰관의 기소
에 대하여 취조하겠습니다. 당신 네 명은 이제까지 조선 또는 러시아
법률에 의한 전과사실은 없습니까?" 피고인들 "없다"고 답함. 재판장
은 "지금부터 한 사람 한 사람씩 취조(取調)하겠습니다. 먼저 안중근
(安重根)부터 취조하겠습니다"고 말하고 곧 안중근을 향하여

안중근(安重根) 심문(審問)

재 : 당신 이름은 안응칠(安應七)이라고 하는데, 전에도 안응칠이
　　라고 불러온 사실이 있습니까?

안 : 조선에 있을 때는 안중근이라고 하였소. 블라디보스톡에 가서
　　부터 안응칠이라고 불렀소.

재 : 그렇다면 최근에는 전적으로 안응칠이라고 불렀습니까?

안 : 그렇소.

재 : 그것은 어느 때부터입니까?

안 : 3년 전부터.

재 : 양친(兩親)의 이름은 무엇이며, 양친 모두 생존하며 어디에 있
　　습니까?

안 : 부친은 돌아가시고 어머님만 진남포(鎭南浦)에 계시오.

재 : 부친의 이름은 무엇이라고 하며 언제 돌아가셨습니까?

안 : 안태훈(安泰勳)이라 부르며 5년 전에 세상을 뜨셨소.

재 : 그 안태훈은 조선에서 관리라도 했습니까?

안 : 진사(進士)를 지내셨소.

재 : 그것은 관리입니까?

안 : 과거에 급제하여 진사라는 벼슬만 받았을 뿐이오.

재 : 취직하고 있던 곳은 어떤 곳입니까?

안 : 일체 봉직(奉職)한 사실은 없소.

재 : 부친 생존 중에는 어디에 있었습니까?

안 : 처음에는 황해도 해주(黃海道 海州)에 살았고 다음에는 신천
(信川)으로 이사했소.

재 : 부친은 재산을 가지고 있다가 사후에 어느 정도 남겨 주었습
니까?

안 : 재산은 많았소.

재 : 많다는 것은 어느 정도입니까?

안 : 부동산이 많았소.

재 : 토지 수입은 얼마나 되었습니까?

안 : 수 천석(數千石)의 수입이 있었소.

재 : 그 재산은 지금도 가지고 있습니까?

안 : 그 후로 점점 줄어 지금은 수 백석 되오.

교육(敎育)과 신앙(信仰)

재 : 형제는 몇입니까?

안 : 삼형제.

재 : 이름은 무엇이라고 합니까?

안 : 내 아래로 정근(定根), 그 다음이 공근(恭根).

재 : 어렸을 때부터 오늘날까지 어떤 교육을 받았습니까?

안 : 한문(漢文)을 공부했소.

재 : 그것은 어디서?

안 : 해주(海州)와 신천에서 배웠소.

재 : 그것은 정규 학교였습니까?

안 : 우리 집에서 서당(書堂)을 두고 ……

재 : 한문을 배웠다면 그 정도는?

안 : 읽은 것은 동몽선습(童蒙先習), 통감(痛鑑) 및 사서(四書), 대

개 이 정도요.

재 : 그밖에 외국어(外國語)를 배운바 있습니까?

안 : 별로 배운바 없지만 몇 달 동안 불란서어를 배운바 있소.

재 : 어디서?

안 : 신천에서 불란서 사람에게.

재 : 그 불란서 사람의 이름은?

안 : 천주교의 선교사로서 홍 신부라는 분이오.

재 : 일본어나 러시아어는?

안 : 모르오.

재 : 지금 홍 신부에게서 배웠다는 것은 천주교도라도 믿는다는 것입니까?

안 : 천주교를 신봉(信奉)하고 있소.

재 : 혼자만입니까 아니면 일가(一家) 모두 신앙하고 있습니까?

안 : 가족 모두.

재 : 홍 신부를 따라 천주교를 믿게 된 것은 언제부터입니까?

안 : 내 나이 17세 때 천주교에 들어갔소.

재 : 영세를 받은 것은 언제입니까?

안 : 홍 신부의 집에 가서 그로부터 직접 받았소.

재 : 17세 때입니까?

안 : 그렇소.

재 : 처자가 있습니까?

안 : 있소.

재 : 언제 장가를 갔고, 처는 몇 살입니까?

안 : 내 나이 16세 때에 장가를 들고, 금년 나이는 32세요.

재 : 자식은 있습니까?

안 : 세 아이가 있소. 딸 하나, 아들 둘이오.

재 : 지금도 잘 있습니까?

안 : 지금은 자세히 알 수 없지만 내가 떠날 때까지는 평안(平安)히 있었소.

재 : 지금 아무 직업도 없다는데 어떤 방법으로 처자를 부양하고 있습니까?

안 : 고향집은 풍족하기 때문에 그 재산을 가지고 부양해 왔소.

재 : 얼마 동안이나 처자와 동거하고 있었습니까?

안 : 3년 전에 집을 떠나 왔소.

재 : 그렇다면 3년 전부터 집으로부터는 아무런 도움도 받고 있지 않습니까?

안 : 고향을 떠날 때는 다소의 돈을 가지고 있었지만 블라디보스톡에 갔을 때에는 돈이 떨어져서 여러 곳을 돌면서 유세(遊說)하여 유지(有志)들로부터 보조를 받고 있었소.

3년간의 목적(目的)

재 : 3년간 당신은 어떤 일을 항상 목적(目的)으로 삼고 있었습니까?

안 : 목적의 첫째는 한국을 계몽시키는 교육운동에 관한 것, 또 다른 하나는 본국의 의병으로서 국사를 위한 것으로 본격적인 순회 계몽연설이었소.

재 : 본국의 국사에 대하여 어떤 생각을 하고 있었으며, 그 생각으로 3년 간 한국의 독립을 위한 일에 분주하였습니까?

안 : 그렇소. 그 때문에 분주하였소.

재 : 그렇다면 3년 전에 집을 나오게 된 이유는 무엇입니까? 그 이전부터 어떤 사상이 있어서였습니까, 아니면 다른 동기에서 3년 전에 집을 나왔습니까?

안 : 나는 그러한 국가사상을 수년전부터 가지고 있었소. 그러나 더욱 절실하게 느낀 것은 5년 전 일로(日露)전쟁 당시부터요. 그 후 5개조(五個條)의 한일조약(韓日條約)이 성립되고, 또

계속해서 7개조(七個條)의 조약이 체결되는 과정에서 나는 점점 격분하여 나라를 떠나 외국으로 갔던 것이오.

분개한 이유

재 : 그렇다면 자기 국가의 앞날을 위하여 무엇인가 하지 않으면 안 된다는 생각이 있었습니까?

안 : 그 이유를 말한다면 1895년의 일로개전(日露開戰) 당시 일본 황제의 선전 조칙에 의하면 동양의 평화를 유지하고 또 한국의 독립을 공고히 한다는 취지였기 때문에 당시에는 한국 사람들도 대단히 감격하였소. 어찌 되었든지 일본인과 같이 일로전쟁에 참여하여 일본을 도와주고자 일한 사람도 적지 않았소. 그리고 일로의 강화가 성립되어 일본군이 개선할 때에 한국인은 마치 자국군인들이 개선하는 것처럼 기뻐하였소. 드디어 이제야말로 한국의 독립이 공고히 된다고 모두들 확신하였기 때문이오. 그러나 그 후 이토오 히로부미(伊藤博文 : 伊藤統監, 伊藤公, 伊藤公爵이란 이토오 히로부미를 말함)가 한국의 통감으로 부임한 다음부터 5개조의 협약을 체결하였소. 그것은 앞서 선언한 한국의 독립을 공고히 한다는 의사에 반(反)하였기 때문에 참을래야 참을 수 없게 된 한국인 모두는 감정이 상할 대로 상하게 되어 불복(不服)을 제창하였소.

뿐만 아니라 1897년에 이르러 또 7개조의 협약이 체결되었는데 이것 역시 앞서 5개조와 같이 한국 황제폐하가 친히 옥쇄를 찍지도 않았으며, 한국의 총리대신이 동의한 바도 없이 이등통감이 강제로 압박하여 체결한 것이기 때문에 이에 대해 한국인은 상하 불문하고 모두다 이것을 인정치 않고 불복을 제창하게 되었고, 마침내 분개한 나머지 이 사실을 세계에 알리려고까지 각오를 했소. 본래 한국은 4,000년 이래 무(武)의

나라는 아니었고 문필로써 세운 나라이오.

재 : 그전부터 장래 먼저 국가를 위하여 어떤 일을 하지 않으면 안 된다고 생각하고 있었습니까?

안 : 어떤 생각을 가지고 있었는가를 묻는 물음에 대답하기 위해서 는 먼저 앞서 말한 것을 전제로 본 문제로 들어가야 할 것 이오.

이등(伊藤) 암살의 목적

재 : 당신이 국가를 위하여 이런 일을 국민으로써 하지 않으면 안 된다는 목적은 어디 있습니까?

안 : 이등공작은 일본에 있어 가장 유력한 인사로서 대단한 권력 을 가지고 있소. 그가 통감이 되어 한국에 와서 5개조, 7개 조의 협약을 병력을 사용하여 강제로 성립시킨 것은 한국의 상하(上下) 국민을 기만했던 것이오. 그래서 이 사람을 없이 하여 오늘의 비경(悲境)에 빠져있는 한국을 구하지 않으면 안 되며, 그렇지 않으면 한국의 독립은 도저히 어려울 것이 라고 생각되었기 때문에 드디어 실행한 것이오.

재 : 그런 생각을 하게 된 것은 언제부터입니까?

안 : 7개조의 협약이 성립된 당시부터이오.

재 : 블라디보스톡 부근에 3년 있었다고 했는데 시종 그런 목적을 위하여 일하고 있었습니까?

안 : 물론 그렇소.

범행전의 소재

재 : 블라디보스톡에 오랫동안 있었다고 하는데, 그것은 블라디보 스톡입니까, 그 근처입니까?

안 : 블라디보스톡에는 일정한 주소를 두고 있지 않았소. 함경도에 도 가고 혹은 엥치우[煙秋]나 블라디보스톡 부근을 다녔소.

재 : 블라디보스톡 부근은 어떤 곳을 왕래하고 다녔습니까?

안 : 엥치우, 수찬[水靑], 하바로브스크[許發浦], 사무와루리, 아즈 미, 시즈미, 소완구니[小王嶺] 등지요.

재 : 그 지방은 모두 러시아령입니까, 또는 조선입니까?

안 : 모두 러시아 영이오.

재 : 그곳에는 한국 국민들이 많이 거주합니까?

안 : 많소.

재 : 그곳을 자주 다녔다고 했는데, 그간에 교제한 인물들은 어떤 사람들입니까?

안 : 하나하나 기억할 수 없소. 하여튼 나는 국가적 사상을 고취하 기 위하여 여러 지방에서 연설했는데, 국권을 회복하기까지는 농업을 하든지 상업을 하든지 각자 천부의 직업에 정진할 것 이며, 어떤 노동과 고난도 참아가며 국가를 위하여 진력하지 않으면 안 되며, 또 때에 따라서는 전쟁도 불사해야 한다는 것을 유세하고 있었소.

대동공보(大東共報)와의 관계

재 : 그런 것을 연설하기 위해서는 오늘과 같은 사회에서는 신문을 이용하는 것이 제일 좋을 터인데 그대는 신문에 관계하고 있 었습니까?

안 : 신문사와는 별로 관계가 없었소. 이등통감(伊藤統監)의 시정 방침을 어떻게 하든지 파괴하지 않으면 안 된다고 판단하였기 때문에 나는 그 일을 위해서는 무엇이라도 해야만 한다고 말했소. 젊은이는 전쟁에 나서야 하며, 늙은이는 각자의 직업에 종사하면서 군량(軍糧)이나 어떤 도움이라도 줄 수 있도록 하고, 어린이들에게는 상당한 교육을 베풀어서 제2의 국민다운 소양(素養)을 쌓아가야만 한다는 것에 역점을 두고 열심히 연설하고 있었습소.

재 : 블라디보스톡에는 한자신문(漢字新聞)이 있다고 하는데, 그것이 무슨 신문입니까?

안 : 대동공보(大東共報)라고 하오.

재 : 그 신문의 편집에 관계한 적은 없습니까?

안 : 한번 논설(論說)을 써서 투고한 적이 있소.

재 : 그것은 언제쯤이었습니까?

안 : 2년 전쯤의 일이오.

재 : 그 신문사에는 그대와 친하게 지낸 사람이 있습니까?

안 : 친한 친구는 없어도 아는 사람은 있소.

재 : 무엇이라고 부르는 사람입니까?

안 : 이강(李剛)이라는 사람이오.

재 : 그 사람은 신문사 내에서 무엇을 하는 사람입니까?

안 : 편집주임이오.

블라디보스톡 부근의 교우

재 : 당신이 블라디보스톡을 왕복하고 있을 동안에 많은 사람과 교제하였으니, 일일이 그 이름을 기억은 하지 못하겠지만 그 중 친한 사람 두 셋은 기억하고 있을 것이 틀림없습니다. 그 사

람들은 어떤 사람입니까?

안 : 기억하고 있소. 블라디보스톡에서는 이치권(李致權), 최봉준
(催鳳俊), 김치보(金致甫), 김학만(金學萬), 차석보(車錫甫),
소세이준이오. 또 엥치우에는 가이타구겐, 박순이오. 수찬 쪽
에는 김호춘(金浩春), 조순응(趙順鷹), 김천화(金千華), 호바
고, 리타유, 구에하, 긴가구고, 운상세이 등등이오(호명은 소
련어 표기임).

저격사실을 자인함

재 : 검찰관의 기소장(起訴狀)에는 당신이 구력(舊曆) 9월 13일,
일본력(日本曆) 10월 26일 즉 작년의 일이지만 하얼빈역(驛)
정거장에서 이등공작(伊藤公爵)을 총기로써 살해하고 또 그
수행원 수명을 부상시켰다는데, 그대는 이 사실을 인정합
니까?

안 : 그렇소. 나는 저격했지만 그 후에 어떻게 되었는지는 모르오.

재 : 이런 일을 한 것은 전부 앞서 말한 대로 3년 전부터 생각했던
것을 실행에 옮긴데 불과한 것입니까, 아니면 또 새로운 생각
으로 그랬습니까?

안 : 그것은 3년 전부터의 생각을 실행에 옮긴 것이오. 또한 나는
의병의 참모중장(參謀中將)으로서 하얼빈에서 독립전쟁을 하
면서 이등공을 죽였기 때문에 결코 개인으로 한 것이 아니고
참모중장의 자격으로 결행한 것이므로 실은 포로취급을 하여
야 하오. 그럼에도 불구하고 오늘 이렇게 한낱 살인피고인으
로서 여기서 취조 받고 있는 것은 대단히 잘못된 것이라고 생
각하오.

재 : 당신이 하얼빈에 온 것은 며칠경입니까?

안 : 이등공이 도착하기 4일 전에 왔소. 날짜는 9일이오.

재 : 9일 시간은 몇 시입니까?

안 : 오후 9시 경으로 기억하오.

재 : 그것은 어디를 출발해서?

안 : 블라디보스톡을 출발하여 그 다음날 도착했소.

재 : 블라디보스톡을 출발한 날은?

안 : 8일 아침이오.

우덕순(禹德淳)과의 관계

재 : 출발할 때 동행자가 있었습니까?

안 : 우덕순과 동행했소.

재 : 우덕순과는 언제부터 친하여졌습니까?

안 : 작년부터 알게 되었소.

재 : 우덕순이라는 자와는 전에부터 친했습니까?

안 : 자주 만난 것은 아니지만 친밀하기는 친밀하오.

재 : 우(禹) 역시 그대와 정치적인 생각이 같았습니까?

안 : 본인의 의사(意思)는 잘 알 수 없지만 여하튼 그가 애국심이
　　 있다는 것은 알고 있소.

재 : 이 일을 하기 위해서 우(禹)와 어떻게 상의하였습니까?

안 : 나는 우(禹)를 찾아가서 이등공이 하얼빈에 온다니 같이 가서
　　 죽이는 것이 어떠한가 하고 말했소.

재 : 우(禹)하고 상의한 것은 언제입니까?

안 : 출발하기 전날이오.

재 : 당신이 찾아갔습니까, 아니면 우(禹)가 찾아왔습니까?

안 : 내가 우를 찾아가서 나의 숙소로 데리고 와서 함께 상의했소.

재 : 당신의 숙소는?

안 : 이치권(李致權) 댁이오.

재 : 계속해서 서류를 살펴본바 그대의 행적에 미심쩍은 부분이 있

습니다. 이치권의 집에만 있었습니까?

안 : 나는 엥치우로부터 블라디보스톡에 갔다 와서 하얼빈으로 출
발했기 때문에 엥치우로부터 블라디보스톡에 온 것은 하얼빈
으로 떠나기 전전날이었소.

재 : 그렇다면 이치권의 집에서는 며칠 밤 묵었습니까?

안 : 이틀 밤이오.

재 : 이치권의 집에 우(禹)를 데리고 와서 목적을 말하였을 때 우
는 즉시 동의하였습니까?

안 : 별로 아무 말도 하지 않았소.

재 : 이등공을 살해하는데 있어서는 어떤 장소에서 살해한다든지
또 어떤 방법을 쓸 것인지 등을 상의하였습니까?

안 : 나는 누설될 것을 염려하여 그런 것은 말하지 않았소.

이등 내동의 보도(伊藤 來東의 報道)

재 : 이등공이 일본을 출발하여 만주를 순시한다는 정보를 얻게 된
것은 언제입니까?

안 : 엥치우로부터 블라디보스톡에 도착한 바로 그날 알았소.

재 : 사람들에 의하여 들었습니까, 신문에서 보고 알았습니까?

안 : 신문과 소문을 통하여 들었소.

재 : 그 당시 보았다는 신문은 무슨 신문입니까?

안 : 원동보(遠東報)라는 신문과 또 대동공보이오.

재 : 어느 신문을 먼저 보았습니까?

안 : 어느 신문이 먼저인지는 기억이 나지 않소.

재 : 우(禹)에게 상의할 때 이등공이 만주에 온다는 것을 대동공보
사에 가서 물어본 적은 없습니까?

안 : 대동공보사에 가서 신문을 보았소.

재 : 특별히 신문사의 사람을 만나서 진부(眞否)를 확인한 적은 없

습니까?

안 : 신문사의 사람을 만났지만 신문만 잠깐 보여 달라고 부탁한 것 뿐 이오.

재 : 블라디보스톡을 출발하기까지 신문기사를 읽고 이등공이 언제 하얼빈으로 온다는 것을 알고 있었습니까?

안 : 상세하게 쓰여 있지는 않았소.

재 : 대개 언제쯤이라는 것은?

안 : 단지 신문에는 이등공이 출발한다는 것과 러시아의 대장대신 이 하얼빈에 온다는 것이었으므로 내 생각으로는 이등공도 그 때 올 것이라고 생각되었소.

출발 준비

재 : 우(禹)와 드디어 함께 간다고 작정한 것은 언제쯤입니까?

안 : 그날 밤 곧 바로였소.

재 : 그래서 즉시 준비에 들어갔습니까?

안 : 떠날 준비하고 정거장으로 갔지만 기차가 없어서 다음날 아침 에 떠났소.

재 : 그렇다면 여비는 벌써 준비되어 있었습니까?

안 : 그렇소.

재 : 어떻게 준비하였습니까?

안 : 여비에 대한 것이 대단히 걱정되었지만 이석산(李錫山)이란 분이 블라디보스톡에 와 있었기 때문에 그 사람을 찾아가 돈 을 차용하였소.

재 : 그것을 우연준(禹連俊)에게 말하였습니까?

안 : 다만 여비가 있다고만 말했소.

재 : 얼마 있다고 금액까지 말하였습니까?

안 : 여비는 있으니까 걱정하지 말라고만 했소.

재 : 그렇다면 블라디보스톡으로부터의 기차 값은 당신이 우연준의
　　것까지 내주었습니까?

안 : 그렇소.

재 : 어쨌든 그런 일을 하기 위해서는 흉기를 각자 휴대해야 하는
　　데 그것들에 대해서 우연준과 어떻게 상의를 하였습니까?

안 : 우연준에게 물었더니 단총(短銃)을 가지고 있다고 하였소.

재 : 그러면 그 때 우연준이 가지고 있는 것을 보았습니까?

안 : 보지 않았소.

재 : 우연준은 그것을 가지고 가겠다고 말을 하였습니까?

안 : 있다고 하기 때문에 보지 않았소.

재 : 당신이 권총을 가지고 있는 것을 우연준에게 보이지 않았습
　　니까?

안 : 보이지 않았소.

재 : 그러나 자기도 가지고 있다는 것을 우연준에게 말하였습니까?

안 : 그것은 잘 기억나지 않지만 내가 평생 권총을 가지고 다닌다
　　는 것은 우연준도 잘 알고 있소.

안(安)과 유(劉)와의 관계

재 : 하얼빈까지 오는 도중에 들른 곳이 있습니까?

안 : 포브라니치나야(러시아 영토의 지명)라는 곳에 들렀소.

재 : 거기서 기차에서 내려 누구를 찾아갔습니까?

안 : 그렇소.

재 : 누구의 집을 찾아 갔습니까?

안 : 유동하(劉東夏)의 집을 찾아 갔소.

재 : 유동하라는 자와는 거기서 처음 만났습니까, 또는 그전부터도
　　아는 사이였습니까?

안 : 전부터도 알고 있었소.

재 : 유동하의 아버지는 어떤 사람인지 알고 있습니까?

안 : 알고 있소.

재 : 이름은 무엇입니까?

안 : 유경집(劉敬緝)이라고 하오.

재 : 직업은?

안 : 의사(醫師)요.

재 : 포브라니치나야에서 내려 무슨 목적으로 유(劉)의 집을 찾아 갔습니까?

안 : 그 이유는 내가 러시아어를 모르기 때문에 기차표를 산다든지 길을 묻는다든지 하기 위하여 유동하를 데리고 갈 필요를 느 꼈기 때문이오.

재 : 그런데 그것을 유동하의 아버지를 만나서 부탁했습니까?

안 : 그렇소.

재 : 어떻게 부탁했습니까?

안 : 나는 일이 있어 하얼빈까지 가야하는데, 즉 정대호(鄭大鎬)가 내 가족을 데려온다니 마중을 가야겠기에 귀댁의 아드님을 동 행시켜 주셨으면 하는데 어떻겠느냐고 말씀드렸더니, 마침 자 식놈을 약(藥)을 사기 위해 보내려던 참이니 잘 되었다고 하 면서 같이 가라고 하였소.

안(安)과 정(鄭)과의 관계

재 : 정대호(鄭大鎬)라는 사람은 전부터 알고 있었습니까?

안 : 그렇소.

재 : 언제부터 아는 사이입니까?

안 : 내가 진남포에 있을 때부터.

재 : 그 자는 포브라니치나야에 살고 있습니까? 또 어떤 일을 하고

있는지 압니까?

안 : 알고 있소.

재 : 정대호는 포브라니치나야에 오래전부터 살고 있었습니까? 그리고 당신은 최근에 그를 만난 적이 있습니까?

안 : 음력 4월경 만났소.

재 : 어디서 만났습니까?

안 : 정대호는 거기 세관의 주사(主事)고 근무하고 있지만 세관에는 집이 없어 기차 1등실에 살고 있기 때문에 거기서 만났소.

재 : 그럼 포브라니치나야입니까?

안 : 그렇소. 포브라니치나야의 세관이 있는 곳은 정거장인데 아직 숙사(宿舍)의 건축이 되지 않아서 좋은 기차의 객실을 세관 관리들의 주거로 충당하고 있었기 때문에 정대호는 거기 주사라는 신분으로 기차 안에서 살 수 있었소.

재 : 그때 어떤 말들을 했습니까?

안 : 기억할 수는 없지마는 어쨌든 오랫동안 만나지 못하였으니 고향소식을 말했을 것이오.

재 : 그때 당신은 가족에 관한 것을 부탁한 일은 없습니까?

안 : 당시는 없었소. 그 후의 일이오.

재 : 그 후 언제 만났습니까?

안 : 음력 7월인가 8월 초순경이라고 생각되오.

재 : 그때 가족에 관한 것을 정대호에게 부탁하였습니까?

안 : 그때 정대호가 본국에 간다면서 말하기를, 그대도 이렇게 외국에서 불편하게 사는 것보다 이제는 처자를 오게 해서 가족과 함께 평안하게 살아야 하지 않겠느냐고 하기에, 나는 깊이 생각해본 후 어떻든 돌아가서 가족과 의논해서 여기 오겠다면 데리고 와도 좋다고 부탁하였소.

재 : 그때 가족이 오면 어디서 생활하려고 했습니까?

안 : 그때에는 아직 아무것도 생각지 않았소. 오면 정대호와 상의해서 정하고자 하였소. 올는지 오지 않을는지 모르기 때문이

었소.

재 : 정대호가 7,8월에 한국에 가려고 출발하였지만 도중에서 기차가 불통되어서 되돌아온 사실은 알고 있습니까?

안 : 그 일은 그때 들었소.

재 : 정대호로부터 편지라도 왔습니까, 아니면 본인에게 들었습니까?

안 : 그때 본인에게 들었소.

재 : 역시 포브라니치나야에서였습니까?

안 : 그렇소.

재 : 언제쯤입니까?

안 : 그가 귀국 목적으로 출발하였다가 도중에서 철도불통 때문에 되돌아왔을 때 들었으며, 그리고 그가 다시 갈 것이라고 하기에 그것만을 부탁하였소.

재 : 진남포의 처자에게 형편이 되거든 정대호와 같이 오라고 통신한 일이 있습니까?

안 : 편지만 했소.

재 : 회답이 왔습니까?

안 : 오지 않았소.

재 : 정대호가 다시 휴가를 얻어 한국에 간다고 하였습니까?

안 : 7,8월경에 만났을 때 들었소.

재 : 한 번 갔다 도중에서 헛걸음치고 돌아와서 이번에 출발한 것은?

안 : 출발할 때에는 몰랐지만 그 후에 들었소.

재 : 그것은 누구에게?

안 : 출발한 그 날 저녁에 정대호를 찾아 갔더니 그 집에 있는 지나 (支那) 사람이 그런 것을 말해 주었소.

재 : 그러면 당신은 왜 유동하의 부친을 만나서 자기 처자가 오기 때문에 마중가야 한다고 하였습니까? 더욱이 정대호가 두 번씩이나 가서 자기의 처자를 데리고 온다고 했는데 모를 리는

없지 않았잖습니까?

안 : 그때 정대호와 처자가 오게 될는지는 몰랐소.

안(安)의 하얼빈 도착 후

재 : 하얼빈에 와 본적은 있었습니까?

안 : 이번이 처음이오.

재 : 하얼빈에 9일 밤 도착하여 숙소는 어디에 정하였습니까?

안 : 김성백(金成白)씨 댁이오.

재 : 본래부터 아는 사이였습니까?

안 : 전에 유동하의 집에서 만난 적이 있소.

재 : 포브라니치나야에서입니까?

안 : 그렇소.

재 : 김성백이란 자는 여관을 하고 있습니까?

안 : 통역이나 청부업 등을 하고 있다고 들었소.

재 : 그러면 여관은 아니지 않습니까?

안 : 그렇소.

재 : 왜 여관도 아닌 집에서 유숙했습니까?

안 : 처음 오는 곳이라 별로 아는 사람도 없어서 김성백씨를 찾아 갔소.

재 : 유동하가 안내한 것은 아닙니까?

안 : 유동하와도 의논했소. 김성백씨 댁에 가야되지 않겠느냐고.

재 : 우덕순은 김성백을 알고 있지 않았습니까?

안 : 몰랐소.

재 : 하얼빈에 와서 이등공작이 온다는 것을 탐색했습니까?

안 : 원동보를 보니 동청철도회사(東淸鐵道會社)에서 특별열차를 꾸며서 그것으로 하얼빈에 22일경에 온다고 씌어 있었소.

조도선(曹道先)과의 관계

재 : 9일 밤 김성백의 집에서 유숙했다고 했는데 당신은 하얼빈에
　　서 같은 나라 사람을 방문한 적이 없습니까?

안 : 그날은 없었소.

재 : 다음날은 방문한 적 있습니까?

안 : 그 다음날은 조도선을 방문했소.

재 : 조도선을 방문한 것은 어떤 목적이었습니까?

안 : 유동하를 데리고 올 때 유동하의 아버지가 약을 사러가니 즉
　　시 돌려보내 달라고 하였기 때문이오. 나는 채가구(蔡家溝 : 만
　　주땅의 지명) 혹은 장춘(長春) 이남까지 갈 계획이었기 때문
　　에 유동하를 돌려보내면 통역할 사람이 없게 되므로 조도선을
　　유동하 대신으로 데려가려고 찾아갔소.

재 : 우덕순과 같이 갔습니까?

안 : 그렇소.

재 : 조(曹)를 만나서 어떤 말을 했습니까?

안 : 정대호가 고국으로부터 온다고 해서 마중을 가야겠는데 말을
　　모르기 때문에 동행해 달라고 부탁하였소.

재 : 어디까지 간다고 말했습니까?

안 : 어디까지라고는 말하지 않았소.

재 : 조도선은 곧 동의하였습니까?

안 : 정대호가 가족을 데리고 온다니 자신도 아는 사람의 일이니
　　같이 가자고 하였소.

재 : 조에게 말을 모르니 같이 가달라고 부탁하여 같이 가게 되었
　　습니까?

안 : 그렇소. 통역이 없기 때문에 같이 갔소.

재 : 그런 말을 한 것은 10일 몇 시경이었습니까?

안 : 오후였지만 시간은 기억나지 않소.

재 : 조도선의 집을 물어서 찾아갔습니까?

안 : 그랬소.

재 : 그날 밤에 조도선이 당신의 집에 와서 유숙하지 않았습니까?

안 : 내 숙소에서 잤소.

재 : 그것은 어떠한 까닭입니까?

안 : 다음날 아침 일찍 떠나야 하기 때문에 같이 있지 않으면 여러 가지로 불편하기 때문에 같이 묶었소.

재 : 그때 우덕순이 남쪽까지 같이 간다는 목적을 말한 적이 있습니까?

안 : 조에게는 아무 말도 하지 않았소. 모르는 사람이기 때문에.

남행(南行)의 여비

재 : 9일 자고 더 남쪽으로 가지 않으면 안 된다는 생각을 왜 가지게 되었습니까?

안 : 하얼빈에서 결행하는 것이 좋을지, 또는 다른 정거장에서 하는 것이 좋을지를 살피기 위함이었소.

재 : 그렇게 여러 곳을 돌아다니려면 많은 돈이 들었을 텐데 하얼빈에 왔을 때에는 백 원의 여비 중에서 얼마나 남아 있었습니까?

안 : 채가구(綵家溝)를 향하여 출발하기 전에 30원 밖에 남아 있지 않았소.

재 : 남쪽으로 세 사람이 같이 가려면 여비가 부족했다고 생각되는데 어떻게 하려고 하였습니까?

안 : 그것에 대해 대단히 걱정이 되어서 김성백씨에게 돈을 빌리려고 생각하였지만, 나는 아직 두 번밖에 면식(面識)이 없어 나로서는 빌릴 수가 없어 유동하로 하여금 50원만 빌려오도록 보냈소.

재 : 김성백에게 왜 50원이 필요하다고 말하였습니까?

안 : 유동하에게 말하기는, 가족을 맞으러 관성자(寬城子 : 만주 땅의 지명) 지방까지 셋이 가려는데 오래 머물 수 있을지도 모르기 때문에 돈이 필요하니 빌려 오도록 부탁했소.

재 : 김성백은 그 돈을 빌려 주었습니까?

안 : 빌려주지 않았소.

재 : 그렇다면 당연히 남쪽으로 가기에는 여비가 부족했을 텐데, 그런데도 불구하고 어떻게 남쪽으로 갔습니까?

안 : 처음에 관성자까지 갈 예정이었으나 여비가 부족하여 채가구까지만 가게 되었소.

재 : 10일 밤에 당신은 김성백의 집에서 편지를 썼다고 하는데 사실입니까? 또 어떤 것을 썼습니까?

안 : 쓴 일이 있습니다. 편지를 쓴 것은 신문사의 이강(李剛) 앞으로 보내기 위한 것이며, 시를 지은 것은 나의 결행할 목적을 밝히기 위하여 쓴 것이오.

이강(李剛)에게 보낸 편지

재 : 그 편지에 당신은 이등공작이 관성자를 12일에 출발하여 특별열차로 온다는 것을 원동보에서 보았다고 쓰여 있는데 그것은 어떻게 알았습니까?

안 : 원동보에서 알았소.

재 : 그 편지에 보면 당신이 정거장에서 이등공을 기다리고 있다고 씌어 있는데 무엇 때문에 이런 것을 신문사에 통지하였습니까?

안 : 그 편지에는 그런 것이 쓰여 있지 않소.

재 : 그러나 일을 행한다는 것은 기록되어 있지 않습니까?

안 : 그것은 내가 하일빈이나 장춘(長春 : 만주땅의 지명) 등에서 실행한 후 결행자의 성명을 신문에 보도해 달라는 생각에서

였소.

재 : 특별히 전부터 이강이라는 자에게 결행한다는 것을 말해 왔기 때문에 이런 편지를 낸 것은 아닙니까?

안 : 약속한 일은 없소.

재 : 편지의 내용에 의하면 유동하라는 자가 향후의 사실을 전한다고 되어 있는데 이것은 어떤 이유로 썼습니까?

안 : 그것은 유동하에게 목적이 성취되었는지 안 되었는지를 물어보아 달라고 쓴 것이오.

재 : 그때 유동하는 당신의 행동에 관하여 말해달라고 한 적은 없습니까?

안 : 유동하는 아무 부탁도 한 바 없소.

재 : 이 편지는 우덕순과 연서(連署)로 되어 있는데 붓을 잡은 사람은 당신입니까?

안 : 내가 썼소.

재 : 우덕순은 그 편지를 보았습니까?

안 : 편지의 내용은 몰랐지만 편지만은 보았소.

재 : 편지에는 쌍방의 도장이 찍혀 있는데 도장은 어떻게 해서 찍었습니까?

안 : 우덕순에게 도장을 좀 달라고 해서 내가 찍었소.

재 : 도장을 찍을 때 우덕순에게 신문에 게재할 것이라고 알리지는 않았습니까?

안 : 그런 말을 했소.

재 : 그때 우덕순은 그것을 신문에 알리는 것이 좋다고 하였습니까?

안 : 별로 말이 없었소. 실은 편지를 보낸 것은 김성백으로부터 돈을 빌려야겠다고 유동하에게 말했을 때 유(劉)가 그 돈을 언제 갚을 것이냐고 하기에 곧 갚는다고 하였더니, 어떻게 갚겠느냐면서 자신이 중간에 들어 돈을 빌려올 사람이며, 더욱이 자기는 불일 내에 돌아가야 하기 때문에 돈 갚을 방법을 말하

지 않으면 심부름을 갈 수 없다고 하기에 블라디보스톡에서 돈이 온다고 하였소. 누구에게서 올 것이냐고 묻기에 대동공보의 이강이라는 분이 있는데 그 분에게서 온다고 하였소. 유동하는 이강이 신문사에 있는 것을 알기 때문에 그러면 심부름을 가겠다기에 편지를 보내는 것은 유동하에게 신용을 보이기 위하여 썼으며 여러 가지를 곁들여 우리의 목적을 통지할 필요가 있어서였소.

재 : 그 이후로 편지를 발송하는 수속을 하였습니까?

안 : 그때는 돈을 빌릴 수 없었기 때문에 발송하지 않았소.

재 : 그러나 편지를 봉투에 넣어서 상서(上書)라고까지 쓰지 않았습니까?

안 : 그것은 유동하에게 보이기 위해서였소.

재 : 유동하에게 발송해 달라고 부탁한 적은 없습니까?

안 : 이렇게 편지를 쓰고 있으니까 안심하고 돈을 빌려 오라고 하였지만 지금 당장은 돈이 없어 빌려올 수 없다고 말하기에 편지는 발송치 않았소.

재 : 그 후로 그 편지는 항상 가지고 있었습니까?

안 : 내 옷 속에 넣어 두었소.

재 : 그때 우덕순도 어떤 시를 지었다고 들었는데 알고 있습니까?

안 : 나는 보지 못했소.

재 : 한글로 시를 지었다고 하던데 모릅니까?

안 : 나는 모르오. 검찰과의 조사 때도 그 말이 있었지만 모르오.

재 : 우덕순이 한글 시를 보인 적은 없습니까?

안 : 보인 적 없소.

하얼빈으로부터 남행(南行)

재 : 그 다음 하얼빈을 떠나 남쪽으로 간 것은 며칠이며 어디입

니까?

안 : 하얼빈에 도착한 다음 날 즉 11일이오.

재 : 몇 시에 출발했습니까?

안 : 아침 9시경이오.

재 : 그때 정거장에는 유동하도 같이 갔습니까?

안 : 그렇소.

재 : 그때 차표를 산 사람은 누구입니까?

안 : 때마침 시간도 촉박하고 또 러시아의 대장대신(大藏大臣)이 도착한다고 하여 혼잡한 가운데 나는 유동하에게 차표를 사오라고 차비를 주었을 뿐 누가 샀는지는 모르오.

재 : 어디까지의 차표를 사라고 했습니까?

안 : 정거장의 이름을 모르기 때문에 하여튼 기차가 가는 곳의 큰 정거장까지 사라고 하였소.

재 : 어디까지 샀다는 말은 못 들었습니까?

안 : 말은 하였지만 러시아어이기 때문에 전혀 알 수 없었소.

재 : 3인분의 차표 값은 얼마였습니까?

안 : 기억이 잘 나지 않지만 한 장에 3원 내외로, 하여튼 3장에 8,9원 정도 지불했으리라고 생각하오.

재 : 기차를 타고 어떤 역에 내렸습니까?

안 : 채가구(綵家溝).

재 : 차표는 채가구까지만 아닌 것 같은데 왜 채가구에서 내렸습니까?

안 : 채가구 역에 도착했을 때 이 기차의 도착지냐고 물었더니 여기서 30 분가량 머문다고 하기에, 다음에도 이런 곳이 있느냐고 했더니 없다고 하기에 채가구에 내린 것이오. 차표는 한 정거장 정도 더 갈 수 있는 것 같았소.

재 : 그래 내려서 어떻게 했습니까?

안 : 역구내에 끽다점(喫茶店 : 식사와 숙박을 할 수 있는 집)이 있어서 그곳에 있었소.

재 : 채가구에 도착하여 이등공작이 몇 시경 도착하는지 알아보지
　　는 않았습니까?

안 : 그런 것은 묻지 않았소. 다만 하루에 기차가 몇 번이나 왕복하
　　는지, 어떤 방향으로 몇 번이나 가는지 등을 알아보았소.

재 : 그래서 어떤 대답을 얻었습니까?

안 : 객차가 하루에 두 번 정도, 화차가 두 번 또는 한 번 왕복한다
　　는 대답을 들었고, 특별기차가 오늘 밤이나 내일 아침 즈음에
　　하얼빈에서 장춘(長春) 방면으로 통과하여 갈 것이라는 것을
　　들었소. 그것은 일본대신(日本大臣)을 영접하기 위한 기차라
　　고 들었소.

재 : 그렇다면 기차가 들어올 시간이나 또는 이등공이 그 역을 통
　　과할 때까지 채가구에 머무를 작정이었습니까?

안 : 사실은 나도 그 일에 대하여 매우 우려가 되어 그 기차가 몇 시
　　정도 도착하느냐고 물었지만 그것은 모른다고 하기에 다음까지
　　가는 것은 물론 여기 있어도 여비가 부족하여 많이 걱정되었소.

재 : 그 점에 대해서 우덕순과 상의하였습니까?

안 : 상의했소. 여기 무작정 있다가는 돈이 모자라서 우물쭈물하다
　　가는 돌아갈 수도 없으니, 내가 돌아가서 돈을 만들어 다시
　　오는 것이 좋겠다는 것을 우(禹)와 상의했소.

재 : 그 말을 조(曺)에게도 말했습니까?

안 : 조에게는 말하지 않았소. 우에게만 말했소.

재 : 11일 오후 1시경 하얼빈에 전보를 쳤다는데 틀림없습니까?

안 : 전보를 쳤소.

재 : 어떤 내용의 전보입니까?

안 : 유동하 앞으로 보냈으며 나는 이곳에 와 있으니 무슨 일이 있
　　으면 통지해 달라고 하였소. 그것은 차표를 보니 한 정거장
　　더 가야하는데, 유동하는 모르기 때문에 그것만 알릴 필요가
　　있었기 때문이오.

재 : 그 전보에 대하여 회답이 왔습니까?

안 : 왔소.

재 : 몇 시경?

안 : 해가 저물어서.

재 : 어떤 내용이었습니까?

안 : 나는 러시아어를 모르기 때문에 전보의 내용이 어떤 것인지 이해할 수 없었소.

재 : 전혀 어떤 뜻인지 몰랐습니까?

안 : 아무래도 나는 확실히 알 수 없어서 조에게 보였더니 조가 말하기를, 블라디보스톡으로부터 온다는 것 같은 것이 쓰여져 있다고 했고, 혹은 블라디보스톡으로부터 사람이 오기 때문에 나보고 돌아오라는 내용 같다고 했지만 분명한 것은 알 수 없었소.

재 : 그 주변에는 러시아 사람이 있으니 러시아 사람에게 가서 물어보면 잘 알 터인데 물어본 적이 있습니까?

안 : 어쨌든 유동하에게 전보를 쳐서 우리가 여기 와 있다는 것을 알렸고, 전보의 회신 내용은 잘 모르지만 러시아 사람도 많지 않고 또 물어볼 필요도 없어서 내가 하얼빈 쪽으로 되돌아가기로 하였소.

재 : 하얼빈에 되돌아간 것은 몇 시경이었습니까?

안 : 다음날 10시 경이었소.

재 : 출발할 때 우덕순에게는 어떻게 말했습니까?

안 : 어쨌든 전보의 내용이 애매하고 특히 돈이 부족해서 내가 한 번 하얼빈에 돌아가서 돈을 만들어 일을 결행하는데 불편함이 없도록 하자는 생각이니 당신은 여기서 기다려 달라고 하였소.

때는 0시 15분, 재판장은 일시 휴정을 하고 오후 1시부터 다시 개정한다는 말을 함.

안중근의 취조(安重根의 取調)

(오후부)

재 : 지금부터 오전에 이어 취조를 시작합니다. 먼저 당신은 채가구에서 하얼빈에 여비 때문에 전보를 쳤으나 전보의 의미를 몰라서 하얼빈에 돌아갔다고 했는데 무엇 때문이었습니까?

안 : 내가 가지 않으면 돈을 마련할 사람이 없었으며, 또 채가구에서는 도저히 방도가 서지 않았기 때문이오.

재 : 이미 이등공이 온다는 것을 알았으면 돈을 구하러 하얼빈까지 돌아갈 필요가 없었을 터인데 다른 목적이 더 있었습니까?

안 : 유(劉)를 보냈지만 성과가 없어서 내가 한 번 더 간청하면 마련될 것으로 생각하여 되돌아갔소.

단총과 탄약

재 : 채가구까지 가는 차중에서 총탄을 우에게 건네주었다는데 사실입니까?

안 : 사실이오.

재 : 몇 개를 주었습니까?

안 : 잘 기억은 되지 않지만 5,6개라고 생각하오.

재 : 탄환(彈丸) 앞이 십자형(十字形)으로 패어져 있다는데 사실입니까?

안 : 그렇소.

재 : 어디서 구했습니까?

안 : 러시아에서 윤치종(尹致宗)이라는 분에게서 구했소.

재 : 어디서 십자형을 새겼습니까?

안 : 구입했을 때부터 있었소.

재 : 언제 단총을 손에 넣었습니까?

안 : 작년 봄인지 여름인지 기억 못하오.

재 : 윤치종은 어디 사람입니까?

안 : 평안도 사람으로 러시아에 살고 있으나 일정한 주소는 없소.

재 : 단총의 탄환은 어디서 구했습니까?

안 : 엥치우(煙秋)에서……

재 : 단총을 접수한 후에 쏘아 본 일이 있습니까?

안 : 한 번 있소.

재 : 언제 쏴 봤습니까?

안 : 구입 후 시험하여 보느라고 엥치우 부근의 촌락에서 쏴봤소.

재 : 총탄은 총에 의해 틀려지기 마련인데 무엇 때문에 자신의 탄
환을 우(禹)에게 주었습니까?

안 : 하얼빈을 떠나 채가구로 가는 도중 기차의 승강구에서 우와
여러 가지 말을 하던 중에 우(禹)가 탄환이 부족하다고 하면
서 서로 권총을 보였는데, 총구 크기가 내 것과 같은 것을 알
았기 때문에 건네주었소.

재 : 그때 우(禹)는 탄알을 얼마나 가지고 있었습니까?

안 : 얼마 없다고만 했지 얼마만큼 있다고 하지는 않았소.

재 : 사람을 저격하는데 20발이나 30발이 필요할 것도 아니고 5,6
발이면 족한데 무엇 때문에 주었습니까?

안 : 내가 30발쯤 가지고 있었기 때문에.

재 : 탄두에 십자형(十字形)이 있으면 사람에게 대단히 해를 끼친
다는 것을 알고 있었습니까?

안 : 그런 것은 몰랐소.

재 : 우(禹)가 단총을 가지고 있고 탄알까지 주었는데도 채가구(蔡
家溝)에서 목적을 달성하지 않고 돌려보낸 것은 무슨 뜻이었
습니까?

안 : 별로 이유는 없소.

재 : 당신은 애매한 말을 하고 있는데 조금 있다 유(劉)를 조사하

면 알게 됩니다. 또 전보의 회신도 모른다고 하는데 그것도 거짓말은 아닙니까?

안 : 조도선(曺道先)이 받았다는 것을 들었을 뿐 거짓말이 아니오.

재 : 그 전보는 내일 온다는 의미의 것은 아니었습니까?

안 : 나는 아무것도 모르오. 조(曺)에게 물어보시오.

3년의 숙원(宿願)

재 : 당신이 하얼빈을 출발할 때 이등공이 12시경 온다는 것을 알았으면서도 11일 도착할 즈음에 하얼빈에 무엇 때문에 되돌아갔습니까? 무엇인가 이유가 있었습니까?

안 : 하얼빈을 떠날 때 신문에는 그렇게 되어있었지만 다시 기차 안에서 원동보(遠東報)를 보았더니 이등 도착이 14일로 연기되었다고 하기에 다시 하얼빈에 돌아왔소.

재 : 채가구(蔡家溝)에 도착했을 때 세 사람의 거동을 역무원이나 헌병 순사들이 주목하고 있다는 것을 느끼지 못했습니까?

안 : 별로 그런 것을 느끼지 못했소. 단지 일본사람으로 생각하는 것 같이 느꼈소.

재 : 채가구(蔡家溝)에 와서 그 주변의 모양을 살펴보고 일을 성사시키는데 불편하다고 느끼진 않았습니까?

안 : 그렇게 생각지는 않았소.

재 : 당신은 검찰관의 취조 시 채가구(蔡家溝)와 같은 곳에서 큰일을 하기에는 불편하니 세 사람씩이나 있을 필요가 없다고 했다던데, 지금의 대답과는 모순이 있는데 어찌된 일입니까?

안 : 그런 말은 했는지 안했는지 기억이 없소.

재 : 12일에 채가구를 떠나 하얼빈에는 몇 시경 도착했습니까?

안 : 12시 아니면 오후 1시경이었소.

재 : 도착해서 어디에 갔습니까?

안 : 유(劉)가 있는 곳에 갔소. 유(劉)는 김성백씨 댁에 있었소.

재 : 전보에 대한 말을 했습니까?

안 : 전보에 대한 말을 했는데, 유의 말로는 곧 돌아가야 하기 때문에 만나고 싶어서 전보를 친 것인데 러시아어가 서툴러서 아마 잘못 쳐졌을지도 모른다고 하였소.

재 : 이등공의 내유(來遊)에 대해서는 무슨 말이 없었습니까?

안 : 별로 듣지 못했지만 신문만은 보았소.

재 : 신문에 무엇이라 났습니까?

안 : 신문에는 13일 도착이라고만 났소.

재 : 신문은 어디서 봤습니까?

안 : 하얼빈역에서 보았소.

재 : 처음에 하얼빈에 돈을 구하러 갔지만, 도착해보니 내일 이등공이 온다는 것을 듣고는 어떤 생각을 하였습니까?

안 : 하얼빈에서 기다려야겠다고 신문을 보고 결심했소.

재 : 원래 당신은 마음 약해서 우(禹)를 블라디보스톡에서부터 동행한 정도였으니까 막상 결행하려고 할 때에 우(禹)를 불러올 생각은 아니었습니까?

안 : 전보 칠 겨를도 없고 혼자서도 해낼 수 있다고 생각했소.

재 : 결국 혼자서 할 생각이었습니까?

안 : 그렇소.

재 : 어떤 때 결행할 참이었습니까?

안 : 군대의 호위가 아무리 삼엄하더라도, 또 장사(壯士 : 호위하는 힘센 사람)가 붙어 있더라도 3년 내의 숙지(宿志)이기 때문에 반드시 결행하려고 결심했소.

재 : 예를 들면 정거장에 도착하는 시점이나 혹은 하루쯤 거기 체재한다면 그때가 좋겠다고 생각했습니까?

안 : 정거장에 도착하여 기회만 생긴다면 언제라도 결행할 참이었소.

재 : 그런 결심은 즉시 생겼습니까 아니면 다소간 숙고한 후에 생 겼는가?

안 : 3년 내 항상 그 생각을 갖고 있었소.

재 : 그렇다면 결행한다는 것을 유(劉)에게도 말했습니까, 안했습 니까?

안 : 그런 말은 하지 않았고, 청원할 것이 있기 때문에 이등을 만나 야겠다고 했소.

재 : 그런 결심을 한 이상 돈의 필요는 없어졌기 때문에 김성백에 게는 말하지 않았겠지요?

안 : 아무 말도 하지 않았소.

재 : 그날 밤은 어디서 묵었습니까?

안 : 김성백씨 댁에 머물렀소. 저녁 후에는 외출했소.

재 : 몇 시경 돌아왔습니까?

안 : 기억을 못하지만 대단히 늦었소.

재 : 어디를 다녔습니까?

안 : 앞의 사거리를 배회했소.

재 : 특별히 정거장 부근의 경계상태를 사람들에게 물어보거나 스 스로 정탐한 일은 없습니까?

안 : 물어보지 않았소.

재 : 정거장의 모양을 유(劉)나 다른 사람에게 묻지 않았습니까?

안 : 않았소.

재 : 그날 밤은 유(劉)와 같이 잤습니까?

안 : 같이 잤소.

재 : 그날 밤 유(劉)에게 내일 결행할 일을 말하지 않았습니까?

안 : 아무 말도 하지 않았소.

재 : 당신은 이전에 이등공을 만난 적이 있습니까?

안 : 만난 적 없소.

재 : 사진으로 본 일도 없습니까?

안 : 신문에 나와 있는 사진으로써 어렴풋이 기억하고 있었소.

재 : 신문에서 본 정도로 잘 겨냥해 쏠 수 있습니까?

안 : 충분히 식별할 수는 없지만 대강 짐작으로도 알 수 있을 것이고, 복장, 기타 등등으로 구별이 될 것이라고 생각했소.

재 : 12일 저녁에 신문사로 보내는 편지를 우체통에 넣으라고 유동하에게 준 일은 없습니까?

안 : 금전관계가 성공하지 못했기 때문에 주지 않았소.

재 : 그 편지는 누가 가지고 있었습니까?

안 : 내가 가지고 있었소.

재 : 내일 정거장에서 총성이 나면 그 편지를 우체통에 넣으라고 한 적은 없습니까?

안 : 그런 일은 없소.

재 : 유(劉)에게 그날 돈이나 물건을 준 일이 없습니까?

안 : 채가구(蔡家溝)로 갈 때 4원 주었지만 물건을 준 일은 없소.

재 : 유동하에게 김성백의 집에 있던 가방과 옷을 준 일은 없었습니까?

안 : 없소.

재 : 채가구를 향해 출발할 때 유에게 4원을 준 이유는 무엇습니까?

안 : 모자를 사겠다고 하기에 주었소.

재 : 경우에 따라서 전보 값 때문이 아니었습니까?

안 : 그렇지는 않소.

흉행(兇行)의 준비(準備)

재 : 신문에서 보고 몇 시경 정거장에 도착한다고 생각하였습니까?

안 : 시간이 씌어 있었는지는 기억이 나지 않소.

재 : 드디어 내일 결행하려는 시간은 다른 사람에게 물어서 조사한 다음에 결정했을 것 같은데 어떻습니까?

안 : 그런 것을 묻다 보면 일이 누설될 염려가 있어 일찍 정거장에
　　갔소.

재 : 몇 시쯤 집을 나왔습니까?

안 : 잘 기억은 안 되지만 대략 7시 경이라고 생각하오.

재 : 그때는 어떤 복장이었습니까?

안 : 이대로 입고 있었고 그 위에 외투만 걸쳤소.

재 : 어떤 외투를 걸쳤습니까?

안 : 지금 입고 온 것이 그것이오.

재 : 모자는?

안 : 운동모자.

재 : 집을 나올 때 권총을 확인했습니까?

안 : 별로 확인하지 않고 다른 곳에 있던 것을 그대로 넣고 나왔소.

재 : 그것을 어디에 넣었습니까?

안 : 호주머니에 넣었소.

재 : 옮겨 넣을 때 한 번 살펴보았습니까?

안 : 사람의 눈에 뜨일까 싶어 살피지 않았소.

재 : 장탄은 되어 있었습니까?

안 : 벌써부터 장탄은 되어 있었소.

재 : 탄환은 몇 개 넣었습니까?

안 : 7개인가 8개.

재 : 당신은 총을 한 번 당기면 연발(連發)한다던데 사실입니까?

안 : 그렇소.

재 : 피스톨에 7,8발의 탄환이 전부 채워져 있었습니까?

안 : 그렇소.

재 : 그 날 아침 떠나기 전 신(神)에게 기도했다고 하는데 사실입
　　니까?

안 : 매일 아침 기도 드리오.

재 : 특히 그날에는 이등공을 죽이기 위해 기도드린 것은 아닙
　　니까?

안 : 특별히 그렇지는 않소.

재 : 7시경의 정거장 모습은 어떠했습니까?

안 : 러시아 군인들이 정렬해 있고 출영 때문에 혼잡했소.

재 : 당신이 구내에 들어갈 때 의심받은 일은 없었습니까?

안 : 그런 일은 없었소.

재 : 기차가 도착한 것은 몇 시경이었습니까?

안 : 9시로 기억하고 있소.

재 : 7시부터 9시까지 어떻게 하고 있었습니까?

안 : 다방에서 차를 마시고 있었소.

재 : 그때 일본사람들이 보이지 않았습니까?

안 : 일본사람들이 들락날락은 하였소.

재 : 그 동안에 사람들에게 의심받지 않았습니까?

안 : 별로 그런 일은 없었고 역시 일본인으로 생각하고 있었던 것 같소.

재 : 그러나 일본사람들은 현관(顯官 : 높은 벼슬)이 온다기에 다소 의복에 신경을 쓰고 있었을 텐데, 그 가운데서 당신이 그런 복장을 하고 있었는데도 누구도 의심하지 않았습니까?

안 : 왜 그랬는지는 모르겠으나 그렇게는 보이지는 않았소.

재 : 그동안 사람의 눈을 피한 일은 없었습니까?

안 : 별로 숨는다거나 그런 일은 하지 않았소.

재 : 그동안 아는 동포를 만난 적이 있습니까?

안 : 누구도 만난일 없소.

결행(決行)의 순간(瞬間)

재 : 열차가 도착했을 때 이등공이 어떤 모습으로 나타났습니까?

안 : 차(茶)를 마시고 있을 때 기차가 도착했는데, 그와 동시에 음악대의 주악이 시작되었으며 병정들이 일제히 경례하는 모습이었소. 나는 차를 마시면서 이등이 기차에서 내려 마차에 탈

때가 좋을까, 기차에서 내릴 때가 좋을까 생각하다가 어쨌든 나가보기로 하고 다방을 나왔소. 이등은 기차를 내려서 많은 사람에게 둘러싸여 각국의 영사단이 있는 쪽으로 가고 있었지만 누가 이등인지 알 수가 없었소. 자세히 보면서 군복을 착용하고 있는 것은 러시아 사람이고 사복을 착용하고 있는 것이 이등이라고 생각했소. 그리고 병정들의 앞을 통과할 때 나도 병정들의 뒤로 따라갔소.

영사단은 러시아 군대의 다음에 열 지어 서 있었소. 이등이 군대의 앞을 통과하여 외국 영사단의 전면에 이르러 두세 사람과 악수하고 되돌아가는 것을 보고 군대 속에서 쏘았소. 역시 누가 이등인지 알 수 없었기 때문에 돌아갈 때 제일 앞에 가는 사람을 겨누어서 군대 안에서 표적을 정하고 쏘았지만, 그것이 과연 이등인지 아닌지 모르기 때문에 그 뒤를 따라오고 있는 두세 사람에게 2,3발 더 쏘았소. 곧 러시아 헌병(憲兵)이 와서 붙잡았소.

재 : 처음에 이등공이라고 생각하고 겨누었을 때 몇 발을 쏘았습니까?

안 : 3발 쐈다고 생각하오.

재 : 어디를 겨냥했습니까?

안 : 우측 가슴을 겨누었소.

재 : 저격했을 때에 거리는?

안 : 10여 보 남짓 되었소.

재 : 당신이 군대의 뒤에 있었다면 그 앞을 통과할 때였습니까?

안 : 조금 지나가서요.

재 : 어느 정도 지나간 다음 쐈습니까?

안 : 2,3보 지났을 때.

재 : 총은 군인과 군인 사이에서였습니까, 아니면 군인의 뒤에서 쏘았습니까?

안 : 군인의 뒤에서 쏘았습니까?

재 : 그렇다면 총구가 군인과 군인의 사이에 있었습니까, 아니면 열외에 있었습니까?

안 : 군인과 군인사이에 총구가 있었소.

재 : 그 군인과 군인간의 간격은 몇 보 정도였습니까?

안 : 2,3보였소.

재 : 발사할 때 걸어가면서 쏘았습니까, 서서 쏘았습니까?

안 : 서서 쏘았소.

재 : 허리를 구부리거나 왼손을 총에 대고 쏘지 않았습니까?

안 : 그렇게 하지는 않았소.

재 : 이등공의 풍채에서 무엇인가 이등공이라고 생각하게 할 만한 특징은 없었습니까?

안 : 얼굴은 모르지만 선두에 선 것과 복장이 특이했으며 또 노인 이었기 때문에 이등이 아니겠는가고 생각했소.

재 : 당신은 검찰관의 취조에서 조금 나가면서 쏘았기 때문에 다 쏘았을 때에는 군인들의 앞에 나가 있었다고 하지 않았습니까?

안 : 그것은 나간 것이 아니오. 발사했더니 러시아 군인들이 좌우로 물러섰기 때문에 앞에 있었던 것으로 보였을 것이오.

재 : 혹시 다르면 안 된다고 생각되어서 다른 일본 사람에게도 쏘았다고 하는데 몇 발이나 쏘았습니까?

안 : 확실히 기억은 못해도 5발이나 6발이라고 생각하오.

재 : 만약 방해를 받지 않았다면 계속 쏠 작정이었습니까?

안 : 그렇게 하려고 하였으나 과연 잘 맞았는지 어쩐지 하는 사이에 붙잡혔소.

재 : 총구의 방향을 바꾸어 이등공의 수행원들을 향해 발포한 사실은 없습니까?

안 : 처음에 오른쪽을 쏘았고 다음에 왼쪽을 쐈소.

재 : 그 맞은편에 일본인 단체가 있는 것은 몰랐습니까?

안 : 일본인이 있었는지 어쩐지는 몰랐소.

체포(逮捕) 당(當)함

재 : 발사한 다음부터 포박될 때까지의 상황을 말하시오.

안 : 러시아의 헌병에게 붙잡힐 때는 힘에 밀려 넘어졌소. 그와 동시에 갖고 있던 권총을 던져 버렸고 그 권총은 헌병이 주웠소. 그리고 잡힌 후 대한민국만세를 삼창하였고 그대로 정거장으로 끌려가서 소지품 검사(몸수색)을 받았소.

재 : 대한국 만세는 어떤 말을 사용했습니까?

안 : 세계에서 보통으로 쓰이는 "코레아 우라"라는 말로 세 번 불렀소.

재 : 그때 특별한 흉기를 갖고 있지는 않았습니까?

안 : 적은 양도(洋刀)를 갖고 있었소.

재 : 포박될 때 그 양도를 가지고 저항할 의사는 없었습니까?

안 : 작은 양도였기에 그럴 수는 없었소.

재 : 만약 성공하면 그 자리에서 자살할 결심은 없었습니까?

안 : 죽는다는 생각은 없었소. 왜냐하면 한국의 독립과 동양의 평화를 위해서 단지 이등을 죽인 것만으로는 죽을 수는 없었소.

재 : 그때 권총 발사의 효력(効力)을 확인하였습니까, 바꾸어 말하면 누군가 쓰러진 것을 보았습니까?

안 : 아무것도 보지 못했소. 이등이 죽었는지 어쨌는지 아무것도 몰랐소.

재 : 러시아 관헌의 취조를 받을 때 통역으로부터 이등공이 죽었다는 말을 듣고 성호(聖號)를 그으면서 하나님께 감사했다고 하는데 그런 사실이 있습니까?

안 : 그런 말을 듣지도 못했기 때문에 물론 그런 일은 있을 수가 없었소.

재 : 당신은 그런 원대한 포부를 가지고 그 자리에서 잡히지 않고 도주를 하고자 하지는 않았습니까?

안 : 도주하거나 할 이유가 없었소. 이등을 죽인다는 것은 단지 한

국독립과 동양평화를 위한 기회를 얻기 위한 것이며, 따라서 나쁜 일을 했다고 생각지 않기에 별로 도주할 필요를 느끼지 않았소.

재 : 권총은 아무 것에도 싸지 않고 주머니에 넣어두었습니까?

안 : 그대로 갖고 있었소.

재 : 당신이 휴식을 취했다는 다방은 몇 등 대합실입니까?

안 : 몇 등인지 모르오.

재 : 공작은 30분 후 절명되었고, 수행한 가와가미(川上) 총영사 및 모리(森) 비서관은 폐부 관통상을 입고, 또 다나까(田中) 만철 이사는 발바닥에 부상한 사실이 있는데, 당신은 처음 공작 한사람만을 겨누었다고 하나 이렇게 많은 사람이 부상한 것을 듣고 어떻게 느낍니까?

안 : 공작 이외의 무죄한 사람을 부상시킨 것은 진실로 유감으로 생각하오.

재 : 당신이 자칭 공명정대한 일을 했다고 하면서 검찰관의 취조에 대하여 처음부터 공모한 우연준 및 그 외의 사람들을 은폐하려고 진실한 말을 하지 않은 것은 무엇 때문입니까?

안 : 그것은 각자의 생각에 달렸다고 생각하오. 내가 그 일을 이야기하지 않은 것은 우연준이 말하기 전에 그것을 말할 필요가 없다는 생각이기 때문이며, 나는 내 일만 이야기하면 된다고 생각하오.

단지동맹(斷指同盟)

재 : 당신은 왼손 식지의 절반이 없는데 왜 그렇습니까?

안 : 그것은 금년 봄으로 생각되는데, 동지들 여러 명과 모여서 동양의 평화를 유지하기까지 천신만고를 무릅쓰고 국사에 전력하기로 동맹할 때에 손가락을 잘라서 서약한 것이오.

재 : 동맹한 자들은 모두 손가락을 잘랐습니까?

안 : 그렇소.

재 : 그중에 우연준도 있습니까?

안 : 없소.

재 : 우연준은 그때까지는 알지 못했습니까?

안 : 한 차례 만난 적은 있었으나 그때까지는 친하지는 아니하였소.

재 : 동지는 몇 명이고 이름은 누구누구였습니까?

안 : 김기룡(金基龍), 유치자(劉致妓), 박봉석(朴鳳錫), 백낙금(白樂金), 강기순(姜基順), 강두찬(姜斗贊), 황길병(黃吉炳), 김춘화(金春華) 등 12명이오.

재 : 그 동맹을 한 곳은 연추부근의 하리(下里 : 엥치우 부근 인가 5,6호의 소부락)라는 곳입니까?

안 : 그렇소.

재 : 그때 작성한 취지서가 있다고 하는데 어떻습니까?

안 : 그것은 내가 만든 것이오.

재 : 한국국기에 자른 손가락에서 나는 피로써 독립이라는 글자를 썼다고 하는데 그런 일이 있었습니까?

안 : 여하튼 대한독립이라고 썼소.

재 : 그때 만든 취지서와 국기는 지금 어디 있습니까?

안 : 그 후로는 어떻게 됐는지 모르오.

재 : 그와 같이 동맹하였다면 이번 일도 그들에게 의논 또는 통지하였을 것이라고 추정되는데 어떻습니까?

안 : 그 후에 모두 흩어져서 상호연락이 어려웠으며 또 나도 틈이 없어서 연락하지 못했소.

재 : 당신은 처음 검찰관에게 이등공 내유(來遊)의 일은 부령(富寧)에서 알았다고 진술하고 있는데 어떤 것입니까?

안 : 부령(富寧)에서 듣지는 못했소.

재 : 그러면 거짓말이었습니까?

안 : 거짓이었소.

재 : 무엇 때문에 거짓말을 했습니까?

안 : 우연준(禹連俊)을 위해서.

재 : 당신은 블라디보스톡 부근에서 3년간이나 국사에 분주했다고
했는데, 하얼빈에 와서도 조금은 동지들에게 유세를 시도했을
만한데 어떻습니까?

안 : 하얼빈에서는 큰 사건을 결행하려고 생각했기 때문에 별로 사
람들과 만나지 않았고 따라서 유세 같은 것은 하지 않았소.

재 : 하얼빈에 한국인 단체가 있다는 것은 알고 있었습니까?

안 : 알고 있었소.

재 : 하얼빈 거주 한국인들이 당신과 국사에 관하여 같은 의견을
갖고 있는지 아닌지를 알아보아 알고 있었습니까?

안 : 자세히 몰랐소.

재 : 거기에 거주하는 한국인들의 집회가 있다는 것을 들었습니까?

안 : 묘(墓)를 개장(改葬)한다는 말을 들었소.

재 : 그것은 언제입니까?

안 : 10일.

재 : 10일 집회(集會)가 있었습니까? 집회가 있다는 말을 들었습
니까?

안 : 11일에 집회한다는 것을 들었소.

재 : 개장(改葬)이라고 하는데 무엇을 위한 집회인가?

안 : 하얼빈에 있는 한국인의 무덤이 황폐되어 백골이 나와 있어서
차마 볼 수 없으므로 러시아 관헌과 교섭하여 토지의 일부를
빌어 거기에 개장한다는 것이었소.

재 : 그 말은 누구한테 들었습니까?

안 : 김성백에게 들었소.

재 : 언제 들었습니까?

안 : 대강 10일이라고 생각되오.

재 : 당신은 10일에는 하얼빈을 출발하여야 하기 때문에 그 집회에

는 갈 수 없었으리라고 생각되는데 어떻습니까?

안 : 가지 않았소.

재 : 아울러 김성백과 당신에 대한 이제까지의 일들에 대하여 의논
한 적이 있습니까?

안 : 아무런 의논도 한 일이 없소.

독립 의병군의 참모

재 : 이제까지 조사한 바에 의하면 당신은 우연준 외에는 의논한
일이 없다고 하는데, 그러나 앞서 말한 진술에 의하면 당신은
의병의 참모중장으로서 결행하였다고 하였습니다. 그것은 어
떤 뜻입니까?

안 : 나는 그전부터도 독립군 의병의 참모중장으로서 이등을 살해
하고자 동지들과 상의하였소. 그리고 각각 자기 생업에 종사
하면서 독립 평화를 위하여 동맹하고 있었기 때문에 농부는
농사를 하고 유세하는 자는 유세를 하면서 각자 일을 따로따
로 하고 있었소.

그리고 나는 특파독립대로서 왔기 때문에 결행하였소. 시간이
있었으면 상당히 많은 모병을 했을 것이며, 내게 병력이 있다
면 대마해협에 가서라도 이등이 타고 오는 배를 침몰시켰을는
지도 모르오.

재 : 의병의 총 지휘관은 누구며 어디에 있습니까?

안 : 팔도의 총지휘관은 김두성(金斗成)이라고 하며, 출생지는 강
원도지만 지금은 주소가 일정치 않소.

재 : 그 부하 간부들 중에 어떤 자들이 있는지 알고 있습니까?

안 : 많은 사람 중에서도 각도의 지휘관으로서 허의(許議), 이강년
(李康秊), 민지호(閔旨鎬), 홍범도(洪範圖), 이범윤(李範允),
이운찬(李運讚), 신돌석(申乭錫) 등이 간부지만 그들 중에는

체포된 자도 있고 죽은 자도 있소.

재 : 그대의 직속 상관은 누구입니까?

안 : 김두성이오.

재 : 당신이 특파원으로서 하얼빈에 온 이상 김(金)으로부터 어떤
명령이라도 받았을 터인데?

안 : 새삼스럽게 명령을 받을 이유는 없지만 작년 엥치우 부근에서
러시아와 청나라 내에 있는 의병의 사령관으로서 임의 행동을
취하도록 명령을 받았소.

재 : 김(金)으로부터 그와 같은 명령을 받은 이상 여러 사람들의
행동에 필요한 자금 등을 본래부터 공급을 받고 있었습니까?

안 : 김(金)으로부터 직접 받지는 않았소. 각 부락의 한국인들로부
터 기부를 받았소.

재 : 당신은 앞서 블라디보스톡을 출발할 때 이석산(李錫山)으로부
터 금품(金品)을 얻어왔다고 하였습니다. 지금 솔직하게 자백
하는 것이 어떻습니까?

안 : 이석산은 본래 황해도의 의병소장으로 그 당시 잠시 블라디보
스톡에 와 있었소.

재 : 의병들 사이에서는 암살 같은 일을 말해서 돈을 빌려도 될 터
인데?

안 : 어떤 자라도 이것을 누설해서는 안 된다는 결심이 섰기에 말
하지 않았소.

재 : 그러면 어떤 순서를 밟아 그런 돈을 빌렸습니까?

안 : 급히 쓸 일이 생겼다고 해서 빌렸소.

재 : 그것이 사실입니까? 검찰관에게는 이등공 암살에 관한 것은
말하지 않고, 꼭 필요하니 백 원을 빌려 달라, 빌려주지 않으
면 이 권총으로 쏘아 죽이고 자기도 죽겠다고 협박하여 빌렸
다고 하는데, 어느 것이 사실입니까?

안 : 검찰관에게 말한 것이 사실이오. 사정은 그대로요.

재 : 다 같은 의병이라면 협박을 하지 않아도 돈은 빌릴 수 있을 것

같은데 왜?

안 : 빌릴 명분도 없었고, 그렇다고 그런 사정도 들려줄 수 없었고, 더욱이 시간이 촉박해서 협박했소.

이때 재판장은 일어서서 당신의 취조는 일단 종결한다고 선언하고 폐정했는데, 때는 오후 4시 20분이다.

안중근 의사 공판 속기록(安重根 義士 公判 速記錄)

2일차 공판

8일 오전 9시 11분 개정.

재판장은 먼저 우연준(禹連俊)을 향하여 심문을 개시함(關東 都督府 囑託 統監府 通譯生 元木味僖 통역.

우연준(禹連俊)의 모습

재 : 본건을 취조할 때 이름이 다릅니다. 우덕순(禹德淳)과 우연준(禹連俊)으로 되어 있는데 어느 것이 본명입니까?

우 : 수찬[水靑]에 있을 때 러시아 관원으로부터 호조(護照 : 외국인이 통행할 때 정부에서 내어주던 여행권)를 받을 필요가 있어 통역에게 부탁했는데 내 이름을 몰라서 그가 멋대로 연준이라고 이름을 붙였고, 나이도 30이지만 33으로 되어 있소.

재 : 언제쯤입니까?

우 : 러시아 달력으로 작년 3월경이오. 그리고 수수료는 러시아돈 7루블을 준 것으로 기억하오.

재 : 형제는 어디에 삽니까?

우 : 경성 동부 양사동(京城 東部 養士洞)에 있소.

재 : 부모는 다 생존해 았습니까?

우 : 그렇소. 아버님은 우시영(禹始暎)이라고 하오.

재 : 직업은?

우 : 이전에는 상업을 하셨지만 지금은 노인인고로 무직이오.

재 : 재산은 있습니까?

우 : 고향 충청도에 부동산이 있소.

재 : 처자는 있습니까?

우 : 처는 있지만 자식은 없소.

재 : 처와는 동거하고 있었습니까?

우 : 고향을 떠날 때까지는 같이 있었소.

재 : 고향은 언제 떠났습니까?

우 : 4년 전.

재 : 무엇 때문에 집을 떠났습니까?

우 : 상업을 하려고.

재 : 경성을 떠나서 어디로 갔습니까?

우 : 블라디보스톡으로 갔소.

재 : 블라디보스톡에서는 집을 가지고 있었습니까? 아니면 다른 사람 집에 있었습니까?

우 : 블라디보스톡에는 삼사일 있다가 수찬에 갔소.

재 : 블라디보스톡에서 머물렀던 숙소의 이름은?

우 : 모르오.

재 : 수찬에서는 어디에 있었습니까?

우 : 박근식(朴根植)씨 댁이오.

재 : 며칠이나 있었습니까?

우 : 10수개월 있었소.

재 : 그동안 어떻게 살았습니까?

우 : 엽연초(葉煙草)를 팔았소.

재 : 그때 상업에 경험이 있었습니까?

우 : 한국에서 잡화상을 했소.

재 : 기술은 없습니까?

우 : 없소.

재 : 대장간 같은 것을 한 일이 없습니까?

우 : 없소.

재 : 학문은 어느 정도입니까?

우 : 천자문(千字文), 동몽선습(童蒙先習), 통감(通鑑) 2절까지 배웠소.

재 : 어디에서 배웠습니까?

우 : 경성의 서당에서.

재 : 경성에 온 것은 어렸을 적이었습니까?

우 : 4,5세 때.

재 : 이제까지 종교를 믿은 적이 있습니까?

우 : 5년 전부터 예수교를 믿고 있었소.

재 : 천주교입니까, 예수교입니까? 또 목사는 누구입니까?

우 : 예수교이며 목사는 미국인으로 보야브끼라고 하오.

재 : 언제 세례를 받았습니까?

우 : 세례는 받지 않았소.

재 : 지금도 신앙하고 있습니까?

우 : 경성을 떠나서부터는 소홀하게 되었소.

블라디보스톡에 도착

재 : 수찬에는 언제 갔습니까?

우 : 구력 7월에 출발했소.

재 : 7월에 집을 나와 어디로 갔습니까?

우 : 블라디보스톡에 갔소.

재 : 어떤 목적으로 갔습니까?

우 : 장사하러 갔소.

재 : 연초상입니까?

우 : 그렇소.

재 : 그 다음부터는 계속해서 블라디보스톡에 있었습니까?

우 : 블라디보스톡에 있었소.

재 : 블라디보스톡에서는 누구네 집에 있었습니까?

우 : 고준문(高俊文)씨 댁에 있었소.

재 : 장사를 하고 있으면서 가족에게 송금한 적이 있습니까?

우 : 별로 없소. 한번 고향에 갔을 때 50원 준 적이 있소.

재 : 그렇게 밖에 나와 다니면서 송금도 안하면 가족은 곤란하지
　　않겠습니까?

우 : 대단히 어려웠던 것으로 생각되오.

재 : 돌아오라는 편지 같은 것은 오지 않았습니까?

우 : 항상 그래왔소.

재 : 그때마다 무엇이라고 대답했습니까?

우 : 그러다보면 돌아가게 될 것이라고 했소.

안중근과의 관계

재 : 안(安)과는 언제부터 알았습니까?

우 : 2년쯤 전으로 생각되오.

재 : 어디서?

우 : 블라디보스톡에서 만났소.

재 : 어떤 관계로 친하게 되었습니까?

우 : 자주 자주 만나다보니 자연히 친하게 되었소.

재 : 안중근이 어떤 직업을 갖고 있었는지 알고 있었습니까?

우 : 본인으로부터 듣지는 않았지만 매약상으로 듣고 있었소.

재 : 친하게 된 것은 어떤 이유예서?

우 : 앞서 말한대로 항상 왕래했기 때문이오.

재 : 안(安)과 마음 탁 터놓고 이야기한 적은 없습니까? 또 국사
　　(國事) 등을 말한 적은 없습니까?

우 : 별로 국사에 대한 이야기는 한 적이 없소.

재 : 한국의 독립에 관한 이야기를 한 적은 없습니까?

우 : 그런 말 한 적은 없소.

재 : 조(曺)나 유(劉)를 어떻게 알게 되었습니까?

우 : 조(曺)는 어딘가에서 일면식이 있는 것 같이 생각되지만, 유
　　(劉)는 이번이 처음이오.

범행의 밀의(密議)

재 : 당신은 음력 9월 8일에 블라디보스톡을 출발하였습니까? 또 안(安)과 동행할 약속을 하였습니까?

우 : 내 생각은 이등을 살해하는 목적이었소.

재 : 안(安)으로부터는 언제 의논이 있었습니까?

우 : 그것은 9월 7일 저녁이었다고 기억되오. 안(安)으로부터 할 말이 있으니 잠시 자기 숙소까지 와 달라고 하기에 숙소에 갔더니 그런 말이 안(安)으로부터 있었소. 그날 밤 하얼빈으로 가기 위해 정거장까지 갔지만 기차를 놓치고 다음날 아침차를 탔소.

재 : 안(安)의 숙소는 어디에 있는 누구의 집입니까?

우 : 안(安)과 즉시 만나지 못하고 있다가 기다려서 같이 갔더니 이치권(李致權)의 집이었소.

재 : 안(安)이 이치권의 집에 언제부터 있었는지 압니까?

우 : 그 저녁에 안 것뿐이오.

재 : 그전에는 안(安)과 언제 만났었습니까?

우 : 2,3개월 전에 만났소.

재 : 이(李)의 집에서는 어떤 말을 하였습니까?

우 : 일이 있다기에 방으로 들어가서 무슨 일이냐고 했더니, 이등이 하얼빈에 온다기에 그렇다면 하고 동행하기로 하였소.

안(安)의 결행원인(決行原因)

재 : 그렇다면 왜 안(安)이 이등공을 죽이려 하였습니까?

우 : 그것은 특별히 안중근으로부터 들을 필요가 없소. 한국인 모두의 한(恨)이 맺혀 있기 때문이오.

재 : 안중근의 말에 대하여 당신은 무엇이라고 대답했습니까?

우 : 단지 같이 가자고 한 것뿐이오.

재 : 어떤 방법으로 어디서 죽이자는 것과 같은 당신의 의견을 제안하지 않았습니까?

우 : 어떤 의논도 없었소.

재 : 이등공이 하얼빈에 온다는 것을 안중근으로부터 처음 들었습니까? 아니면 벌써부터 들었습니까?

우 : 그것을 안 것은 안중근을 만나기 2,3일 전으로 기억하오.

재 : 그러면 러시아신문에서 이등공이 하얼빈에 내유(來遊)한다는 것을 알았었습니까?

우 : 나는 러시아 글을 읽을 수 없으므로 러시아 신문을 보지 못하고 사람들로부터 들었소.

재 : 당신은 항상 블라디보스톡 신문을 보고 있었습니까?

우 : 사서 보지는 않지만 숙소에서 한가한 때 보았소.

재 : 그 신문에 이등공이 만주에 내유한다는 기사가 실려 있었습니까?

우 : 기재되어 있지 않았소.

재 : 당신은 한자(漢字) 신문은 해독할 수 있습니까?

우 : 잘 알고 있소.

이등공을 겨냥한 이유

재 : 당신은 어떤 생각을 가지고 이등공을 살해하지 않으면 안 된다고 생각했습니까?

우 : 1906년(明治 39년)경 이등이 한국통감으로 부임하자 5개조의 초안을 만들어 6대신을 모두 강제로 승낙시키고, 외무대신은 일본인이 고문된 것을 기화로 그로 하여금 부서(副署 :국무에 관한 문서에 국무위원이 서명하는 것)토록 하였소. 이어서 폐

하에게 상주하였지만 폐하는 한국국민의 여론을 들은 뒤에 하여야 한다고 재가하지 않았소. 그런데도 이등은 그대로 그것을 가지고 돌아와서 한국의 상하 모두의 희망에 의하여 체결되었다고 하여 그것을 발표하였소. 이것은 첫째는 일본 천황을 속인 것이고, 둘째는 한국 국민 모두를 기만한 것이므로 그 자체만으로도 한국국민에게는 적인 것이오. 또한 이등의 방침은 모두 한국에 불이익한 것만을 계획하기 때문에 한국 2천만 동포는 전부 이것에 한(恨)을 갖고 있으며 나도 그중의 한 사람이오.

5개조가 큰 불만

재 : 5개조가 발표된 당시 분개하였습니까?

우 : 나뿐만이 아니라 한국의 국민 모두가 그렇게 분개했다고 생각하오.

재 : 조약체결 당시 어디에 있었습니까?

우 : 경성에 있었소.

재 : 그때 어떤 행동을 취했습니까?

우 : 나의 심중은 매우 불편했지만 가사에 매여서 반대운동 같은 것은 못했소.

재 : 오늘에 이르기까지 정치적인 단체에 가입하거나 의견을 교환하는 등 국사(國史)에 몰두한 일은 없습니까?

우 : 그런 일은 없소. 집에 늙으신 부모님과 처자가 있기 때문에 그런 여가가 없었소.

재 : 그런 일에 대하여 연설을 하거나 신문에 투고한 일 등이 없습니까?

우 : 그런 일은 전연 없소.

재 : 가령 외부에 나타내지는 않는다고 하더라도 심중에 그렇게까

지 불만이 있다면 안중근과 의견 교환을 했을 법한데?

우 : 별로 그런 일을 한 기억이 없소. 안중근과는 때때로 만나서 친
하여졌기 때문에 별로 의논을 내세울 일은 없었소.

재 : 블라디보스톡은 한국민의 단체가 있어서 종종 집회를 열어 정
치상의 일을 논의하지는 않았습니까?

우 : 거류민회는 있지만 거류민을 취체하기 위하여 조직된 단체이
므로 정치문제에는 관계가 없기 때문에 논의하는 일은 있을
수 없으며, 또 그런 일을 들은 적도 없소.

재 : 그 밖에 한국민의 정치적인 비밀 결사는 없습니까?

우 : 가보지 않아서 자세히 모르오.

안중근(安重根)에게 동의(同意)함

재 : 당신은 이미 이등공작에 대하여 불만이 있는 이상은 안중근으
로부터 말을 듣기 전에 자기 스스로 그런 일에 대하여 무엇인
가를 생각한 적은 없었습니까?

우 : 이등이 온다는 것을 들었을 때는 단지 오나보다 생각했을 뿐
어떻게 해야겠다는 생각은 없었소.

재 : 그렇다면 이등공을 살해해야겠다는 생각은 전적으로 안중근의
말에 의하여 생겼습니까?

우 : 나는 마음속으로 분개하고 있던 터라 안중근의 말을 듣자마자
동의 했소.

재 : 이등공은 대관(代官)이어서 수행원도 많고 경비도 삼엄할 터
인데 그렇게 쉽게 암살할 수 있으리라고 생각했습니까?

우 : 그것은 사람의 결심 하나로 되는 것이오. 많은 수행원이나 경
비가 있어도 그 각오만 확고하면 목적은 달성된다고 생각
했소.

재 : 어떤 무기로 살해할 것인지 등 구체적인 말은 없었습니까?

우 : 안중근에게 동의했을 때 무엇을 가지고 있느냐고 하기에 권총을 가지고 있다고 했더니 그것을 가지고 가자고 하기에 가지고 동행했소.

하얼빈 행(行)의 여비

재 : 하얼빈까지 가자면 여비도 필요할 텐데 당신은 가지고 있었습니까?

우 : 여비에 대해 안중근에게 물었더니 내게 얼마나 있느냐고 묻길래 10원쯤 있다고 했더니 그렇다면 자기도 준비한 것이 있으니 걱정할 것은 없다고 했소.

재 : 그때 안중근은 얼마나 있다고 했습니까?

우 : 아무 말도 하지 않았소. 시간이 촉박해서 물을 틈도 없었고 또 정거장에 가서도 누설될 것이 두려워 묻지 않았소. 또 그날 밤은 기차를 놓쳐서 돌아오는 길에 안중근과 함께 잤지만 그런 말은 할 수 없었소.

재 : 그러면 그날 밤 어떻게 여비를 만들었느냐고 묻지 않았습니까?

우 : 그날 밤 객실에 주인도 함께 잤기 때문에 그런 말은 할 수가 없었소.

권총과 탄환

재 : 당신은 그때 안(安)이 어떤 권총을 가지고 있는지 보았습니까?

우 : 보지 못했소.

재 : 당신의 권총은 보였습니까?

우 : 그때는 보이지 않았소. 보인 것은 하얼빈에서 채가구로 가서 다방에서 보이고 탄알도 받았소.

재 : 블라디보스톡을 출발할 때 탄알을 얼마나 가지고 있었습니까?

우 : 10발인가 11발인가 했소.

재 : 그것은 전부 장전되어 있었습니까?

우 : 장전되어 있었소.

재 : 탄창에는 8발 밖에는 들어가지 않는데 나머지 탄환은 어디다 넣었습니까?

우 : 상의(上衣) 안주머니에 넣었소.

재 : 그 권총은 언제 입수했습니까?

우 : 금광에 행상 가는 도중에 상품으로 산 것을 그대로 갖고 있었소.

재 : 누구에게서 샀습니까?

우 : 러시아사람으로부터 샀소.

재 : 얼마 주고 구입했습니까?

우 : 8원을 주었고, 그 광산의 이름은 밋가레이라고 하오.

재 : 탄환도 포함되었었습니까?

우 : 그렇소. 분명히 16발 있었다고 기억하오.

재 : 그 후 권총을 시험한 적이 있습니까?

우 : 없소. 수찬[水靑]에 있을 때 한번 친구가 꿩을 쏜다고 하여 4,5발 사용했지만 시험하기 위하여 쏜 것은 아니오.

재 : 당신은 총기에 별로 익숙해 보이지 않는데 쏴 본 적이 없습니까?

우 : 사람을 표적으로 하여 쏘는 것이기 때문에 경험이 없어도 어렵지는 않을 것이라고 생각했소.

기차 안에서의 안(安)과 우(禹)

재 : 다음 날 몇 시에 블라디보스톡을 출발하였습니까?

우 : 오전 9시 30분 기차로 출발했다고 기억하오.

재 : 정거장에서 다른 한국인들이 어디 가느냐고 질문한 일은 없습니까?

우 : 없소.

재 : 어디 가는 몇 등 차표를 샀습니까?

우 : 하얼빈까지 3등 차표를 샀소.

재 : 그 차표가 하얼빈까지라는 것을 분명히 알고 있었습니까?

우 : 안(安)이 모든 것을 혼자 했기 때문에 그것은 모르지만 대강 하얼빈행이려니 생각하고 있었소.

재 : 블라디보스톡을 떠난 객차 안에 다른 한국 사람은 없었습니까?

우 : 별로 한국 사람은 없었던 것 같소.

재 : 그러면 마음 편하게 안(安)과 충분히 말했겠지요?

우 : 한국 사람은 없었지만 중국 사람과 러시아 사람이 많이 있었기 때문에 아무 말도 하지 않았소. 다만 하얼빈에 가면 동족이 많이 거주하고 있으므로 우리는 가족을 마중하기 위하여 나왔다고 하기로 의논했소.

재 : 누구의 가족을?

우 : 안응칠의 가족이오.

재 : 그때 안(安)의 가족이 한국에서 온다는 것을 알고 있었습니까?

우 : 그것은 몰랐지만 안(安)이 그렇게 말하기에 사람의 눈을 피하기 위한 것이라고만 생각했소.

재 : 안(安)은 블라디보스톡 출발 후 특별히 자기 가족을 불러온다는 말을 하지 않았습니까?

우 : 아무 말도 없었소.

러시아어는 모름

재 : 하얼빈에 도착하여 통역이 없어서 걱정이라는 말은 없었습니까?

우 : 그런 말이 있었소. 둘 다 러시아를 모르기 때문에 식사를 하거나 행동하는데도 불편할 것이라고 생각되어 어떻게든 통역을 구했으면 좋겠다고 상의하였소.

재 : 어떤 사람이 좋겠다든가 하는 말은 없었습니까?

우 : 다만 필요하다는 것뿐이었소.

재 : 당신은 처음 하얼빈에 갔었습니까?

우 : 그렇소.

재 : 아는 사람은 없었습니까?

우 : 한 명도 없었소.

재 : 당신은 러시아어를 조금은 압니까?

우 : 블라디보스톡에 있기는 하였으나 공부를 위한 것은 아니고 장사를 위한 것이어서 어학을 배우지는 않았소.

재 : 기차가 하얼빈에 도착하기 전 포브라니치나야에서 안(安)이 하차했던 것을 알고 있습니까?

우 : 포브라니치나야인지는 몰라도 안(安)이 도중에서 하차했을 때는 식사를 준비하러 간 줄 알았는데 유동하를 데리고 와서 그때 유(劉)를 처음 만났소. 유(劉)는 약을 사러 간다고 하기에 그런가 했소.

재 : 안(安)은 그때 유(劉)를 통역으로 데리고 왔다는 말을 하지 않았습니까?

우 : 아무 말도 하지 않았소. 같은 나라 사람이기에 인사를 마치고 무엇 때문에 가느냐고 물었더니 약을 사러 간다고 했소.

재 : 그때 안(安)이 역에 정대호라는 아는 사람이 있다고 하지 않았습니까?

우 : 그런 말을 들은 것도 같지만 정(鄭)과는 여순에 와서 처음 알

았기에 그때의 말로 정(鄭)이었든가 하는 것이 후에 겨우 기억난 것이오.

재 : 안(安)은 정(鄭)이 자기의 처자를 데리고 온다고 하지 않았습니까?

우 : 듣지 못했소.

하얼빈 도착 후의 우(禹)

재 : 언제쯤 하얼빈에 도착하였습니까?

우 : 9일 오후 9시경으로 기억하오.

재 : 그때까지 신문이나 다른 어떤 것에 의하여 이등공이 언제쯤 도착한다는 것을 몰랐습니까?

우 : 하얼빈에 도착할 때까지는 몰랐소.

재 : 도착해서 김성백의 집에 묵었습니까?

우 : 그렇소.

재 : 누가 안내했습니까?

우 : 유(劉)의 안내를 받아서 김(金)의 처소로 가자고 안(安)이 제안하였소.

재 : 그날 밤 김(金)과 말했습니까?

우 : 김성백이 집에 없어서 사람을 보내서 돌아온 후 만났소.

재 : 그때 당신은 어떤 인사를 하였습니까?

우 : 가족을 마중 왔다고 하였소.

재 : 쉬고 가게 해달라고 부탁하였습니까?

우 : 밤이 늦어서 갔기 때문에 그런 부탁은 하지 않아도 그쪽에서 미리 알아서 준비했으므로 특별히 부탁하지는 않았소.

재 : 10일 날은 어떻게 지냈습니까?

우 : 시내를 구경했소.

재 : 누구와 같이 동행했습니까?

우 : 안(安)과 둘이었다고 기억하오.

재 : 그날 안(安)이 남쪽으로 가자고 상의하지 않았습니까?

우 : 10일 날 밤에 그런 말을 했소. 이 역(驛)은 혼잡하고 또 군대
　　도 많기 때문에 조금 남쪽의 편리한 역에서 하는 것이 어떠냐
　　고 말했소.

재 : 10일 몇 시경이었습니까?

우 : 밤 8시에서 9시경으로 기억하고 있소.

이등공 도착 일정

재 : 그보다 먼저 이등공의 도착일정을 듣지 못하였습니까?

우 : 10일 오전 원동보(遠東報)에서 이등이 12일에 관성자(寬城子)
　　를 출발하여 하얼빈에 온다는 기사를 보았소.

재 : 하얼빈에는 언제 도착한다고 되어 있었습니까?

우 : 시간은 기록되어 있지 않았소.

하얼빈의 형세(形勢)를 염탐(廉探)

재 : 시내를 산책할 때 정거장의 모습을 탐색하였습니까?

우 : 정거장은 블라디보스톡에서 올 때와 채가구(蔡家溝)에 갈 때
　　보았을 뿐이오.

재 : 안중근이 10일 저녁에 이곳에는 군대도 있고 해서 결행할 수
　　없다고 말한 것은 정거장의 모습들을 살핀 후에 제시한 의견
　　이 아니었습니까?

우 : 많이 보지 못했기 때문에 그 결과로 변경하지는 않았을 것이
　　라고 생각하오.

조도선(曹道先)을 방문함

재 : 10일 한국인을 방문하지 않았습니까?

우 : 조도선의 집에 갔소.

재 : 누구와 같이 찾아갔습니까?

우 : 안중근과 나, 그리고 안내를 해준 한국 사람이 한명 있는데 그 이름은 모르오.

재 : 조도선을 찾아갈 때 어떤 용무로 간다고 안중근이 말하지 않 던가요?

우 : 안중근이 말하기로는 통역이 없어서 불편한데 다행히 조(曹) 는 러시아어를 잘 알고 있으므로 그 사람에게 부탁하여 동행 하자고 하여 조도선을 찾아가서 만난 것이오.

재 : 그때가 몇 시 경이었습니까?

우 : 기억은 잘 안되지만 해질녘이 아닌가 생각하오.

재 : 조도선을 찾아간 것을 보면, 앞서 당신이 말하기 전에 남쪽으 로 가는 것을 의논한 것 같이 생각되는데 어떻습니까?

우 : 하얼빈에서 결행한다고 해도 통역 없이는 불편하기 때문이었 지, 남쪽으로 가기 위하여 조도선에게 부탁한 것은 아니오.

재 : 조도선의 집에서 안중근(安重根)은 어떤 말을 하였습니까?

우 : 가족을 맞으러 가는데 통역이 없어 같이 가자고 했더니, 조도 선은 즉시 가겠다고 대답했소.

재 : 어디까지 간다고 말했습니까?

우 : 나 역시 안(安)도 초행길이어서 장소를 모르기 때문에 다만 같이 가자고만 말했소.

재 : 그때 안중근의 가족이라는 말은 하지 않고 정대호의 가족이 돌아온다고 하지는 않았습니까?

우 : 그런 일은 생각나지 않소.

재 : 조도선은 그에 대하여 정대호 같으면 나도 신세를 진 사람이 니 마중 가겠다고 하지는 않았습니까?

우 : 그러면 가자고 한 것은 기억하고 있지만 다른 것들은 지난 일 이어서 잊어버렸소.

재 : 그때 안중근은 언제쯤 남으로 가자고 하였습니까?

우 : 내일 아침 조반 먹기 전에 출발하자고 하였소.

재 : 그러면 내일 남행(南行)한다는 것은 조도선을 만나기 전에 당 신들이 정했던 것은 아닙니까?

우 : 여기가 좋을지 남행하는 것이 좋을지 의논한 적은 있었소. 그 러나 확정한 것은 그때요.

재 : 안중근이 여기서 결행할까 어디서 결행할까 할 때 당신은 어 떤 의견을 제시하였습니까?

우 : 그런 말 하지 않았소.

재 : 또 남으로 가기 위해서는 여비가 필요할 텐데 거기 대해서는 말이 없었습니까?

우 : 거기 대하여는 별로 말이 없었소.

재 : 돌아올 때 조도선과 셋이서 숙소에 돌아왔습니까?

우 : 다음날 아침 일찍 출발해야 하기 때문에 불편을 덜기 위해서 조도선을 데리고 돌아왔소.

재 : 조도선도 역시 권총을 가지고 갔다는데 그것은 어떠한 까닭입 니까?

우 : 가지고 있었지만 왜 가지고 있었는지는 모르오.

재 : 몇 시경 김성백의 집에 도착하였습니까?

우 : 6시경이었을 것이오.

사진 촬영

재 : 도중에서 사진을 촬영한 일은 없었습니까?

우 : 저녁이기 때문에 찍지 않았소.

재 : 하얼빈에서 사진을 촬영한 적은 없었습니까?

우 : 10일 경에 찍은 것으로 기억되오.

재 : 누구와 찍었습니까?

우 : 안응칠과 둘이서.

재 : 세 사람은 아니었습니까?

우 : 아니 두 사람이오.

재 : 김성백에게 10일 날 무슨 말을 했습니까?

우 : 가족을 맞으러 왔다고만 말하고 그 외의 말은 하지 않았소.

재 : 하얼빈 시내의 형편에 대하여 김성백에게 물은 것은 없었습니까?

우 : 별로 묻지 않았소.

재 : 그때 한국인의 묘지 개장문제는 없었습니까?

우 : 그 일에 대하여는 들은 바가 있소. 죽은 자는 일정한 무덤이 필요하기 때문에 러시아경찰에 부탁해서 일부 토지를 빌려서 거기에 개장한다는 것이었소.

재 : 그 일에 대하여 당신에게 참석해 달라고 부탁한 적은 없습니까?

우 : 아니 전혀 없었소.

재 : 그날 안(安)이 유(劉)를 김(金)씨한테 보내서 50원을 빌려오 도록 한 사실을 압니까?

우 : 유(劉)한테 가는 것도 몰랐고 돌아온 것도 몰랐소. 그 다음날 아침에 들었는데 돈이 없어 못 빌려주겠다고 했답니다.

이등공(伊藤公) 조매가(嘲罵歌 : 비웃으며 꾸짖는 노래) 를 지음

재 : 10일 밤 당신은 안(安)과 함께 글을 쓴 일이 있습니까?

우 : 있소. 안(安)도 썼소. 그러나 각자 썼소.

재 : 당신은 어떤 글을 썼습니까?

우 : 나는 이등을 증오하는 마음을 억누를 수가 없던 나머지, 그를 모욕하는 의미의 노래를 지었소.

재 : 그 노래는 사람들에게 보내려고 썼습니까?

우 : 밤이 너무 적적해서 마음을 달래기 위하여 썼을 뿐 사람들에게 보낼 목적은 아니었소.

재 : 당신은 우우산인(禹又山人 : 원문에는 우수산인이라고 되어 있으나 아마도 우(又)자가 일본 가나의 ス자로 보여서 우수산인이라고 하였던 것 같음)이란 이름을 모든 시나 노래에 사용합니까?

우 : 이제까지 시나 노래를 만든 적은 없으나 우수산인이라고 쓴 것은 별로 의미가 없소. 다만 마음 내키는 대로 이등을 증오함을 표현했을 뿐이오. 그리고 그때 유(劉)와 조(曹)가 돌아왔기 때문에 서둘러서 썼기 때문에 '우'라고 쓰고 다음에 잘못 쓴 것뿐이오.

재 : 그 시는 어떻게 했습니까?

우 : 내가 가지고 있었소.

재 : 그 노래를 안(安)에게 보였습니까?

우 : 보이지 않았소.

안중근(安重根)의 편지

재 : 그때 안(安)도 시를 지었다고 하는데 사실입니까?

우 : 잘 모르겠소.

재 : 그것을 그대에게 보여줘서 읽은 적은 없습니까?

우 : 내게는 보이지 않았소.

재 : 당신은 언문(諺文 : 한글을 경시하는 말)만 알고 한문은 모릅니까?

우 : 그렇소. 한문은 조금 밖에 모르오.

재 : 그때 신문사에 송고한 것은 안(安)과 같이 하지 않았습니까?

우 : 그것은 둘이서 같이 썼다는 뜻은 아니오. 안(安)이 쓰고 날인
을 하라고 하기에 무엇하냐고 했더니 신문사에 보낸다고 하기
에 무엇 때문에 보내느냐고 묻고 싶었지만 조(曺)가 있어 더
묻지 않았소.

재 : 그중에 어떤 말이 써 있었습니까?

우 : 편지내용은 보지 않았소.

재 : 어떤 말을 보낸다고 들었습니까?

우 : 물어보니 신문에 낸다고 말했지만 조가 있어서 묻지 않았소.

재 : 당신이 검찰관의 취조 때 말했던 것과 지금 말하고 있는 것과
는 차이가 있습니까, 없습니까?

우 : 전에 취조할 때도 그렇게 말했소.

재 : 조(曺)는 있었지만 안(安)이 작은 목소리로 목적을 달성하면
죽을 수밖에 없기 때문에 우리들의 행동을 밝혀두기 위하여
보낸다고 진술하였다는데 어떻습니까?

우 : 그런 말을 하였을 리 없소.

재 : 편지를 쓴 것과 시를 쓴 것은 누가 먼저입니까?

우 : 편지는 안(安)이 먼저 썼소.

재 : 당신이 노래를 지은 것은 당신도 무엇인가 하라고 안(安)이
시켜서 한 것은 아닙니까?

우 : 그렇지는 않고 마음을 달래기 위하여 만들었소.

재 : 신문사에 보낼 편지는 그 후 어찌 되었습니까?

우 : 어떻게 되었는지 모르오. 안(安)이 가지고 있었기 때문에.

재 : 서찰은 봉투에 넣어서 유(劉)에게 보낼 곳을 써달라고 부탁했
다 하던데 어떻습니까?

우 : 거기에 대한 것은 모르오.

하얼빈 출발

재 : 다음 날 몇 시에 하얼빈을 출발했습니까?

우 : 오전 9시 기차였다고 기억하오.

재 : 정거장에 조(曺)와 안(安)외에 동행한 사람은 없었습니까?

우 : 유(劉)도 함께 갔소.

재 : 유(劉)는 무엇 때문에 동행하였습니까?

우 : 그는 그 당시 하는 일이 없어서 심심하다기에 같이 갔소.

재 : 그 당시에 어디로 가는 표 몇 장을 샀습니까?

우 : 다음 정거장까지 가자고 하면서 차표를 사주어서 어디까지라
　　는 것도 모르고 출발했소.

재 : 기차 안에서 안(安)과 말을 하지는 않았습니까?

우 : 별로 말한 기억은 없소.

재 : 떠날 때는 하차 역에서 일을 결행할 약속이었습니까?

우 : 그렇소.

재 : 떠날 때 몇 시경 이등공을 만나리라고 짐작하였습니까?

우 : 하얼빈을 떠날 때 신문에서 13일에 도착한다는 기사를 보았기
　　때문에 어디서 만나리라고는 생각하지 못했소.

재 : 기차 안에서 안(安)은 조(曺)에게 특별히 말을 하지는 않았습
　　니까?

우 : 나는 그 일에 대해서 모르지만 안(安)에게 그 일을 조(曺)에
　　게 말하지 않았느냐고 물었더니 안(安)은 사람들이 있기 때문
　　에 가만있으라고 말했소.

재 : 그것은 어떤 말이었습니까?

우 : 물론 나의 뜻은 결행에 대한 의미였지만 안(安)은 어떻게 느
　　꼈는지, 중국인이 있기 때문에 가만히 있으라고 하기에 가만
　　히 있었소.

재 : 안(安)이 조(曺)를 차 밖으로 잠시 불러내서 말한 적은 없습
　　니까?

우 : 그런 일은 보지 못했소.

채가구(蔡家溝)에서

재 : 당신이 하차한 것은 몇 시경입니까?

우 : 12시나 1시쯤이었다고 생각하오.

재 : 좀 더 갈 수 있는 차표를 가지고 거기서 내린 것은 무슨 이유입니까?

우 : 차표는 채가구보다 더 갈 수 있는 것이었으나 채가구에 도착하기 직전에 들었고, 또 그 역은 교차점이 없기 때문에 채가구에서 내렸다고 생각하오.

재 : 채가구에 내려서 역무원에게 무엇인가 물어본 것은 없습니까?

우 : 단지 끽다점(喫茶店)에서 차(茶)를 마셨을 뿐 아무것도 묻지 않았소.

재 : 정거장에서 기차가 교행(郊行)하는 시간이나 이등공이 승차한 차가 통과하는 것이 언제인지 등을 묻지 않았습니까?

우 : 그것은 정거장에서 내려서가 아니라 열차 승강구에서 3,4십분 정차한다는 것을 듣고 끽다점에 들어갔소.

재 : 이등공이 승차한 특별열차의 통과시간을 묻지는 않았습니까?

우 : 묻지 않았소.

재 : 이런 모든 것을 묻는 일은 조(曺)가 했습니까?

우 : 물을 것이 있으면 안(安)이 조(曺)에게 말해서 물어보도록 하였지만 그런 적은 없었던 것 같소.

재 : 당신이 직접 조(曺)에게 통역을 부탁한 적은 없었습니까?

우 : 그런 적은 없었소.

하얼빈에 전보를 치다

재 : 그곳에 도착한 날 하얼빈에 전보를 쳤다는데, 그럴만한 무슨 일이 있었습니까?

우 : 일몰 후에 안(安)이 조(曺)에게 전보를 칠 수 있는지, 또 요금은 얼마나 되는지 등을 묻기에 무엇 때문이냐고 물었더니 용건이 있어 친다고 하기에, 나는 여비도 부족하니 그만두자고 했소. 그러나 그가 듣지 않기에 나는 그대로 가만히 있었소. 그 후에 전보를 쳤느냐고 물었더니 쳤다고 했소.

재 : 어떤 내용의 전보를 쳤습니까?

우 : 그것을 물었더니 지금 여기 있다는 내용으로 쳤다고 하였소.

재 : 전보는 누구 앞으로 쳤습니까?

우 : 김성백씨 댁으로 쳤다고 들었소.

재 : 회전(回電)은 왔습니까?

우 : 그것은 모르지만 그로부터 안(安)은 급히 하얼빈으로 가야겠다고 말했소.

재 : 전보는 당신 말처럼 저녁이 아니라 오후 2시경이 아니었습니까?

우 : 아직 해가 지지는 않았지만 도착한 것이 1시경이었고, 그리고 다방에서 차를 마신 다음이었으니까 아무래도 4시는 지나지 않았겠나 생각되오.

재 : 당신들의 목표인 이등공의 도착 시간을 아는 것이 가장 중요한 일이었으므로 어떤 방법과 수단을 써서 알려고 하였습니까?

우 : 그것이 목적이기 때문에 알고 싶은 것은 태산 같았지만 자칫 잘못하면 노출될 염려가 있어 물어볼 수 없었소.

재 : 전보를 친 것도 실은 이등공의 도착을 알기 위함이 아니었습니까?

우 : 어떤 생각에서 쳤는지는 몰라도 내 추측으로는 가족을 맞으러

왔다는 것을 역무원이나 김(金)에게도 느끼게 하기 위함이라
고 생각하고 있었소.

재 : 회신전보가 온 것을 몰랐다고는 하지만, 당신은 앞에서 전보
의 뜻을 잘 몰랐기 때문에 아마도 그가 돌아가려는 것으로 추
측하고 있었다고 말하지 않았습니까? 아니면 그때 안(安)이
회신은 왔지만 의미를 모르겠다고 말하지는 않았습니까?

우 : 그것은 모르오. 여비를 융통하여 온다고 하고 떠나간 안(安)
으로부터 들은 대로 말하는 것이오.

(때는 12시가 지났다. 20분에 재판장은 일단 폐정을 선고함)

오후(午後)에

재 : 당신은 채가구에서 친척을 맞으러 왔다고 말했다는데 그 친척
이 언제 온다고 하였습니까?

우 : 언제 온다는 말은 하지 않고 다만 본국에서 가족이 오기에 가
족을 맞으러 여기에 와 있다고 말했소.

재 : 몇 시경에 온다는 말은 하지 않았습니까?

우 : 며칠 날 온다고 하지는 않았고 상대방이 묻기에 본국에서 가
족이 오기 때문에 여기에 마중 왔다고만 말했소.

재 : 채가구라는 역은 작은 역이기 때문에 여인숙 같은 것은 없는
줄 아는데, 어떤 순서를 밟아서 어디서 쉬었습니까?

우 : 정거장의 아래층이 끽다점으로 되어 있어 그곳에서 쉬었소.

채가구(蔡家溝)에 남다

재 : 다음 날 안(安)은 채가구를 몇 시경 출발했습니까?

우 : 12시 기차로 출발했소.

재 : 12시까지 안(安)과 어떤 말을 했습니까?

우 : 별 말이 없었으나 다만 안(安)이 여비가 부족하니 본국에서라
면 어떻게 되겠지만 외국에 와서 가만히 있으면 비용도 들고
돈을 만들기도 힘드니, 일단 하얼빈에 가서 여비를 조달해 올
때까지 그대들은 여기서 기다리는 것이 좋겠다는 것이었소.

재 : 거기 머물러야 한다는데 대해서는 며칠쯤이라는 말은 없었습
니까?

우 : 며칠 동안 머물러야 한다는 것은 모르오. 신문에 의하면 12일
또는 13일 등 애매했기 때문에 혹 15일까지 기다리지 않으면
안 될지 또는 20일까지 기다려야 할는지도 모르기에 언제까
지라는 예정은 없었소.

독자결행(獨自決行)키로

재 : 그러면 적어도 12일 13일경에 통과하게 되었음에도 불구하고
안(安)의 부재중에 통과하게 된다면 어떻게 하겠다는 생각은
없었습니까?

우 : 신문에서 본 대로 12일 또는 13일이라면 나 혼자서라도 결행
하고자 했소.

재 : 그런 생각을 안(安)과 헤어질 때 안(安)에게 말한 적이 있습
니까?

우 : 안(安)이 여비조달 차 하얼빈에 돌아간 다음에 생각한 것이오.

재 : 도대체 안(安)이 갈 때 언제 돌아오겠다는 약속이 있었습니
까? 또 꼭 헤어져 있지 않으면 안 되었습니까?

우 : 안(安)은 그때 아무 말도 하지 않았지만 내 생각으로는 여비
만 구해진다면 그가 곧 돌아올 것으로 생각하고 있었소.

재 : 당신은 안(安)으로부터 들은 것이 있으므로 그렇기도 하겠지만, 조(曺)에게는 안(安)이 어떤 이유로 돌아간다고 말했습니까?

우 : 안(安)은 아무 말도 하지 않고 떠났으며 조(曺)도 같은 방에 있었기 때문에……

재 : 당신은 채가구에 있을 때 돈을 얼마나 가지고 있었습니까?

우 : 내가 전부터 가지고 있던 10원과 안(安)이 채가구를 떠날 때 식사대가 부족해서는 안 된다고 하면서 4원을 준 것을 합하여 14원 가량 가지고 있었소.

재 : 그 4원은 언제 받았습니까?

우 : 안(安)이 출발할 때 받았소.

재 : 안(安)이 출발한 것은 아홉시 경이 아니었습니까?

우 : 객차가 채가구를 통과하는 것은 하루 한번 12시에만 있기 때문에 그 시간 기차라고 기억하오.

재 : 안(安)이 출발한 다음 당신은 외출하였습니까?

우 : 별로 외출은 하지 않았소.

재 : 이등공작의 열차가 몇 시경 도착하는지 물어 본 적도 없습니까?

우 : 없었소.

우(禹)도 이등공을 몰라

재 : 당신은 안(安)이 없어도 이등공의 열차가 도착하면 혼자서라도 결행한다는 생각을 가지고 있었다고 하는데 도대체 이등공작의 용모나 풍채를 잘 알고 있었습니까?

우 : 얼굴은 한 번도 본 적이 없었소.

재 : 무엇인가 그림이나 사진 같은 것을 보고 알지는 않았습니까?

우 : 별로 그림이나 사진을 본 적이 없지만 보통 사람이 아니므로

복장도 다를 것이고 다수의 환영인사들도 있을 것이므로 분별
이 될 것이라고 생각하고 있었소.

재 : 안(安)이 출발한 것은 12일인데 그날 밤도 역시 역사에서 머
물렀습니까?

우 : 그곳에서 잤소.

암살의 준비

재 : 그날 밤은 아무것도 하지 않고 지냈습니까?

우 : 방안에 앉아 잡담으로 지냈소.

재 : 이등공작이 어느 날쯤 올 것이라는 것에 대하여 말한 적은 없
습니까?

우 : 별로 말한 적은 없지만 우리들이 묵고 있는 곳의 2층이 정거
장이고 아래층이 방이었기 때문에 저녁이 되자 2층에서 많은
사람들의 왕래하는 발소리가 들렸소. 그래서 내가 조(曹)에게
무슨 일이냐고 물었더니 조(曹)가 말하기를, 러시아 사람들이
하는 말을 들었더니 내일 아침 6시에 일본의 고관이 오기 때
문에 환영준비를 위하여 와 있는 사람들이라고 하였소.

재 : 그때는 몇 시쯤이었습니까?

우 : 12일 저녁때였소.

재 : 그보다 먼저 당신들 두 사람의 행동에 대하여 의심하는 사람
은 없었습니까?

우 : 그때까지 그런 일은 없었소. 우리들은 방안에만 있는 것이 너
무 지루해서 변소에도 가고 2층에도 갔지만 특별히 의심받는
일은 없었소.

재 : 당신이 조(曹)로부터 내일 오전 6시에 이등공작의 열차가 도
착한다는 것을 들었을 때 어떤 생각을 하였습니까?

우 : 내일 오전 6시에 도착한다면 나 혼자서라도 하지 않으면 안
된다는 각오를 가지고 있었소.

재 : 그 일을 위한 준비는 하지 않았습니까?

우 : 블라디보스톡 출발 때부터 준비해 두었기 때문에 새삼스럽게
준비할 필요는 없었소. 권총은 언제라도 주머니 속에 들어 있
기 때문에……

재 : 그날 밤도 다름없이 끽다점에서 쉬었습니까?

우 : 그렇소.

재 : 조(曺)와 함께 있었습니까?

우 : 그렇소.

재 : 그 방에 다른 사람은 없었습니까?

우 : 끽다점 밖은 차를 파는 곳이고 안쪽은 주인 가족이 자는 방이
오. 거기서 주인과 주인의 딸 2명과 나와 조(曺) 5명이 함께
잤소.

조도선(曺道先)과 우덕순(禹德淳)

재 : 혼자서라도 결행하기로 결심을 굳혔다면 조(曺)에게도 말 할
법한데 말하지는 않았습니까?

우 : 그와 같은 말은 하지 않았소. 조(曺)는 13년이나 러시아에 살
고 있었기 때문에 자칫 대사를 말하면 러시아인에게 누설될
수 있는 위험이 있기에 몹시 주의하였으며 그래서 말하지 않
았소.

재 : 그러나 당신이 검찰관의 취조를 받을 때 안(安)이 기차 안에
서 조(曺)에게 이등공을 암살한다는 말을 한 것으로 되어 있
는데, 그렇다면 조(曺)는 당신들 둘의 목적을 알고 있었던 것
이 아닙니까?

우 : 검찰관의 취조 당시 그렇게 말한 것은 당시 기차 안에서 조

(曺)에게 안(安)이 말하지나 않았나 하는 염려에서 안(安)에게 그 일에 대하여 물었더니 가만있으라고 했고, 나는 그가 어떤 의미로 그런 말을 하는지는 몰랐지만 안(安)은 그 말뿐이었소.

재 : 그렇다면 조도선에게 당신의 입으로는 이등공작을 암살하겠다는 것을 분명히 말한 적이 없습니까?

우 : 조(曺)에게 말한 적 없소.

재 : 안(安)으로부터 탄환을 받은 것은 역시 기차 안에서였다고 안(安)은 말하는데 어찌된 일입니까?

우 : 그렇지는 않소. 채가구(蔡家溝)에 도착하여 내게 어떤 총을 가지고 있느냐고 하기에 총을 보였더니 그것만으로는 부족할지도 모른다고 하면서 자기 것을 나누어 주기에 받아서 주머니에 넣어 두었소.

재 : 그것을 살펴보았습니까?

우 : 안(安)이 주는 것을 받아서 사람들이 볼세라 그대로 주머니에 넣었던 것을 다음 날 아침 러시아 헌병에게 포박되어 압수되었기 때문에 한 번도 본 일은 없소. 단지 나중에 검찰관의 취조 때 그에 관한 말을 들었소.

재 : 단지 탄환만을 받은 것이 아니라 당신의 총에 안(安)이 십자형(十字形)의 표식이 있는 탄환을 장전해 준 것은 아닙니까?

우 : 권총에 장전할 틈도 없었을 뿐만 아니라 사람들에게 들킬 염려 때문에 다만 안(安)이 건네줄 때 받아서 주머니에 넣었을 뿐이오.

재 : 당신이 갖고 있던 탄환에도 십자형의 흔적이 있는 것이 있었습니까?

우 : 내가 가지고 있던 것은 없었소.

채가구(蔡家溝)에서의 조사

재 : 당신이 채가구(蔡家溝)에서 포박된 다음 당신이 지니고 있던
탄환을 검사해 보았더니 십자형의 흔적이 있는 6개의 탄환과
보통 탄환 2개가 섞여 있었다고 하는데 그 이유는 무엇입
니까?

우 : 내가 끽다점에서 유리창으로 밖을 내다보고 있으려니 밖에서
러시아 헌병과 러시아 군인이 줄을 맞추어 나오기에 무슨 일
일까 하고 생각하고 있는데, 잠시 후 헌병 두 사람과 군인이
집에 들어와 무엇인가 말을 하고 있었소. 그러나 나는 러시아
어를 모르기 때문에 어떤 이야기를 하는지는 몰랐소. 그래서
무슨 일이냐고 물었더니 내 몸을 수색을 하겠다고 했소. 왜냐
고 물었더니 불문곡직하고 신체를 수색한다기에 몸수색을 받
았으며, 어떤 소지품을 가지고 있느냐고 하기에 권총을 가지
고 있다고 말하고, 주머니에서 장전되어 있던 탄환을 빼내어
안(安)에게서 받은 것과 같이 속주머니에 넣었소. 그랬더니
러시아의 관헌이 왜 장전된 탄환을 빼내느냐고 하는 것 같기
에(물론 나는 러시아어를 모르지만) 나는 일단 주머니 속에
들어있던 것을 꺼냈소. 그랬더니 러시아 헌병이 또 말하기를
일단 장전돼 있었던 것이니 장전하라고 하면서 러시아 군인
자신이 장전하여 압수하였기 때문이오. 때문에 러시아 군인이
장전한 탄환이 전부터 들어가 있었던 탄환인지 또는 안(安)으
로부터 받은 탄환인지는 나로서는 알 수 없소.

재 : 그런 위급한 경우에 왜 탄환을 빼냈습니까?

우 : 그것을 장전해 놓으면 러시아 군인이 압수하면서 실수로 방아
쇠에 손을 대어 발사될 위험이 있기 때문에 그렇게 한 것이오.

조(曹)와 둘이서 경력(經歷)이야기

재 : 하여튼 다음날 아침 이등공작의 열차가 도착하면 혼자서라도
결행코자 하는 생각으로 갔다고 하는데, 당신의 행동에 관하
여 무엇인가 변한 것은 없었습니까?

우 : 그날 밤은 조(曺)와 둘이서 고향을 떠난 후의 경험담을 이야
기하였소. 서로 러시아 땅에 와서 무슨 장사를 하였느냐는 둥
이제까지 각자 고생한 일 또는 세상 돌아가는 일 등을 말하다
가 잠어 들었소. 자리에 들 때 조(曺)로부터 내일 아침 6시경
에는 이등이 도착한다는 말을 들은 것이 있어 내일이야말로
나의 목적을 달성할 때라고 생각하면서 잤기 때문에 잠이 들
었나 싶자 곧 눈이 떠졌소.

그때 등불이 켜져 있어 맞은편을 보았더니 조(曺)가 눈을 뜨
고 주인과 무엇인가 말을 하고 있기에 무슨 말을 했는지 물어
보았더니 조(曺)가 말하기를 일본의 대관이 온다기에 주인이
구경 가려고 하나 러시아 군인이 못나가게 한다고 주인이 투
덜대고 있다고 하였소. 그래서 나는 혼자 생각하기를, '주인은
러시아 사람으로 러시아 군인들의 얼굴도 잘 알고 있는 처지
인데도 못나가게 한다면 우리 같은 타국인들은 도저히 나갈
수가 없겠구나'라고 생각되어 아무래도 부득불 단념할 수밖에
없다 생각하고 잠자리에 들었소. 그리고 아침 7시 경에 일어
나 차를 마시고 있다가 11시경이 되어 러시아 관헌에게 포박
되고 말았소.

부득이(不得已)하다고 단념하다

재 : 이등공의 열차가 도착하기 전에 눈을 뜨고 있지는 않았습
니까?

우 : 주인에게 그 말을 들었을 때 비로소 눈을 떴소.

재 : 그것은 언제쯤이었습니까?

우 : 아마 5시나 6시경이었을 것이오.

재 : 그렇다면 아침이군.

우 : 그렇소. 주인의 말을 듣고서 그렇다면 목적달성은 할 수 없다고 단념하고 있는데 조금 있다가 기차소리가 들렸소.

재 : 기차소리가 들릴 때는 자고 있었습니까?

우 : 자고 있지는 않았소.

재 : 그때 조(曹)는 어땠습니까?

우 : 조(曹)가 어땠는지는 나는 모르오.

재 : 당신은 어렵게 채가구(蔡家溝)까지 와서 소기의 목적을 달성하기에 그때가 천재일우의 기회라고 생각하지는 않았습니까?

우 : 그런 생각은 들었소. 그러나 집주인이 러시아 사람이며 러시아의 군인들과 친하게 지내는데도 불구하고 그 주인까지도 밖에 나갈 수 없다는데, 하물며 타국인(他國人)인 나는 불가능할 것으로 알고 단념하고 그대로 갔소.

재 : 그때 밖에 어느 정도의 병력이 있다고 알고 있었습니까?

우 : 나는 그전부터 외출을 하지 못하고 있었기 때문에 어느 정도의 병력이 경호하고 있었는지는 전혀 알지 못하오.

일본고관의 도착

재 : 당신은 외출을 시도한 적이 없었습니까?

우 : 별로 외출코자 한 적은 없지만 다음날 아침 집안에서 소변을 보았소.

재 : 그때 조도선(曹道先)이 이등공의 열차가 도착하는 것은 오전 5시라든가 무엇이라고 하면서 그 이외의 어떤 말을 한 적은 없습니까?

우 : 별로 그런 일은 없었다고 생각되오. 그 전날 밤의 일이지만 2
층 정거장에 너무나도 소란스럽고 시끄러운 소리가 나기에 왜
시끄러울까 생각은 했소. 그래서 왜 그러냐고 물었더니 오전
6시경 일본의 고관(高官)이 여기에 도착한다니까 환영을 위
하여 많은 사람들이 와 있는 것 같다는 말을 했을 뿐이오.

재 : 당신이 채가구(蔡家溝)에서 헌병에게 체포된 것은 몇 시경이
었습니까?

우 : 10시경으로 기억하고 있소. 그리고 12시 기차로 보내졌소.

재 : 이등공작이 하얼빈에 도착했을 때 한국인에게 저격당했다는
말 같은 것을 채가구(蔡家溝)에서 들은 적은 없습니까?

우 : 채가구(蔡家溝)에서 그런 말을 들은 적은 없었으나 내가 체포
되었을 당시 몸수색이나 휴대품 같은 것을 조사하기에 무엇
때문에 이러느냐고 조도선(曺道先)에게 물었소. 그가 러시아
군인이 한국 사람은 모두 체포한다고 대답하기에 나는 그럴
수는 없다고 말했을 정도이오. 그때 내 생각으로는 그러는 이
유가 내가 권총을 갖고 있기 때문일 것이라고 생각했을 뿐이
고, 다른 진상은 아무것도 몰랐소. 특히 체포되고 나서는 조
(曺)와 서로 헤어져 있었기에 조에게 물어볼 수도 없었소.

한국인은 전원 체포

재 : 당신은 러시아 헌병으로부터 한국인이 하얼빈에서 이등공작을
살해했다는 말을 듣고 우리들은 목적이 같았기 때문에 살해한
것은 전적으로 내 동지라고 말했다는데 그런 일이 있습니까?

우 : 그런 말은 한 적 없소. 채가구(蔡家溝)로부터 하얼빈으로 호송
될 때 내 주소, 성명 등을 조사 받았을 뿐 채가구(蔡家溝)에서
는 아무 말도 듣지 못했소. 다만 발포한 사람이 한국인이기

때문에 한국인 모두를 체포한다는 말을 듣기는 했으나 그것은 무법한 일이므로 있을 수 없다고 말했을 뿐이오. 나는 다만 권총을 가지고 있었기 때문에 체포되었을 것이라고만 생각했소.

재 : 당신이 체포되었을 당시 조도선(曹道先)이 당신에게 어떤 말을 했습니까?

우 : 아무 말도 하지 않았소. 왜냐하면 체포되고 나서 왜 체포되었느냐고 물어보는 것은 쓸데없는 짓이라고 생각되기 때문이오.

재 : 조(曹)가 당신에게 무슨 말을 하지 않았습니까?

우 : 아무 말도 하지 않았소. 체포되고부터는 각자 다른 곳에 격리되었기 때문에 모르오.

국민으로서의 의거(義擧)

재 : 어제 안중근의 말에 의하면 이와 같은 일을 행한 것은 전적으로 의병으로서 행하였다고 하는데 당신은 의병과 어떤 관계를 갖고 있습니까?

우 : 그것은 안중근은 의병으로서 실행했으며 의병은 한국 입장에서는 의군(義軍)이오. 그러나 나는 단지 일개 국민으로서 행하고자 하였을 따름이오. 의병이기 때문에 행하여야 하고 의병이 아니면 안 된다는 법은 없을 것이오.

재 : 안(安)의 말에 의하면 안(安)은 의병 중에서 어떤 직책을 갖고 있다고 하는데, 당신은 안(安)이 가지고 있는 직책의 명령에 동의한 것은 아닙니까?

우 : 결코 그런 것은 아니오. 나는 안(安)으로부터 명령을 받을 의무도 없으며, 또 명령을 받을 의무가 있다고 하여도 이런 일은 명령으로 되는 것이 아니오. 나는 마음속으로부터 행하고자 하였을 뿐이오.

수금원(收金員)을 1개월(一個月)

재 : 당신은 블라디보스톡에서 연초상(煙草商)을 했다고 하는데,
  그밖에 신문사의 수금원 같은 일을 한 사실은 없습니까?

우 : 수금원 노릇을 했소. 5주간(五週間) 정도 했소.

재 : 급료를 받고 했습니까?

우 : 10원의 월급을 받고 있었소.

재 : 언제 그만두었습니까?

우 : 음력 7월 15일경부터 8월 17일까지 하고 있었으나 그때 월급
  이라고 겨우 10원을 주기에 당시 나로서는 생각을 달리할 수
  밖에 없었소. 10원 정도의 월급은 자신의 식비도 안 되는 것
  이오. 오히려 명예직으로 종사하면 모르겠지만 하여튼 월급을
  받는다면 10원으로는 부족하기 때문에 그만두었소.

재 : 그 다음 당신이 블라디보스톡을 떠날 때 숙소에 어떤 소지품
  을 놓고 왔습니까?

우 : 별로 짐이 될 만한 것은 남겨두지 않았소.

재 : 철공(鐵工)에 쓰일 어떤 도구 같은 것을 놓고 오지는 않았습
  니까?

우 : 별로 그런 물건을 놓고 온 기억은 없으나 단지 담배를 팔고 있
  었기 때문에 거기에 관계되는 도구와 침구는 놓고 왔소.

이석산(李錫山)을 모름

재 : 당신은 블라디보스톡을 내왕하는 이석산(李錫山)이란 자를 압
  니까?

우 : 모르오.

재 : 어제 당신도 들었겠지만 안(安)은 이석산(李錫山)이란 사람에

게 백 원의 돈을 빌렸다고 합니다. 이에 대해 당신은 모릅니까?

우 : 그러한 사정은 전혀 모르오. 다만 여비가 있느냐고 물었더니 충분하다고만 하기에 그렇게 알았을 뿐, 누구에게 꾸었는지 혹은 얻었는지에 대해서는 전혀 모르오.

재 : 그렇다면 이석산(李錫山)과는 전혀 모릅니까?

우 : 전혀 모르오.

(여기서 재판장은 우덕순의 심문은 끝났다고 선언하고 조도선의 심문으로 돌아감)

조도선(曹道先)의 진술

재 : 당신이 한국을 떠나온 것은 언제쯤입니까?

조 : 15년 전에 나왔소.

재 : 그 이후에 어디에서 살았습니까?

조 : 집을 떠나 러시아의 추푼(추푼을 비롯한 여기 나오는 지명들은 전부 러시아 령임)이라는 곳에 갔소.

재 : 그 곳에서 몇 해나 살았습니까?

조 : 추푼에 거주하는 한국인 박운호(朴運鎬)라는 사람에게 고용되어 80원의 월급으로 2년 정도 농업을 하고 있었소.

재 : 그 다음에는?

조 : 추푼이라는 곳에 2년 있다가 그 다음 봄에 미까레이라는 곳의 금광으로 가서 러시아인의 밑에서 일했소.

재 : 그곳에서는 몇 년이나 있었습니까?

조 : 그곳에서 4년 정도 있었으며, 음력 정월 거기를 떠나 프가로이슨스키라는 곳에 가서 포세이라는 금광에서 통역으로 고용되어 9월까지 있었소. 그곳에서 돈을 좀 모았으므로 고향에

가고자 다시 프가로이슨스키라는 곳까지 와서 거기에 잠시 있
었소.

재 : 그리고 그 후는?

조 : 거기서 또 통역을 해서 돈이 1,000원 가량 모였기에 그것을
가지고 고향에 가고자 생각하고 있었는데, 어떤 러시아인이
말하기를 대단히 출세했다 어쨌다 하며 그만한 돈이 있으면
스데렌그키에 가면 장사가 잘 되니 가서 장사라도 하자고 해
서 마침내 동의하여 모스크바 부근을 관광하였소. 그 사이에
저축하였던 1,000원은 다 써버리고 다시 우스마레스키라는
큰 금광이 있는 곳에 고용되어 갔소. 몇 년경인지 기억은 못
하지만 일로전쟁(日露戰爭)이 일어났던 때라고 생각하오.

재 : 그리고 그 후는?

조 : 우스마레스키 금광에서 같은 해 9월경까지 있었으며, 그 다음
은 가루바츠스키라는 금광으로 옮겨가서 거기에 3년간 있었
소. 그러다가 그 후 금광은 그만두고 일크스크에 가서 세탁업
을 하였소.

재 : 그 다음은?

조 : 일크스크에서 세탁업을 1년간쯤 하고 있는데 한 러시아 사람
이 포데이바라는 금광에서 대단히 많은 급료를 준다고 하면서
그곳에 함께 가자고 하기에 세탁업을 그만두고 도구를 팔아
치우고 그곳에 갔소.

재 : 그 다음은?

조 : 포데이바에 1년 정도 있었고 그 후 야크치크에 가서 세탁업을
시작하였으며, 5,6개월 후 우라스니야에 1년가량 있다가 금년
3월쯤에 일크스크에 갔소.

조(曹) 하얼빈에 오다

재 : 하얼빈에 온 것은 언제입니까?

조 : 일크스크에서 블라디보스톡으로 가서 그 다음으로 하얼빈에 왔소.

재 : 블라디보스톡에는 몇 달이나 있었습니까?

조 : 2,3개월 있었소.

재 : 무엇을 했습니까?

조 : 블라디보스톡에서는 맡도루나루라는 곳에서 산을 잘라 도로를 만드는 공사가 있어 80명 가량의 인부를 사용하는데 그곳에서 통역 일에 종사하였소.

재 : 블라디보스톡을 떠난 것은 언제입니까?

조 : 7월 초순 출발했소.

재 : 하얼빈에 온 것은 언제입니까?

조 : 8월에 왔소.

재 : 하얼빈에 와서는 어떤 일을 할 예정이었습니까?

조 : 하얼빈에 온 것은 일크스크에 돌아가기 위하여 들른 것이지만 여비가 한 푼도 없었소. 그래서 처에게 20원 가량 송금을 해 달라고 하였더니 보내준 돈이 15원이었소. 그러나 앞서 빌려 쓴 돈이 있어 그것을 먼저 갚고 나니 여비가 또 부족하여 김성백(金成白)씨 댁에 가서(이전부터 잘 아는 사람이기에) 어려운 사정을 말했더니, 그렇다면 돈이 생길 때까지 염려 말고 언제까지라도 있으라고 말하였소. 그래서 당시 그곳에 머물고 있었소.

재 : 하얼빈에서는 어떤 장사라도 하지 않았습니까?

조 : 세탁업이라도 해야겠다는 생각을 가지고 있었소.

조(曺)의 가족

재 : 처는 어느 지방 사람이며 언제 결혼했습니까?

조 : 러시아 사람이며 결혼한지는 4년이 되오.

재 : 이름은 무엇이며, 나이는 몇입니까?

조 : 24살로서 모제라고 하오.

재 : 부인을 일크스크에 두고 온 것은 언제입니까?

조 : 금년 3월에 헤어졌소.

재 : 자식은 없었습니까?

조 : 아이들은 없소.

재 : 양친은 생존해 있습니까?

조 : 8월에 하얼빈에 와서 고향에 편지를 보냈지만 회답을 받지 못
한 채 체포되어서 그분들 생사를 모르오.

재 : 양친은 어디에 살고 있었습니까?

조 : 함경남도 홍원군 경포면(咸鏡南道 洪原郡 景浦面).

재 : 이름은 무엇입니까?

조 : 석화(錫華)라고 하며, 연세는 자세히 모르지만 60세 이상이라
고 생각되오.

재 : 직업은?

조 : 농업을 하고 있었소.

조도선(曺道先)의 교육

재 : 당신은 한글을 공부한 적이 있습니까?

조 : 한글은 배운 적 없소.

재 : 쓴 것을 조금은 읽을 수 있습니까?

조 : 러시아에 와서부터 금광에 종사하고 있는 한국 사람들로부터

언문은 배웠지만 한자(漢字)는 모르오.

재 : 당신은 러시아에 오랫동안 있었던 모양인데 러시아어를 충분
    히 이해합니까?

조 : 러시아어는 대개 알고 있소.

재 : 러시아 문자는 알고 있습니까?

조 : 글자는 모르오.

재 : 전혀 모릅니까, 아니면 조금은 알고 있습니까?

조 : 전혀 모르오.

재 : 손으로 쓴 글자는 읽을 수 없어도 활자는 읽습니까?

조 : 글자는 전연 모르오.

재 : 당신의 아내가 러시아사람인데 글자를 모른다면 편지 왕래도
    곤란한 텐데?

조 : 편지가 오면 러시아 사람에게 보아달라고 하오.

중근(重根)과 도선(道先)

재 : 구력(舊曆) 9월 10일 당신의 집에 안(安)과 우(禹) 두 사람이
    찾아온 적이 있습니까?

조 : 그날 마침 내가 외출하고 돌아와 보니 안(安)이라는 사람과
    우(禹)라는 사람과 또 다른 사람이 와서 내 귀가를 기다리고
    있었소. 그들에게 어디서 왔느냐고 물었더니 블라디보스톡에
    서 왔다고 하였소.

재 : 안(安)이나 우(禹)는 당신과 처음 만났습니까?

조 : 우(禹)라는 사람은 처음이며, 안(安)은 포브라니치나야에서
    잠깐 만나서 같은 한국 사람이라는 것 때문에 인사를 나눈 적
    이 있소.

재 : 그것은 언제쯤입니까?

조 : 금년 7월경이라고 기억하고 있소.

재 : 안(安)이 당신을 찾아온 용무에 대하여 어떤 말을 했습니까?

조 : 돌아와 보니 그들이 와 있었소. 그래서 어디에서 왔느냐고 물었더니 블라디보스톡에서 왔다고 했소. 무엇 때문에 왔느냐고 물어 보았더니 자기 가족이 오기 때문에 마중하려고 왔다고 하기에 그것은 대단히 기쁜 일이라고 인사말을 했소.

조(曹)와 정(鄭)과의 관계

재 : 그때 안(安)이 정대호(鄭大鎬)라는 사람이 자기 가족을 데리고 온다고 하지 않았습니까?

조 : 그런 말을 했소.

재 : 정대호(鄭大鎬)라는 사람은 당신과 잘 아는 사이입니까? 또는 신세를 진 적이 있습니까?

조 : 별로 신세를 진적은 없지만 전부터 알고 있었소. 정대호(鄭大鎬)를 만나서 "나도 여기서 세탁업을 개업할 생각인데 자본이 없어 곤란하니 편리를 좀 보아줄 수는 없겠느냐?'고 했더니 지금 당장 대답할 수는 없지만 가능하면 있는 대로 도와주겠다고 말했었소.

재 : 안중근(安重根)이 가족을 맞으러 간다고 하면서 같이 가 달라고 부탁받았을 때 같은 나라 사람이라는 교분 때문에 허락하였습니까?

조 : 그렇소. 그리고 나는 정대호(鄭大鎬)에게 신세를 져야할 형편이기에 같이 가자고 말하였소.

재 : 그때 우덕순(禹德淳)이 당신에게 남쪽으로 마중 가 달라고 부탁한 적은 없습니까?

조 : 우덕순(禹德淳)은 전혀 모르는 사람이므로 아무 말도 하지 않았소.

재 : 당시 언제쯤 하얼빈을 출발하자고 하였습니까?

조 : 다음날 아침 출발한다는 것이었소.

재 : 그 말을 승낙하고 세 사람이 같이 안중근(安重根)의 숙소(宿
所)인 김성백(金成白)의 집에 갔다고 하는데 사실입니까?

조 : 그렇소. 안중근(安重根)의 말이 아침 일찍들 일어나느냐고 묻
기에 늦게 일어난다고 말하였소. 그러자 그는 내일은 아침 일
찍 가지 않으면 안 되기 때문에 자기 숙소에 같이 가서 자야
되지 않겠느냐고 하기에 같이 잤소.

재 : 김성백(金成白)의 집에 도착한 것은 몇 시경이었습니까?

조 : 몇 시경이었는지 잘 기억나지 않소.

재 : 특별히 도중에서 사진을 찍은 일은 없었습니까?

조 : 없었소.

권총은 호신용

재 : 당신은 김성백(金成白)의 집에 갈 때 권총을 휴대하고 갔다고
하는데 어떤 까닭입니까?

조 : 권총은 포데이바라는 금광에 있을 때 호신용으로 산 것으로
그로부터 지금까지 지니고 있었기 때문에 이번에도 그대로 가
지고 갔을 뿐 특별히 가지고 간 것은 아니오.

재 : 김성백(金成白)의 집에 도착하여 우덕순(禹德淳)과 안중근(安
重根)이 어떤 말을 했습니까?

조 : 김성백(金成白)의 집에 가서 저녁을 먹고 밤이 깊었으므로 그
대로 잤소.

재 : 우덕순(禹德淳)과 안중근(安重根)이 그날 밤 편지를 쓰지 않
았습니까?

조 : 나는 그것은 모르겠소.

재 : 다음날 아침 하얼빈을 출발할 때 유동하(劉東夏)가 정거장까
지 전송하고 왔다고 하는데, 어떻습니까?

조 : 같이 왔었소.

재 : 정거장에 도착하였을 때나 도착 후에 안중근(安重根)이나 우덕순(禹德淳)이 유동하(劉東夏)에게 편지 발송을 부탁하는 것을 보았습니까?

조 : 보지 못했소.

재 : 정거장에서 차표는 당신이 샀습니까?

조 : 내가 사지 않았소. 안응칠(安應七)이 가져와서 나에게 전해 주었소.

재 : 어디까지 가는 차표였습니까?

조 : 어디까지 가는 차표인지 나는 몰랐소. 러시아 사람에게 물어보았더니 채가구(蔡家溝)라는 정거장의 다음 정거장이라고 설명해 주었소.

채가구(蔡家溝)에서 하차(下車)

재 : 당신은 안중근(安重根)이 관성자(寬城子)까지 가자고 해 놓고 그가 왜 이런 차표를 샀는지 묻지 않았습니까?

조 : 처음에는 그 말이었지만 관성자(寬城子)라는 곳이 어떤 곳인지 나는 몰랐고, 안중근(安重根)이 어디까지 갈 작정인지 그것도 몰랐기 때문에 가만히 있었소.

재 : 그 차표는 삼협하(三狹河)라는 곳까지인데 채가구(蔡家溝)에서 내린 것이 사실입니까?

조 : 그렇소.

재 : 어찌하여 차표에 기록된 곳까지 가지 않고 그곳에서 내렸습니까?

조 : 그것은 이러한 사정이 있었소. 안중근(安重根)이 말하기를 "12시의 우편기차가 어디서 교차합니까? 만약 가족과 길이 어긋나면 이렇게 어렵게 온 것이 쓸데없이 되기 때문에 교차하

는 정거장을 물어보시오"라고 하기에 내가 물어 봤소. 그랬더니 채가구(蔡家溝)라고 하기에 그곳에서 내렸소.

이등공(伊藤公)의 내유(來遊)를 알다

재 : 그보다 먼저 기차 안에서 안중근(安重根)이 당신에게 이번 가족을 맞으러 간다고 한 것이 실은 이등공작이 타고 오는 열차를 대기하고 있는 것이라는 말을 한 일은 없습니까?

조 : 그런 말은 들은 적이 없소. 만약 그런 말을 들었다면 기차에서 내려 되돌아갔을 것이오.

재 : 채가구(蔡家溝)에 도착하여 이등공작이 타고 있는 특별열차가 언제쯤 통과하는지 물어봐 달라는 부탁을 받은 적은 없습니까?

조 : 그런 부탁을 받은 일은 없소.

재 : 당신이 이등공작이 만주 순유(巡遊)한다는 것을 신문 또는 사람들의 소문에 의하여 처음 들은 것은 언제쯤이었습니까?

조 : 그 일은 전혀 몰랐소. 신문은 읽을 수 없었으며, 또 소문도 못 들었소. 채가구(蔡家溝)에 와서 거기 대한 것을 들은 것이 12일 밤이라고 생각되오. 2층이 정거장으로 되어 있는데 2층이 떠들썩하여 왜 그러느냐고 러시아인에게 물었더니 일본에서 고관이 오기 때문이라는 것을 그때 처음 들었소.

이등도착 당일(伊藤到着當日)

재 : 그런 말을 들었을 때 우덕순에게 말했습니까?

조 : 12일 밤에 그 말을 했소. 13일 아침 변소에 가야하겠기에 밖

에 나가려고 문을 열려고 하였으나 자물쇠가 잠겨 있어서 주인을 깨워 열어 달라고 했소. 문을 열어주어 밖에 나가보니 러시아 군인들이 길게 늘어서 있었는데, 그 중 한 군인이 무엇 때문에 나왔느냐고 묻기에 변소에 간다고 했더니 변소에는 갈 수 없으니 방안에서 해결하라고 했소. 되돌아와서 주인에게 그 말을 했더니 주인이 부엌 출입문을 가리키면서 저곳에 세면기가 있고 그 세면기 아래 물을 버리는 곳이 있으니 그곳에서 볼 일을 보라고 하기에 부엌문 쪽으로 가서 그릇에 용변을 마치고 내 방에 들어와서 조금 전에 이런 저런 일들이 있었다고 우덕순(禹德淳)에게 말했소.

재 : 당신이 다음날 일본의 고관이 온다는 것을 우(禹)에게 말했을 때 우(禹)의 행동에 이상한 점은 없었습니까?

조 : 별로 그런 일은 없었소.

재 : 그러면 그 말을 한 후에 우의 거동에 이상하게 느낄만한 일이 없었습니까?

조 : 별로 그런 일은 없었소. 13일 아침 내가 용변을 마치고 와서 우(禹)에게 그런 말을 했더니 우(禹)도 변소에 가고 싶으니 주인에게 부탁해 달라고 하기에 내가 통역을 해 주었을 뿐 그 외에는 아무 일도 없었소.

잠 속에 이등 통과

재 : 그때가 이등공작이 탄 열차가 통과한 후였습니까, 아니면 통과 전이었습니까?

조 : 7, 8시경이어서 이미 기차는 통과한 후였다고 기억하오.

재 : 기차가 통과할 때 당신들은 자고 있었습니까?

조 : 오전 6시에 통과한다는 것만 들었소. 그리고 언제 통과했는지는 나도 모르오.

재 : 그날 밤 그렇게 군인들의 경호가 엄중하다는 말을 했을 때 우
(禹)가 어떻게든지 밖에 나가고자 했습니까? 아니면 밖에 나
갈 방법이 없겠느냐는 등의 말을 한 적은 없습니까?

조 : 그런 말은 한 적이 없소.

재 : 당신이 러시아 군인에게 체포된 것은 몇 시경이었습니까?

조 : 11시 넘어서이오. 체포되고 조금 있으려니까 12시 기차가 지
나가므로 그 기차로 우리는 호송되었소.

조(曹) 포박되다

재 : 채가구(蔡家溝)를 떠날 때까지 러시아 사람들로부터 이등공이
하얼빈에서 저격당했다는 말은 들은 적 없습니까?

조 : 그 일은 채가구(蔡家溝)의 정거장에서 들었소. 우(禹)가 처음
에 체포되고 난 후 나 역시 몸수색을 받게 되어 권총을 내어
주었더니 나를 체포한다고 했소. 그래서 무엇 때문에 체포하
느냐, 나는 체포될 이유가 없다고 했더니 러시아 군인들이 말
하기를 "오늘 아침 하얼빈의 정거장에서 한국인이 일본 대신
을 살해하였는데, 그 살해한 자는 안(安)이라는 사람이고 당
신도 이 정거장까지 그 남자와 같이 왔다고 하기 때문에 체포
하는 것이다"라고 하면서 포박했소.
그때 우(禹)가 나에게 러시아 군인이 무엇이라고 말했느냐고
묻기에 한국말로 말하려 하니까 한국말은 안 된다며 러시아어
로서 말하라고 하였지만, 우(禹)는 러시아어를 모르기 때문에
말을 할 수 없었소. 또 그 이후는 러시아 군인이 엄중히 경계
하고 있었기 때문에 같이 있어도 말을 할 수 없었을 뿐만 아
니라 우(禹)와 분리되어 더욱 말을 할 수 없었소.

재 : 그것은 러시아 사람이 말한 것이 아니라 당신이 하얼빈에서

이등공작을 살해한 것은 자신의 친구인데 우리들도 같은 목적
으로 와 있었다고 말하지 않았습니까?

조 : 그것은 추측해 보면 알 줄로 생각되오. 나는 아무것도 알지 못
했으며, 또 설사 알았다고 해도 내가 무슨 필요가 있어서 러
시아 군인에게 그런 목적으로 와 있다는 말을 했겠소?

전보의 내용

재 : 당신은 안(安)의 부탁으로 채가구(蔡家溝)에서 전보를 쳤다고
했는데 어떤 내용의 전보인지 알고 있었습니까?

조 : 전보는 쳤소. 안(安)으로부터 통역을 부탁 받아서 '우리들은
지금 여기에 도착했다'라는 내용의 전보를 번역하여 쳐서 하
얼빈의 김성백(金成白) 방에 있는 유동하(劉東夏) 앞으로 보
내달라고 하기에 그대로 했소.

재 : 무엇 때문에 도착하는 즉시 그런 전보를 유동하(劉東夏)에게
보내지 않으면 안 되는지 하는 이유를 안(安)에게 묻지는 않
았습니까?

조 : 아무 말도 안했소. 내 생각으로는 안이 유동하(劉東夏)에게 전
보를 치는 것은 유동하(劉東夏)도 같이 왔으며, 또 가족을 마
중하러 나왔기 때문에 자신이 어디까지 와 있는지를 유동하
(劉東夏)에게 안심시키기 위하여 연락하는 것이라고 생각
했소.

재 : 그 전보에 대한 회답이 왔습니까?

조 : 그날 밤에 왔소.

재 : 어떤 내용의 전보였습니까?

조 : 그 전보의 내용이 러시아 글이어서 충분히 해독할 수 없어 러
시아인에게 물어 보았더니 '내일 아침 도착한다'는 내용이어
서, 이것은 잘못된 전보가 아니냐고 안(安)에게 말하였더니

안(安)이 말하기를, 그것은 정대호(鄭大鎬)가 블라디보스톡으로부터 내일 아침 도착한다는 전보라고 했소. 때문에 나는 그런 줄로만 알고 있었소.

그리고 다음날 아침 안응칠(安應七)이 하얼빈에 가면서 여비가 부족하므로 그것을 조달하러 갔다 올 것이니, 당신들이 여기서 가족이 오는 것을 기다리는 것이 좋겠다고 하였소.

재 : 안(安)이 출발할 때 가족이 몇 시경 그 곳을 통과한다고 하였습니까?

조 : 12시 기차로 올 것이니 당신들은 가족과 같이 돌아오라고 하였소.

재 : 그렇다면 안(安)이 떠날 때 다음날 12시까지 되돌아올 계획이었습니까?

조 : 나는 거기에 대하여 아무런 말도 들은 것 없소.

재 : 안(安)이 떠날 때 얼마간의 돈이라도 주고 갔습니까?

조 : 나에게는 주지 않았지만 우(禹)에게 얼마간의 돈을 주는 것을 보았소.

재 : 12시까지 있든지 아니면 다른 곳에서 2,3일 체류할 비용이라면 굳이 하얼빈까지 가서 여비를 조달할 필요는 없을 것 같은데 그것은 어떤 이유입니까?

조 : 그것은 나는 모르는 일이오.

재 : 전보를 친 것은 그와 같은 의미가 아니라 실은 채가구(蔡家溝)에 온 것은 이등공작의 열차 도착을 기다려 살해하기 위한 것이라는 것을 당신에게 말했다고, 당신이 검찰관의 취조 시에 말했다고 하는데, 오늘의 대답과는 다르니 어떻게 된 것입니까?

조 : 그런 말을 했는지 나는 기억나지 않소.

재 : 그렇다면 오늘의 진술이 사실이라는 말입니까?

조 : 그렇소.

재 : 유동하(劉東夏)로부터 내일 도착한다는 전보가 온 것은 이등

공작이 내일 도착한다는 의미로 타전된 것으로써, 그것을 안
(安)이 알고 출발한 것이 아닙니까?

조 : 나는 그런 것은 아무것도 모르오. 내일 아침 도착한다는 전보
가 온 것은 11일 밤인데, 나는 안(安)이 말한 대로 정대호(鄭
大鎬)가 블라디보스톡으로부터 오기 때문에 그를 맞으러 안
(安)이 간 것이라고 믿고 있었소.

재 : 만약 그렇다면 당신들이 남아 있게 된 이유를 모르게 되지 않
습니까?

조 : 그래서 실은 나도 안(安)에게 가족이 블라디보스톡에서 옵니
까 하고 물었는데, 안(安)은 단지 평양에서 온다고 대답했소.
때문에 나도 충분한 판단을 할 수가 없었소.

재 : 당신이 길 안내를 부탁받은 것에 대해 안(安)으로부터 보수라
도 받기로 약속되어 있었습니까?

조 : 결코 그런 일은 없었소. 실은 나도 김성백(金成白)의 집에서
놀고 있었고, 또 처가 일간 온다고 하였기에 처가 오면 세탁
업이라도 할 생각이었던 차에, 다행히 안(安)이 정대호(鄭大
鎬)가 자기 가족을 데리고 온다면서 다른 볼 일이 없으면 같
이 가자고 하여, 정대호(鄭大鎬)에게는 어차피 신세를 져야할
생각이 있어서 같이 가자고 한 것뿐 보수 같은 것은 약속한
것 없소.

재 : 그러면 안(安)으로부터 금품을 받은 적이 없습니까?

조 : 없소.

재 : 당신에 대한 심문은 이것으로 마칩니다. 오늘은 이것으로 폐
정(閉廷)하고, 내일 오전 9시부터 개정합니다.

(때는 오후 4시 30분)

3일차 공판

9일 오전 9시 50분 개정. 재판장은 유동하(劉東夏)에 대한 사실 취조를 개시함(關東都督府 囑託 統監府 通譯生 園木末喜 通譯)

유동하(劉東夏)의 진술

유(劉)의 이력
재 : 당신이 출생한 곳은 어디입니까?
유 : 함경남도 원산(元山)이오.
재 : 몇 살 때 집을 떠났습니까?
유 : 열 살 때이오.
재 : 양친과 같이?
유 : 어머니와 둘이 갔소.
재 : 어디로 갔습니까?
유 : 소완구니[小王嶺]에 갔소.
재 : 아버지는 그곳에 있습니까?
유 : 그곳에 계시오.
재 : 아버지는 그곳에서 무엇을 하고 계십니까?
유 : 약방을 하고 계시오.
재 : 소완구니에는 언제까지 있었습니까?
유 : 소완구니에 도착하여 얼마 안 되서 포브라니치아로 갔소.
재 : 소완구니와 포브라니치아에는 한국 사람들이 몇 명이나 살고 있습니까?
유 : 소완구니는 모르겠지만 포브라니치아에는 20명 정도 있소.
재 : 그 사람들은 무엇을 하고 있습니까?
유 : 담배장사나 세탁소 등 여러 가지를 하고 있지만 상세한 것은

<u>모르오.</u>

재 : 20명 정도의 한국인 중에서 아버지는 유력한 사람입니까?

유 : 그렇지 않소.

교육과 신앙

재 : 무엇인가 교육받은 적이 있습니까?

유 : 포브라니치나야에 가서 아버지에게서 배웠소.

재 : 무엇을 배웠습니까?

유 : 마사무타무(교과서의 일종인 듯함)라고 하는 책을 배웠소.

재 : 러시아 학교는 없었습니까?

유 : 없었소.

재 : 당신은 예수교를 믿습니까?

유 : 종교는 안 믿소.

재 : 언제 처를 맞이하였습니까?

유 : 16세 때 맞았소.

재 : 자식은 있습니까?

유 : 없소.

재 : 앞서 조사 때에 유강로(劉江露)라고 하였고, 그 밖에 유동하 (劉東夏)라고도 하는데 어느 것이 진짜입니까?

유 : 유강로(劉江露)는 가명이오.

재 : 왜 가명을 썼습니까?

유 : 하얼빈에서 체포당할 때 거짓말을 한 것이오.

안(安)과 우(禹)와 관계

재 : 안(安)과 우(禹)를 알고 있었습니까?

유 : 안(安)은 전부터 알고 있었소. 그러나 우(禹)는 이번이 처음
이오.

재 : 안(安)과는 어디서 처음 알게 되었습니까?

유 : 포브라니치나야에서.

재 : 어떻게 알게 되었습니까?

유 : 안(安)이 포브라니치나야에 왔을 때 우리 집에도 찾아왔었기
때문에 그때 만났소.

재 : 언제쯤입니까?

유 : 작년 음력 4월경으로 기억하고 있소.

재 : 안(安)이 무엇을 하고 있는지 알고 있었습니까?

유 : 그런 말은 일체 하지 않았소.

재 : 어떤 사람이라고 생각했습니까?

유 : 보통 사람이라고 생각하였소.

재 : 음력 9월 9일 안(安)이 당신의 집에 갔다고 하는데, 그렇습
니까?

유 : 8일 밤이오.

재 : 안(安)이 와서 무슨 말을 했습니까?

유 : 나의 아버지를 만나서 하얼빈에 물건을 사러 가야하는데 러시
아 말을 모르기 때문에 나와 같이 가게 해줄 수 없겠느냐고
부탁하였소. 아버지는 나를 약을 사러 보내고자 하던 차였으
나 어리기 때문에 걱정하고 있던 터라 마침 다행이라 여겨 같
이 가라고 하여 가게 되었소.

하얼빈으로 출발

재 : 언제 떠났습니까?

유 : 오후 9시경으로 기억하오.

재 : 아버지로부터 돈을 받았습니까?

유 : 35원 받았소.

재 : 기차를 탔을 때 우(禹)라는 자가 있었습니까?

유 : 있었지만 그때는 우(禹)라는 사람이라는 것을 몰랐소.

재 : 안(安)이 당신에게 동행자라고 하지는 않았습니까?

유 : 그런 말은 하지 않았소.

재 : 기차 안에서 안(安)은 블라디보스톡으로부터 하얼빈에 가는
   용무를 말하지 않았습니까?

유 : 기차 안에서 정대호(鄭大鎬)의 가족과 함께 자기 가족도 오기
   때문에 그들을 맞을 겸 물건을 사러 간다고 했소.

재 : 어떤 물건을 사러간다고 했습니까?

유 : 무엇인지 말은 하지 않았소.

재 : 권총을 사러 간다고 하지는 않았습니까?

유 : 그런 말 못 들었소.

재 : 하얼빈에 가면 어떤 곳에 묵는다고는 하지 않았습니까?

유 : 아무 말도 하지 않았소.

재 : 하얼빈에 도착한 것은 몇 시경입니까?

유 : 몇 시경인지는 기억하지 못해도 저녁이었소.

재 : 하얼빈에 가서 어떤 곳에 기숙한다고 말하지 않습니까?

유 : 아무 말 없었소.

하얼빈의 안중근

재 : 바로 숙소로 갔습니까?

유 : 도착하기 전에 안(安)이 아는 사람이 없으니 내게 아는 곳이 없느냐고 하기에 김성백(金成白)이 나의 사돈(원문에는 유동하가 김성백을 妹婿라고 하나 사돈이라는 것이 옳을 것 같음. 안중근 의사 자서전에 의하면 유동하의 누이동생이 김성백의 네 번째 아우 알렉산드르의 약혼녀로 되어있음)이라고 하였더니 그곳에 안내해 달라고 하여 같이 갔소.

재 : 그날 밤 김(金)은 집에 있었습니까?

유 : 있지 않았소.

재 : 없으면 누구보고 말하였습니까?

유 : 김(金)의 처를 내가 알고 있기에 처에게 말하여 김(金)을 불러달라고 했소.

재 : 다음 날 어디라도 다녔습니까?

유 : 구경하러 나간 적이 있소.

재 : 안(安)이 어떤 물건을 살터이니 어디로 안내해 달라고 하지는 않았습니까?

유 : 듣지 못했소.

재 : 도중에 사진을 찍었습니까?

유 : 9일 날 하얼빈에 도착하여 10일 아침 이발하고 돌아오는 도중에 찍었소.

재 : 누가 찍자고 하였습니까?

유 : 전혀 기억나지 않소.

재 : 도중에 안(安)은 지금부터 남쪽으로 가겠다고 말하지는 않았습니까?

유 : 거기에 대해서는 말했소.

재 : 그것은 몇 시쯤입니까?

유 : 저녁때이오.

재 : 당신보고도 동행하자고 하지 않았습니까?

유 : 그런 말은 하지 않았소.

재 : 무엇하러 간다고 했습니까?

유 : 가족을 맞으러 가야한다고 하였소.

재 : 거기에 대해 당신은 아직 어리니 다른 안내자를 부탁하고 싶은데 누가 좋겠느냐는 의논을 받은 적은 없습니까?

유 : 그런 일 없소.

재 : 10일 저녁 안(安)과 우(禹)는 조도선(曺道先) 방에 갔다는데, 당신은 동행(同行)하지 않았습니까?

유 : 나는 가지 않았소.

재 : 조(曺)를 같이 데리고 돌아온 것을 당신은 알고 있습니까?

유 : 그것은 알고 있소.

재 : 그때 안(安)이 조(曺)가 어떤 사람이라는 것을 말하지 않았습니까?

유 : 무엇 때문에 데리고 왔다는 말은 하지 않았소.

재 : 남쪽으로 가기 위하여 데리고 왔다고 하지 않았습니까?

유 : 말하지 않았소.

재 : 안(安)의 부탁으로 김성백(金成白)이 있는 곳에 심부름 간 일이 있습니까?

유 : 10일 밤 갔소.

재 : 김(金)은 어디 있었습니까?

유 : 학교에 있었소.

재 : 편지라도 가지고 갔습니까?

유 : 구두(口頭) 부탁을 받고 갔소.

여비(旅費)를 빌리고자

재 : 안(安)이 어떤 것을 부탁하였습니까?

유 : 남으로 가기에는 여비가 부족하니 50원을 빌려오라는 것이
   었소.

재 : 안(安)이 김성백(金成白)과 그다지 친하지 않은데 어떻게 돈
   을 빌려오라고 부탁했습니까?

유 : 안(安)은 김성백(金成白)을 잘 모르기 때문에 빌릴 수 없지만
   나는 친척이기 때문에 빌려오라고 부탁했던 것이오.

재 : 안(安)은 어떻게 빌린 돈을 갚겠다고 했습니까?

유 : 거기 대해서 나도 걱정이 되어 어떻게 갚겠느냐고 했더니, 곧
   갚을 터이니 걱정 말고 빌려오라고 하였소.

재 : 어떻게 갚는다고 했습니까?

유 : 거기에 대해 물어 보니 안(安)은 블라디보스톡에 빌려준 돈이
   있으니 말만하면 곧 보내줄 것이라고 말하였는데, 나는 약을
   사러 왔기 때문에 언제까지 기다리고 있을 수는 없다고 하
   였소.

재 : 그것은 블라디보스톡의 누구입니까?

유 : 유진률(兪鎭律)이라는 분이었지만 내가 돌아간 다음에는 곤란
   하다고 하였더니 그러면 전보라도 쳐주겠다고 하기에 심부름
   갔었소.

재 : 김(金)에게 가기 전에 전보나 편지를 썼습니까?

유 : 안(安)이 쓰는 것은 못 봤소.

재 : 그러면 안(安)에게 편지를 써달라고 하지는 않았습니까?

유 : 그런 것은 요구하지 않았소.

재 : 김성백(金成白)에게 갔더니 김(金)은 어떤 대답을 했습니까?

유 : 지금 내놓으라고 하니까 지금은 가진 것이 없다고 하였소.

재 : 빌려줄 수 없다고 했습니까?

유 : 거기에 대하여는 아무 말도 하지 않고 지금 가지고 있지 않다
   고만 말했소.

재 : 즉시 돌아와서 안(安)에게 그렇게 말했습니까?

유 : 그렇게 말했소.

재 : 안(安)은 뭐라 했습니까?

유 : 돈이 없으면 할 수 없다고 말하였소.

재 : 안(安)은 돈이 부족하다고 하면서 남쪽 어디까지 간다고 하였습니까?

유 : 다만 남쪽으로 가야한다고 했을 뿐이지 어디까지라거나 또 여비가 얼마나 부족한지 하는 것도 물어보지 않았소.

재 : 당신이 김성백(金成白)이 있는 곳에 갔다 오니 조(曹)가 이미 와 있었습니까?

유 : 와 있었소.

편지(便紙)와 노래

재 : 그날 밤 안(安)이 편지를 쓴 것을 알고 있었습니까?

유 : 안(安)이 쓰는 것은 보지 못했소.

재 : 누가 쓰는 것을 보았습니까?

유 : 우(禹)가 책상을 향하여 무엇인가 쓰고 있는 것을 보았소.

재 : 무엇을 쓰고 있었습니까?

유 : 무엇인지는 몰라도 쓰고 있었소.

재 : 노래 같은 것을 쓰지 않았습니까?

유 : 그것은 모르오.

재 : 그날 안(安)과 우(禹)가 대동공보사로 보내는 편지에 겉봉을 써서 보내달라고 부탁하지는 않았습니까?

유 : 부탁받고 썼소.

재 : 그렇다면 쓸 때 옆에서 보았을 것 아닙니까?

유 : 보지 않았소.

재 : 어떤 것을 썼느냐고 묻지 않았습니까?

유 : 묻지 않았소.

재 : 그 편지에 50원을 송금해 달라고 썼다는 말을 못 들었습니까?

유 : 듣지 못했소.

재 : 안(安)의 부탁으로 즉시 겉봉을 썼습니까?

유 : 즉시 써 주었소.

재 : 써서 돌려주었습니까?

유 : 안(安)이 받았소.

재 : 안(安)이 무엇 때문에 그 편지를 보낸다고 말하지는 않았습니까?

유 : 그것은 못 들었소.

재 : 그 편지 외에 시(詩)나 노래를 썼다는 말을 듣지 못하였습니까?

유 : 아무것도 듣지 못하였소.

재 : 그 다음 안(安)과 우(禹)와 조(曺)가 이등공이 온다고 말하지는 않았습니까?

유 : 말하지 않았소.

재 : 안(安)이 당신에게 이등공이 언제 하얼빈에 오는지 물어봐 달라고 부탁하지 않았습니까?

유 : 그런 부탁은 받지 않았소.

재 : 안(安)과 우(禹)가 당신에게 러시아 신문을 읽어 달라고 부탁하지 않았습니까?

유 : 그런 일 없었소.

재 : 다음 날 몇 시경 하얼빈을 떠났습니까?

유 : 몇 시경인지는 확실히 기억하지 못하지만 아침은 아침이었소.

재 : 당신이 정거장까지 바래다 주었습니까?

유 : 같이 갔소.

재 : 그때 안(安)에게 차표를 사달라는 부탁을 받았습니까?

유 : 그래서 차표는 내가 샀소.

재 : 안(安)이 어디까지의 차표라고 하였습니까?

유 : 아무데도 좋으니 기차가 교행(郊行)하는 가장 가까운 곳까지 사달라는 것이었소.

재 : 당신은 그런 곳이 어딘지 매표소에서 물어 보았습니까?

유 : 러시아 사람에게 물어 보았더니 차치스고라고 가르쳐 주었소.

재 : 그래서 그 부근까지 가는 기차표를 샀습니까?

유 : 러시아 사람에게 물었더니 그렇다고 해서 안(安)에게 전달했
더니 그곳까지 차표를 사달라고 하여 사주었소.

전보료를 받음

재 : 당신은 안(安)으로부터 금품을 받은 적이 없습니까?

유 : 물품은 받지 않았지만 돈이 있으면 2원을 주면 좋겠다고 했더
니 4원을 주었소.

재 : 어디서입니까?

유 : 정거장에서요.

재 : 안(安)이 출발할 때 당신에게 도착하는 곳에서 전보를 치면
답신해 달라고 하지 않았습니까?

유 : 그런 말은 없었소.

재 : 그 돈은 전보가 오면 회신할 때 쓰라고 준 것은 아닙니까?

유 : 그렇지 않소.

재 : 그러나 당신은 2원을 달라고 했는데 4원을 준 것은 무슨 이유
입니까?

유 : 그저 2원 달라고 했더니 4원을 주었소.

전보(電報)의 의미(意味)

재 : 그날 안(安)으로부터 전보가 왔습니까?

유 : 저녁에 왔소.

재 : 그 전보에 무엇이라고 쓰여 있었습니까?

유 : '채가구(蔡家溝)까지 왔다. 언제 올 것인지 답하라'고 되어 있었소.

재 : 그것은 누가 언제 온다는 의미입니까?

유 : 이등공작이 언제 오는지 물은 것이라고 생각했소.

재 : 어째서 이등공이 하얼빈에 온다는 것을 알렸습니까? 안(安)에게 부탁받았습니까?

유 : 그런 말이 있었소. 11일 아침 출발할 때.

재 : 어떤 식으로 말했습니까?

유 : 정거장에서 11일 차표를 건네줄 때 러시아의 대신도 오고 일본의 고관도 오기 때문에 자기는 가족을 맞으러 가지만 한편 그것도 출영하고 싶으니 만약 전보를 치거든 가르쳐 달라는 것이었소.

재 : 그것은 기차를 탄 다음입니까? 우(禹)나 조(曺)도 있었습니까?

유 : 우(禹)도 조(曺)도 없었소. 안(安)이 떠나기 전 차표를 건네줄 때 그런 부탁이 있었소.

재 : 4원을 받은 것은 그전입니까?

유 : 부탁이 있기 전이오.

재 : 그날 밤 전보가 오자 어떤 회신을 하였습니까?

유 : 안(安)이 출발할 때 한 부탁이었으므로 언제 오느냐는 물음은 이등에 관한 일이라고 생각되었소. 그래서 내일 아침 온다는 회신을 했소.

재 : 그것은 어떻게 하여 알았습니까?

유 : 모두들 그렇게 말하고 있어서 알았소.

재 : 다음날 아침 몇 시라는 말을 들었었습니까?

유 : 시간은 듣지 못했소. 단지 내일 아침 일본의 고관 이등이 온다는 것이었소.

재 : 안이 당신에게 전에 이등공에게 신세진 일도 있고 또 청원할

것도 있어 꼭 만나야 하기에 출영하러 간다고 말한 적은 없습
니까?

유 : 이전에는 그렇게 말한 적이 있는지는 모르지만 그런 이야기는
못 들었소.

재 : 그 말을 들은 것은 김(金)의 집이라고도 했다가 정거장이라고
했다가 장소가 다른데 왜 그럽니까?

유 : 그렇지 않소. 정거장에서 차표를 건네줄 때 한 이야기이오.

재 : 그 전날 밤 김(金)의 집에서 안(安)은 이등공을 맞으러 가지
않으면 안 된다는 말을 한 적은 없습니까?

유 : 전날 밤에는 말이 없었소.

안(安) 하얼빈 돌아오다

재 : 다음 날 안(安)은 하얼빈에 돌아갔다고 하는데, 당신과 만난
것은 몇 시경이었습니까?

유 : 오후였으며 저녁 먹기 전이었소.

재 : 그보다 좀 더 늦지 않았습니까?

유 : 잘 기억되지는 않지만 저녁 먹기 전이었으므로 3시는 지났다
고 생각되오.

재 : 그때 안(安)은 왜 돌아왔다고 하였습니까?

유 : 전보의 내용을 알 수 없어서 왔다고 했소.

재 : 왜 의미를 몰랐을까요? 내일 아침 온다는 것을 알고 있었지
않습니까?

유 : 나는 확실히 그렇게 연락했지만 왜 그런지 전보를 받은 안
(安)은 잘 모르겠다는 것이었소.

재 : 안(安)이 그때 돈이 부족해서 다시 왔다고는 하지 않았습
니까?

유 : 거기에 대한 자세한 말은 없었소.

재 : 안(安)은 그 다음 외출하였습니까?

유 : 외출하는 것은 보지 못했소.

재 : 당신은 내일 아침 도착한다고 전보를 쳤는데 그 아침에 도착하지 않은 것을 보면 전보가 틀렸던 것 아닙니까?

유 : 다만 나는 12일 아침 이등이 온다는 말만 듣고 그대로 타전했지만 끝내 오지 않았소.

재 : 그때 말로는 이등공이 언제 온다는 말은 없었습니까?

유 : 12일에는 아무런 소문도 듣지 못했소.

재 : 이등공이 12일에 도착한다고 하였지만 그 다음날이 아니냐고 안(安)이 말하지 않았습니까?

유 : 안(安)은 어떻든 그 전보의 의미를 모른다고 하였으며, 나는 다만 언제 오느냐는 전보였기 때문에 이등공에 관한 것이라고 생각해서 타전했다고 말했소. 가족의 일 같으면 가족이라고 씌어져 있으리라고 생각했기 때문이라고 했소.

재 : 그때 안(安)이 정거장에서 신문을 보거나 이등공의 도착은 내일이 아니냐고 묻지는 않았습니까?

유 : 말하지 않았소.

재 : 안(安)은 그날 김(金)의 집에서 머물렀습니까?

유 : 그랬소.

재 : 같이 잤습니까?

유 : 같은 방에서 잤소.

재 : 안(安)이 당신에게 두 사람을 남겨두고 온 이유를 말하지 않았습니까?

유 : 아무 말도 하지 않았소.

재 : 그날 밤 자면서 안(安)과 여러 말을 하지는 않았습니까?

유 : 아무 말도 하지 않았소.

재 : 안(安)은 다음날 아침 일찍 나왔다고 하는데 어떤 일로 나가는지 알고 있었습니까?

유 : 몰랐소.

재 : 몇 시경이었습니까?

유 : 아침은 아침인데 시계를 보지 않아서 몇 시경이었는지는 모르겠소.

재 : 그때 안(安)이 당신에게 아무 말도 하지 않았습니까?

유 : 아무 말도 하지 않았소.

재 : 안(安)이 나간 다음에 이등공이 정거장에서 저격당한 일을 몇 시경에 들었습니까?

유 : 9시경 들었소.

안(安)의 편지

재 : 안(安)이 나가면서 편지를 부쳐 달라고 부탁하지 않았습니까?

유 : 그런 일 없었소.

재 : 12일 안(安)이 채가구에서 돌아왔을 때 무엇이든 받은 것이 없습니까?

유 : 아무것도 받지 않았소.

재 : 지갑이라든지 그 무엇이든지 받지 않았습니까?

유 : 받지 않았소.

재 : 안(安)이 12일 밤이나 다음날 아침에 정거장에서 총성이 나거든 이 편지를 보내달라고 부탁하지 않았습니까?

유 : 그것은 그렇지 않소. 검찰관의 심문에 그렇게 대답하라고 해서 그렇게 했을 뿐이오.

재 : 12일 밤 특별한 부탁은 없었습니까? 이등공이 하얼빈에 오면 암살할 것인데, 이 일은 남에게 말하면 안 되며, 말하면 생명을 취하겠다고 말하지 않았습니까?

유 : 그런 말 들은 적 없소.

재 : 안(安)이 권총을 가지고 있다는 것을 몰랐습니까?

유 : 몰랐소.

안(安)의 유류품

재 : 안(安)이 김(金)의 집에 남겨둔 물건은 없었습니까?

유 : 내가 일어나 보니 상의가 하나 있어서 어떤 볼일이 있어 잠시 외출한 것이라고 생각했고, 이등을 살해하기 위한 것으로는 조금도 생각지 않았소.

재 : 그 상의에는 무엇이 있었습니까?

유 : 침구를 치울 때 상의가 있기 때문에 살펴보았더니 주머니에 지갑이 있었소.

재 : 그 속에 무엇이 있었습니까?

유 : 모르오.

재 : 가죽가방이나 다른 무엇이 없었습니까?

유 : 있었소.

재 : 그 속에 무엇이 있었습니까?

유 : 속은 보지 않았소.

재 : 당신은 13일 아침에 안(安)이 외출할 때까지 이등공을 살해한 다는 사실을 전혀 몰랐습니까?

유 : 전혀 몰랐소.

유(劉) 예심 부인

재 : 그러나 당신은 검찰관의 취조 때 안(安)이 이등공을 암살할 것을 알고 있었던 것처럼 진술하고 있는데 어떻습니까?

유 : 먼저 번 조사할 때는 재판관에게 호출되어 그 분의 질문에는

그대로 대답하라고 해서 그렇게 했을 뿐이오.

재 : 사실이 아닌 것을 대답할 이유는 없지 않습니까?

유 : 재판관은 그럴 거 아니냐? 그렇지? 그럴 수밖에 없다 등등의 질문을 사용하므로 나는 별다른 대답은 못하고 다만 예, 예하고 대답했을 뿐이오.

가명의 이유

재 : 오늘 변명에 의하면 당신은 아무것도 모르는 모양인데, 그렇게 나쁜 짓을 하지 않았으면 거짓 이름을 왜 사용했습니까?

유 : 13일 9시경 밖에 10명 정도의 한국인이 와서 누군가가 이등을 죽인 일을 애기하면서 하수인은 안응칠(安應七)이라는 말들을 하고 있었소. 잠시 후 많은 러시아 경관이 와서 '유동하(劉東夏)!'하고 부르기에 나도 모르게 겁이 나서 이름을 조사할 때 러시아어로 유강로라고 했소. 그리고 감옥에 끌려가서 일본인이 와서 조사할 때 또 강로(江露)라고 속인 것이오.

부친에게 편지

재 : 10일 밤 아버지에게 편지를 쓰지 않았습니까?

유 : 썼소.

재 : 그때 안(安)이 편지의 초를 잡아주었다고 하는데 그렇습니까?

유 : 그렇지는 않소. 모르는 글자를 가르쳐주었을 뿐이었소.

재 : 그때 안(安)이 편지를 쓰는 것은 보지 못했습니까?

유 : 보지 못했소.

재 : 신문사 앞으로 보내는 편지를 쓰는 것을 보지 못하였습니까?

유 : 그런 일은 나로서는 알 수 없는 것이오.

재 : 그러나 그날 밤 당신에게 신문사로 보내는 편지의 봉투를 써 달라고 부탁하지 않았습니까?

유 : 심부름 갔다 오니 봉함한 봉투를 내놓으면서 여기에 써달라고 하기에 써 달라는 대로 써주었소.

재 : 한 통입니까, 두 통입니까?

유 : 한 통이오.

재 : 그 편지 속에 안(安)과 우(禹)의 도장이 찍혀있다는데 보았습니까?

유 : 보지 못했소.

안(安)의 것을 가로채려고

재 : 당신은 블라디보스톡의 유진률(兪鎭律 : 안중근의 자서전에 의하면 유진률은 엥치우의 도헌(都憲)이라고 하며 시지미 지방까지에 사는 사람들의 지도자로 되어 있음) 앞으로 보내는 전보를 치지 않았습니까?

유 : 내가 그 전보를 쳤소.

재 : 안(安)의 이름으로?

유 : 안(安)의 이름으로 쳤소.

재 : 그것이 언제였습니까?

유 : 11일 12시경이오.

재 : 안에게 그 관계를 물었습니까?

유 : 묻지 않았소.

재 : 그러면 안(安) 몰래 그 돈을 쓰기 위하여 전보를 쳤습니까?

유 : 그렇소.

이때 11시 25분 재판장은 안중근(安重根)을 불러,

재 : 블라디보스톡의 신문사의 유진률(俞鎭律) 앞으로 100루블을
　　보내 달라고 타전(打電)하도록 유(劉)에게 의뢰한 적 있습니
　　까?

안 : 그것은 11일에 내가 유(劉)에게 부탁한 것이 아니고 처음에
　　김성백(金成白)으로부터 돈을 빌려달라고 부탁했을 때 유(劉)
　　가 언제 어떻게 갚겠느냐고 묻기에 내가 유진률(俞鎭律)에게
　　편지를 보내면 곧 송금해 줄 것이라고 말했소. 그러자 그가
　　편지로는 늦으니 전보로 하자고 하기에 그러면 그대로 타전할
　　터이니 돈을 빌려오라고 하면서 유(劉)를 심부름 보냈으나 김
　　성백(金成白)이 빌려주지 않았기 때문에 편지도 전보도 보낼
　　필요가 없게 되었으므로 발송을 포기한 채 11일에 나는 하얼
　　빈으로 갔소. 때문에 그 전보는 12일 내가 없는 사이에 유
　　(劉)가 자기 임의대로 하였을 뿐 내가 부탁한 적은 없소.

이것으로 피고의 심문을 끝마친다.
때는 오전 11시 35분 재판장은 우선 휴정을 선언함.

오후에
오후 1시 10분(재차 개정)

증거 조사

재 : 전회(前回)에 계속하여 취조합니다. 이제부터 증거물을 제시
　　하는데 본 증거물은 범죄지(犯罪地) 및 러시아 관헌에게서 넘
　　어 온 서류들입니다. 그것은 당신들이 러시아 관원에게 포박

되었기 때문에 처음에는 러시아 측에서 조사에 착수하였지만 결국 당신들은 조선 사람이기에 러시아의 재판에 따를 수 없다는 데서 서류와 함께 이쪽으로 회송(回送)된 것입니다. 보내 온 서류 중에는 본건의 범죄와 관계된 중요한 것이 많이 있습니다. 그리고 그 원본은 여기 있지만 이것은 번역한 서류이기 때문에 그 번역문을 들려줄 것이고, 그중에서 가장 필요하다고 인정되는 부분을 먼저 낭독합니다(이때 소노기 통역은 러시아국경재판소 제8구 시심재판소 스토라쇼우 판사의 조서를 한역하여 들려줌). 지금 말한 것을 알겠습니까?

안, 우, 조, 유 : 예.

안(安)의 권총

재 : 계속하여 러시아에서 회송되어 온 서류를 들려주겠습니다.
　　(안중근을 향하여) 당신이 10월 13일 하얼빈 정거장에서 체포된 날 피고의 휴대품 및 현장을 조사한 러시아 국경지방재판소에서 조서를 작성한바, 그에 의하면 피고가 가지고 있던 권총에는 7개의 약협(藥莢)이 있었습니다. 그리고 탄소(彈巢) 중에는 하나도 없었고, 다만 총구 안에서 한 개의 약협을 발견했습니다. 총구 속은 화약의 초연으로 더럽혀져 있어 즉 발포한 흔적이 충분하다고 기록되어 있습니다.(이때 園木 통역이 통역함)

관방장(官房長)의 증언

재 : 또 그날 동 판사는 증인으로서 러시아 대장대신, 관방장, 리우

오우인라는 사람을 조사하였습니다. 그 증언에 의하면 그 사람도 역시 공작 및 러시아 대장대신의 뒤를 따라 플랫폼에 내렸고, 러시아 군대의 전면을 통과하여 외국인 단의 앞에 갔다 되돌아올 때 자기도 계속 수행하고 있었다고 합니다. 그런데 뒤에서 총성과 같은 두 발의 저미(低微)한 음향을 들어서 즉시 그 방향을 보았으며, 양복을 입은 일본인 같은 사람이 공작 및 대신을 겨누고 발포한 것을 인정하였다는 것이 씌어 있습니다.(園木 通譯이 들려주었다)

안, 우, 조, 유 : 예.

재 : 또 안응칠(安應七)을 범행 장소에서 즉시 체포한 니규오로푸라는 사람 역시 같은 날 증인으로 조사받은 바 있는데, 그의 진술에 의하면 10월 13일 오전 9시 반경 이등공이 수행원과 같이 러시아 군대 앞을 통과할 때, 니규오로푸라는 사람도 군대 뒷면에서 이등공과 같이 걷고 있었으며, 그때 일본인들 군중 속에서 어떤 자가 발포하였다고 합니다. 자신이 그 자를 보았기 때문에 잡고자 뒤따라 뛰어갔으나 미처 접근하기 전에 그 자가 총을 발포하는 것을 보았으며, 그래서 즉시 그자 옆으로 가서 한손으로 그자의 목을 누르고, 또 한손으로는 그자의 오른손을 잡고 여럿이 합세하여 때려 눕혔을 때 또 다른 사람들이 와서 드디어 체포했다고 진술하고 있습니다.(園木 통역이 들려주다)

러시아 하사의 증언

재 : 그리고 이것은 주로 우덕순(禹德淳), 조도선(曹道先)에 관한 것이지만 같은 증인으로 조사를 받은 채가구(蔡家溝) 주재의 하사 쎄민이라는 사람도 증언을 자세히 진술하고 있습니다. 그 요점만을 들려주겠습니다. 10월 11일에 하얼빈 방향으로

부터 일본인 같은 세 명이 삼협하행(三狹河行)의 차표를 가졌음에도 불구하고 채가구(蔡家溝)에 내렸습니다. 그 중 한사람은 러시아어를 알고 있었습니다. 그자는 친척을 맞으러 왔다는데 다음날 그 중의 한 사람이 하얼빈으로 되돌아가고 다른 사람들은 의연히 역구내의 쎄미고푸라는 자의 집에 머물고 있었습니다. 이 하사는 이 사람들의 행동이 수상해서 정거장의 구내 및 쎄미고푸의 집 주변에 보초를 배치하여 행동을 감시토록 하였습니다. 뿐만 아니라 쎄미고푸에게 명령하기를 그들을 결코 돌려보낼 수 없다고 말하였습니다. 그러던 중 이등공의 열차가 13일 오전 6시 경에 도착하였습니다. 그 도착 전에 조(曺)가 식당주인 보고 변소에 가야겠다고 하여 외출을 청하였지만 주인은 이것을 허락지 않았습니다.

이러한 상황에서 이등공의 열차가 채가구(蔡家溝)에 도착했을 때는 그 하사가 특별히 경계를 하였으며, 또 차장에게도 거동이 수상한 자를 잡아 두었으니 열차에 대해서도 충분히 주의해 달라는 경계의 말을 했습니다. 그리고 같은 날 9시경에 이등공작이 한국인에게 살해되었다는 전보가 도착했습니다. 따라서 즉시 두 명의 한국인을 체포하고 신체 수색을 했는데, 조도선(曺道先)은 탄환 5개를 장치한 권총을 가지고 있고 다른 한 사람은 도합 8개를 장전하고 있었으며, 그 외에도 탄환을 가지고 있었습니다. 그 탄환 8개중 6개는 십자형(十字形)으로 파여진 것이었습니다. 그때 두 사람에게 이등공작이 하얼빈에서 살해되었다고 했더니 그들은 대단히 기뻐하면서 자신들이 채가구(蔡家溝)에 온 것도 전적으로 그 목적이라면서 하얼빈에 있는 친구 한 사람이 목적을 달성한 것이라고 했다고 진술하고 있습니다.(園木 通信生이 들려줌)

식당 주인의 증언

재 : 또 채가구(蔡家溝) 정거장 식당 주인이 12월 18일경에 증인으로서 취조를 받았습니다. 그 증언에 의하면 10월 12일 하얼빈으로부터 채가구(蔡家溝)에 두 사람(세 사람이라야 말이 맞겠다. 편역자주)의 한국인이 도착했습니다. 그날 밤 채가구(蔡家溝)의 자기 집에서 머물렀고 다음날 그 중의 한 사람이 하얼빈으로 떠난 후 조(曺)와 우(禹)는 계속 자기의 집에 머물고 있었습니다. 그런데 12일 밤 정거장의 조역으로부터 한국인이 밖에 나가는 일이 있으면 즉시 병영에 알리라는 명령을 받았습니다. 당시 조도선(曺道先)은 자기에 대해 관성자(寬城子)로부터 친척이 오기 때문에 출영 왔다고 말하고 있었습니다.

그리고 12일 오전에 조도선(曺道先)이 방 밖으로 나가고자 하였으나 군인이 외출을 허락하지 않았습니다. 용변 때문에 외출하여야 된다고 하였지만 군인이 집안에서 처리하라고 하여서 끝내 나가지 못했습니다. 그 후 우(禹)도 같은 방법으로 옥내에서 용변을 보았습니다. 그리고 두 명 모두 한국어로 말을 하고 있었으며 자지는 못하는 것 같았다고 합니다. 그 후 공작의 열차가 통과한 후 수명의 군인이 방안까지 들어오자 조(曺)가 그들을 향하여 지금 통과한 열차에 일본 군인이 많지 않았냐고 물었고, 또 왜 위병(衛兵)이 서 있으며 외출이 허가되지 않는지 등을 물었다고 진술했습니다.(園木 통역생이 들려줌)

재 : 또 러시아의 관헌은 당신들이 김성백(金成白)집에서 묵었다고 하는데 대하여 김성백(金成白)과 같이 살고 있는 하우스코, 와양레이, 우아피라고 하는 세 사람에게 심문한 바, 세 사람 모두가 2,3일간 한국인 4명 가량이 포브라니지야로부터 와서 김(金)씨 댁에 숙박한 일 외에는 모르지만 그 중의 한 사람이

유동하(劉東夏)라고 하고 있습니다.(園木 通信生이 들려줌)

재 : 또 이것은 안(安) 혼자에 관한 것이지만, 마루킨인찌, 유와셍코프의 두 사람이 증인으로서 취조 받을 때 진술한 바에 의하면, 13일에 당신이 정거장의 한방에 구류되어 있을 때 이등공작의 훙거(薨去)를 알렸더니 가슴에 십자의 성호를 그으며 신에 대한 감사의 뜻을 표하고 이것으로 조국에 대한 의무를 다했다고 말하며 기뻐했다고 말하고 있습니다.(園木 通信生이 들려줌)

안 : 나는 그때 이등이 죽었다는 것 같은 것은 전혀 듣지 못했소. 또 나는 러시아어를 모르기 때문에 설령 그런 말을 했다고 해도 그들이 그에 관한 일을 알 수가 없소.

후루야히사즈나(古谷久鋼)의 증언

재 : 이상은 러시아의 관헌으로부터 조사한 바를 들려준 것입니다. 지금부터는 여기에서 조사한 증거서류를 제시하겠습니다. 먼저 이등공을 수행하고 있던 후루야라(古谷久鋼)는 사람의 검찰관의 조사에 대한 조서를 들려주겠습니다. 이 증인의 말에 의하면 그는 이등공을 따라 10월 26일의 오전 9시경 하얼빈 역에 도착하였으며 이등공은 러시아 대장대신과 군대사열을 위하여 하차했습니다. 그리고 각국 영사들이 있는 곳에 가서 악수를 나누고 다시 되돌아 몇 발짝 갔을 때 러시아 군인의 한편에서 양복을 입은 사람이 단총을 세 발 정도 쏘았습니다. 그리고 또 세 발 정도를 수행원을 향하여 쏘았습니다. 그 당시 흉한과 이등공과의 거리는 겨우 한 칸 가량이었습니다. 그 순간 자기는 이등공이 부상당한 것 같아 다른 수행원들과 함께 즉시 공을 열차 안으로 모셔 놓고 고야마(小山)라는 의사

에게 부탁하여 즉시 부상치료를 하였지만 공(公)은 결국 횡사
하였습니다. 그 밖에 모리 다나카(田中), 가와카미(川上) 등도
부상하였다고 진술하고 있습니다.(園木 通譯生이 들려줌)

수행 의사

재 : 그리고 또 지금 조서에 있는 것처럼 고야마(小山善)라는 공작
의 수행 의사가 있습니다. 그가 역시 검찰관의 취조 증인으로
서 진술한 바에 의하면, 공작이 하얼빈역에서 군대의 전면을
통과할 때 흡사 폭죽 같은 소리가 들렸습니다. 동시에 공작이
부상당한 것 같기에 즉시 달려가 열차 내에 모셔 놓고 손을
썼지만 그날 10시 경 세상을 떠났다고 진술하고 있습니다.(園
木 通譯生이 들려줌)

공작(公爵)의 상처

재 : 또한 고야마(小山善)는 감정인으로서 감정했는데, 이등공의
부상에 대하여 동의사의 감정한 바를 들려주겠습니다. 공의
부상은 세 곳인데 모두가 총탄에 의한 것입니다. 그 첫 번째
는 오른팔을 관통하여 양쪽 폐를 관통하고 탄알은 왼쪽 폐에
꽂혀 있었습니다. 두 번째는 역시 오른쪽으로부터 들어간 상
처로 그것은 조금 아래쪽의 옆구리(腋腹)로부터 들어와 왼쪽
옆구리에 총알이 박혀 있었습니다. 또한 셋째 번은 오른팔을
스쳐 앞서보다는 내려와 중앙부로부터 체내에 들어가 배안에
박혀 있었습니다. 필경 치명의 원인은 내장부위의 출혈 때문
이라고 진술하고 있습니다.(園木 通譯生이 들려줌)

모리씨(森氏)의 상처

재 : 또 그 의사는 거기서 같이 부상당한 모리(森泰次郎)라는 사람
의 부상에 대하여 감정하였습니다. 그 감정서에 의하면 모리
의 부상은 왼편 팔을 관통하고 있습니다. 그 부상은 약 한 달
가량 치료하면 완치될 것이며 큰 후유증을 남기지는 않을 것
이라고 감정하고 있습니다. 감정에 의하면 그 부상 역시 총탄
에 의한 부상이라고 말하고 있습니다.(園木 通譯生이 들려줌)

가와가미(川上) 영사의 증언

재 : 그리고 그 당시 또 부상당한 사람 중에는 하얼빈 총영사 가와
가미(川上)라는 사람이 있습니다. 그 사람이 병원에서 검찰관
의 조사를 받을 때 진술한 바를 들려주겠습니다. 10월 26일
오전 9시경 이등공의 특별열차가 하얼빈에 도착하였을 때, 러
시아 대장 대신과 함께 즉시 역에 가서 공을 출영하였습니다.
대장 대신과 약 25분가량 서로간의 수인사가 있었고 공은 대
신과 같이 하차하여 군대를 사열하였습니다. 수행원을 동반하
고 군대의 전면을 통과하여 외교단 앞에 가서 대여섯 사람과
악수를 교환하고 되돌아 2,3칸 정도 갔다고 생각될 때 군대의
뒤편에서 총성이 들렸습니다. 그때 가와가미(川上)는 공작의
우측에 한두 발 정도 떨어져 가고 있었습니다. 그리고 총성
소리를 들음과 동시에 자신의 손이 비틀리는 것 같은 고통을
느꼈고, 자기가 총에 맞았다는 것을 알았습니다. 그리고 뒤돌
아서 군인들 뒤에서 한 발을 앞으로 내고 권총을 겨누고 있는
사람을 보았습니다. 자신은 한 번 그 앞을 지나갔던 곳에서
맞았기 때문에 자신은 공작과 흉한과의 사이에 끼워 있는 모

양이 되었습니다. 여기에서 가와가미(川上) 영사는 즉시 사람들에 의해 병원으로 옮겨졌습니다. 그리고 그는 자신보다 먼저 이등공작이 부상당한 것을 보았다고 진술하고 있습니다. (園木通譯生이 들려줌)

재 : 지금 말한 가와가미(川上) 총영사의 부상을 치료한 도꾸오까(德岡) 군의관이 감정서를 작성하였습니다. 그에 의하면 가와가미(川上)의 부상 역시 오른팔의 뼈를 부수고 가슴까지 들어간 상처입니다. 그 상처 역시 총상으로 약 3개월 정도 지나면 낫겠다고 합니다. 그러나 팔의 상처가 회복된다고 해도 다소 불구가 될 것이라는 감정입니다.(園木 通譯生이 들려줌)

다나까(田中) 만철이사(滿鐵理事)의 증언

재 : 또한 당시 공작(公爵)을 수행하였던 남만주철도주식회사 이사(南滿洲鐵道株式會社 理事) 다나까 세이지로(田中淸次郞)라는 사람이 있는데, 그 역시 당시 부상당하여 증인으로서 조사를 받았습니다. 그의 진술에 의하면 이등공작은 러시아 군대 앞을 지나 외교단이 있는 곳에 가서 그곳에서 수명의 사람과 악수를 교환하였으며, 되돌아서 다시 군인들의 앞을 지날 때 양복을 입은 한 사람이 단총(短銃)을 발사하는 것을 보았습니다. 증인은 공작의 뒤편에서 수행하고 있어 발사한 사람과는 4,5칸의 간격이었음에도 불구하고 흉한은 다시 자기 쪽에 대고 발사했습니다. 그때 다리에 부상을 입고 쓰러졌다고 진술하고 있습니다.(통변 통역함)

재 : 그 다나까(田中) 이사의 상처를 치료한 오미박사(尾見博士)가 감정서를 작성하였습니다. 그에 의하면 다나까 세이지로(田中淸次郞)의 부상은 왼발 뒤꿈치를 안으로부터 밖으로 관통하고 있는데, 뼈를 관통하고 있는 것을 보면 정밀한 총기로 부상당

한 것입니다. 2~3주간 치료하면 되겠지만 중요한 부위이기에 다소 보행에 지장을 면할 수 없을 것이라는 감정을 하고 있습니다.(園木 通譯生이 들려줌)

목격한 일본인들의 증언

재 : 그리고 또 이등공작 피격 당시의 상황에 대하여 그 장소에 있었던 일본인 아베(阿部)다까, 이마다(今田)하루, 모리(森良一), 후루자와(古澤辛吉), 후지노(藤野鋒太郎), 나쯔아끼(夏秋龜一), 또 남만철도주식회사 총재 나까무라(中村是公), 또 귀족원의원 무로다(室田儀文), 그 밖에 에자끼(江崎勝太郎), 가와마라(河原郡平), 고도우(工藤清三郎) 등등이 검찰관 또는 내지의 검사한테 조사 받을 때 진술한 것은 후루야히사즈나(古谷久鋼), 고야마(小山善), 기타 증인들의 진술과 거의 상이하지 않으므로 이것만을 들려줍니다.(園木 通譯生이 들려줌)

안(安) 우(禹) 연명의 편지

園木通譯生. 원문은 한문임

삼가 아뢰옵니다.

이달 9일(양력 10월 22일) 오후 8시 당지에 안착하여 김씨 어른 성백씨댁에 체재하고 있으며, 원동보에서 보게 되는 그 이등건의 이달 12일(양력 10월 25일) 관성자 출발, 러시아철도총국 특송의 특별열차에 탑승, 그날 오후 11시 하얼빈 도착함에 있어, 동생은 조도선씨(曹道先氏)와 함께 동생의 가솔출영을 위하여 관성자(寬城子)로 간다고 하고 함께 관성자(寬城子)로 떠났습니다. 몇 십리 앞의 모 정거장에서 기다려 같은 곳에서 드디어 일을 결행할 계획입니다. 그간 앞서 말한 바를 양지하기 바라며, 일의 성패는 하늘에 있으나 요행히 동포들의 선도(善禱)가 이를 도와줄 것을 복망하나이다. 또 당지 김성백(金成白)씨로부터 돈 50원을 채용하였으니 지급 갚아주기를 천만번 앙망하옵니다.

대한독립만세.

　　　　　　禹德淳 印

이 도장은 전서(篆書)로 漢陽이라는 글자를 새김

9월 11일(양력 10월 24일) 오전 8시 頭弟

　　　　　　安應七 印

이 도장은 장원형으로서 옆으로 되어 있으며, 위에 코레안(Corean), 아래 토마스(Thomasu)라고 되어 있다.

　블라디보스톡 대동공보사 이강(李剛) 앞

　추이(追而) : 오늘 아침 8시 출발 남행(南行)함. 포브라니치나야로부터 유동하(劉東夏)와 같이 현지 도착, 다음 일은 본사에 통지할 것임.

안중근(安重根)의 자작시(自作詩)

丈夫處世兮 其志大矣 時造英雄兮 英雄時趙
雄視天下兮 何日成業 東風漸寒兮 壯士義熱
念慨一去兮 必成目的 鼠竊○○兮 豈肯比命
豈度至比兮 事勢固然 同胞同胞兮 速成大業
萬歲萬歲兮 大韓獨立 萬歲萬歲兮 大韓同胞

장부가 세상에 처함이여, 그 뜻이 크도다
때가 영웅을 지음이여, 영웅이 때를 지으리로다
천하를 응시함이여, 어느 날에 업을 이룰고
동풍이 점점 참이여, 장사의 의기가 뜨겁도다
분개히 한번 감이여, 반드시 목적을 이루리로다

쥐 도적 이등이여, 어찌 즐겨 목숨을 비길고
어찌 이에 이를 줄을 헤아렸으리오, 사세가 고연하도다
동포 동포여, 속히 대업을 이룰지어다
만세 만세여, 대한독립이로다
만세 만세여, 대한 동포로다

우연준의 작가(園木 통역생 번역. 원문은 언문)

만나려고 만나려고 원수 네놈 만나려고
평생 한번 만나는데 왜 이다지 늦다느냐
네놈 한번 만나려고 수륙만리 천신만고
다하였네 다하였네 윤선화차(輪船火車)
바꿔 타며 노청양지(露淸兩地)
다닐 적에 행장마다 하느님께 기도하고
예수님께 경배하고 살펴살펴 주옵소서

살펴살펴 주옵소서 동편반도 대한제국
살펴살펴 주옵소서 부디부디 우리 뜻을
이루소서 이루소서 그 간악한 늙은 도적 우리 동포
2천만 명 멸종 후에 3천리라 금수강산
소리 없이 빼앗고자 구흉구악 참혹수단
십대 강국 속여먹고 내장일랑 뽑아먹고
또 무엇이 부족해서 네놈 욕심 채울손가
생쥐새끼 닮았어라 여기저기 뛰돌며
네놈처럼 방랑하는 교활할손 늙은 도둑
만나려고 만나려고 지금처럼 바삐바삐 가는구나
지공무사 지인지애 우리 임금 대한민국
2천만을 두루두루 사랑하사 늙은 도둑
만나도록 해주시고 여기저기 정거장에
천만번을 기도하고 밤낮없이 만나고자
하였으니 이등(伊藤) 이놈 만날걸세 너의 수단
간교한 것 모든 세계 유명하여 우리 동포
쓰러진 후 우리강산 빼앗고자 행락같이
못하도록 오늘에야 네놈 목숨 이 내 손에
끊어지면 네놈 역시 무상하리 갑오년의
독립설과 을사년의 신조약후 양양자득
두류할 때 오늘 있음 왜 모를까 범법자는
벌을 받고 덕을 닦아 덕을 쌓고 너희들의
속임수를 어느 누가 모를소냐 너희들의
4천만명 이제부터 한두 명씩 나의 손에
죽을 것을 오호오라 우리들의 동포들아
일심단결 왜구들을 궤멸시켜 우리 국권
회복하고 부국강민 기도하면 세계사람
누구라서 우리들의 자유 행복 압박하고
하대할까 어서어서 빨리빨리 합심하여

그놈들을 이등같이 빨리빨리 주살할손
우리들이 이런 일을 하지 않고 무위편안
안주하면 국권회복 저절로는 안 된단다
용감무쌍 힘을 쏟아 국민의무 다해보세
禹又山人
禹德淳

부인(婦人)은 모른다는데

재 : 이것은 안(安)에게 들려주는 것이지만, 당신의 처는 공교롭게
도 당신이 포박된 후에 하얼빈으로 정대호(鄭大鎬)를 따라왔
습니다. 그래서 검찰관이 조사하였더니 당신의 처 및 정대호
(鄭大鎬)의 처는 아무도 안응칠(安應七)이라는 사람을 모른다
고 하고 부부 관계가 있는 것은 아니라고 진술하였으며, 당신
의 처라는 것을 절대 부인하고 있습니다. 다만 다섯 살 난 어
린 아이를 검찰이 조사했을 때 자기의 아버지는 안(安)이라고
했습니다. 또 사진을 보고는 '이것이 아버지다'라고 하였습니
다. 그럼에도 당신의 처는 자기와 안(安)과는 아무 관계도 없
으며 자기는 정대호(鄭大鎬)의 누나라고 전술하여 철두철미
부인(否認)하고 있지만, 그 후에 당신의 처자라는 것을 알았
습니다. 이것은 별로 범죄와는 관계가 없지만 참고로 들려주
는 것입니다.(園木 通譯生이 통역함)

범행장소의 탐색 사전조사

재 : 안(安)에게 묻는데, 당신이 채가구(蔡家溝)를 떠나 하얼빈에

되돌아 온 것은 채가구(蔡家溝)에는 군인들이 많아서 일을 실
행하기에는 형편이 나빠 하얼빈의 형편을 보고 오고 싶어서
채가구(蔡家溝)를 떠났다고 검찰관에게 진술하고 있습니다.
하지만 법정에서는 그런 진술을 하지 않았습니다. 역시 여비
의 관계도 있겠지만, 또 그런 점이 떠나오게 된 원인이 된 것
은 아닙니까?

안 : 그런 것은 말한 적이 없소. 사리를 따져 말한다면 채가구(蔡家
溝)보다는 오히려 하얼빈 쪽이 경계가 엄중하오.

재 : 어쨌든 당신이 채가구(蔡家溝)를 출발할 때 군인의 경계가 엄
중한 것을 몰랐습니까?

안 : 그런 일은 없었소.(園木通譯生이 들려줌)

담담탄(彈)

재 : 당신이 십자형으로 박혀 있는 탄환을 우덕순(禹德淳)에게 나
누어 준 것은 채가구(蔡家溝)에서가 아니라 기차 안에서라고
진술하고 있는데 그것은 검찰관의 취조 때에도 가끔 같은 진
술을 하고 있습니다. 그러나 우덕순(禹德淳)은 당신도 들은
대로 장소를 다르게 말하는데 당신이 말하는 것이 진짜입니
까? 아니면 우덕순(禹德淳)이 말하는 것이 사실습니까?

안 : 그것은 지극히 미세한 것으로 본 건에는 하등 관계가 없는 것
이라고 생각하오. 나는 기차 안에서 건네주었다고 생각되어
그렇게 말한 것인데, 우(禹)가 채가구(蔡家溝)에서 받았다고
한다면 혹은 그럴는지도 모르겠소. 나는 그것에 대해서는 잘
기억하지 못하고 있소.

재 : 탄환을 총에 장전해 주었습니까, 아니면 그대로 낱개로 주었
습니까?

안 : 상세히는 기억하지 못하고 있소.(園木 通譯生이 들려줌)

결사의 편지

재 : 우덕순(禹德淳)이 두 번째 받은 검찰 취조에 의하면, 10일 밤 김성백(金成白)의 집에서 편지를 쓸 때 안(安)이 목적을 달성하지 못하면 죽을 수밖에 없다고 하면서 이 일을 신문에 내지 않으면 안 된다고 썼다고 하는데 그렇지 않습니까?

우 : 그렇지 않소. 그때 안(安)이 도장을 빌려달라고 하기에 어디다 쓰려느냐고 물었더니 신문사에 보내야 한다는 것이었소. 나는 좀 더 묻고 싶었지만 조(曺)가 있어 누설되면 안 되기 때문에 자세한 이유는 묻지 않았소. 내가 추측한 바로는 도장을 빌리는 것은 사건이 사건인 만큼 이런 일을 결행한다는 것을 명백히 하기 위하여 그것을 써서 신문사에 보내려고 하는 것이라고 추측하였기 때문에 그렇게 말했을 뿐 안(安)으로부터 들은 것은 아니오.(園木 通譯生이 들려줌)

각자 결행키로

재 : 또 당신의 진술에 의하면, 채가구(蔡家溝)에서 안(安)과 헤어지면서 안(安)이 말하기를, 이곳에 세 사람이 같이 있을 필요가 없으니 자기는 하얼빈 쪽으로 가겠다는 말을 남기고 갔다고 했소. 그렇게 안(安)이 말한 것은 전적으로 이등공의 열차를 한 장소에서 여러 명이 기다리기보다는 나누어서 하는 것이 목적을 달성하기에 안전하리라고 생각되어 헤어진 것은 아닙니까?

우 : 그런 뜻으로 말한 것은 아니오. 셋이 있으면 여비가 부족할 테니 여기 있을 수 없어 자기가 돌아가서 여비를 조달하겠으며, 장소는 하얼빈보다는 여기가 좋으니 여기 있으라고 한 것이

오.(園木 通譯生이 들려줌)

기차에서 결심을 말함

재 : 조사를 받을 때 말한 것에 의하면, 안(安)이 조도선(曺道先)에
    게 친척을 맞으러 간다고 했지만 실은 그렇지 않고 이등공작
    을 살해하기 위하여 온 것이라고 채가구(蔡家溝)까지 가는 기
    차 안에서 말했다고 당신이 진술하고 있는데 이것이 사실입
    니까?

우 : 그렇지 않소. 기차에서 안(安)이 조(曺)에게 그런 말을 하지
    않았는지 걱정하여 안(安)에게 그 말을 했느냐고 물으니 아무
    말도 말라기에 그대로 그만두었소.

재 : 그러면 무엇 때문에 검찰관의 조사 때 조(曺)에게 말했노라고
    하였습니까?

우 : 앞서 그런 말을 했을 리가 없소. 만약 그때 내가 그런 말을 했
    다면 오늘 다른 말을 할 필요가 없소.

재 : 이는 당신 혼자 취조 받을 때 말했을 뿐만 아니라, 안(安)과
    같이 검찰관 앞에서 대질할 때 안(安)에게 이등공작을 죽인다
    는 말을 조(曺)에게 했느냐고 물었더니 안(安)이 가만히 있었
    고 그 일을 말했다고 했기 때문에 이런 말을 하는 것이 아닙
    니까?

우 : 나는 대질할 때 그런 것을 말하지 않았소. 지금 말한 대로 안
    (安)에게 그런 말을 조(曺)에게 했느냐고 물었더니, 안(安)이
    어떻게 해석하였는지는 모르지만 가만있으라고 하기에 가만
    히 있었소. 안(安)과 대질시 안(安)이 내게 말하기를 '무엇 때
    문에 그같은 말을 하겠습니까? 나는 그와 같은 생각이 없었
    다'고 한 것은 지금도 기억할 것이오.

재 : 조(曺)에게 묻겠는데, 기차 안에서 지금과 같은 말을 했다

는데?

조 : 아무것도 못 들었소.

재 : 안(安)에게 묻겠는데, 우(禹)가 조(曺)에게 그런 말을 했느냐
고 한 사실이 있습니까?

안 : 그와 같은 일은 없었던 것으로 생각되오.

재 : 지금부터 조(曺)에 묻겠는데 이것은 당신이 검찰관의 취조
시 말한 것으로, '11월 19일의 취조 때 검찰관에 대하여 진술
한 것이 있다. 그런데 실은 여러 가지로 깊이 생각한 결과 어
제 말한 것은 위증이었다. 오늘은 진실을 말하겠다'고 하며 말
한 내용입니다. 그에 의하면 당신은 안(安)이 채가구(蔡家溝)
에서 하얼빈에 전보를 쳐 달라고 부탁했으며 또 전적으로 일
본 대신을 죽이러 왔다는 것을 말하였는데, 당신은 그런 일은
전혀 모르고 왔기 때문에 속아서 왔으며, 너무 놀라서 그 날
밤은 잠잘 수 없을 정도였다고 진술했는데, 그것이 사실입
니까?

조 : 그런 것에 대해서는 아무것도 안(安)에게서 들은 바 없소. 나
는 이제까지 조선의 관청에도 불려간 적이 없었으며, 지금 이
렇게 일본 관청에 붙들려 와서 조사를 받다보니 무엇을 어떻
게 말했는지 아무것도 기억할 수 없소.(園木 通譯生이 들려줌)

전보의 전말

재 : 또 계속해서 당신이 말한 것에 의하면, 전보의 회답이 블라디
보스톡에서 오게 되어 있으며 그때 당신은 그것으로써 벗어나
게 되어서 안심하고 있었다고 하는데, 무슨 의미입니까?

조 : 그런 말 한 적 없소. 다만 전보는 내일 아침 온다는 전보였기
에 그렇게 안(安)에게 말했는데, 안(安)이 그렇다면 여기를

통하지 않고 내일 블라디보스톡에서 올 것이라고 말했소. 때
문에 나는 안(安)의 용무는 아무것도 모르고 단지 가족이 온
다고 생각하고 있었소.(園木 通譯生이 들려줌)

예심진술 부인

재 : 또 계속하여 진술한 것에 의하면, 남아 있는 우(禹)가 이등공
　　작의 기차가 몇 시경 도착하는지를 물어보아 달라고 해서 당
　　신이 물어보았더니 내일 아침 6시에 도착한다는 것이었으나
　　사실을 우(禹)에게 알려서는 안 된다고 생각되어 5시경에 도
　　착한다고 대답했다고 말하고 있는데?
조 : 말한 기억 없소. 12일 밤 위쪽에서 소리가 나서 우(禹)가 저 소
　　리는 무슨 소리냐고 묻기에 나는 러시아인의 말로는 내일 오전
　　6시경에 일본의 대관이 오기 때문이라고 한다고 우(禹)에게 말
　　하였을 뿐이고, 다른 것은 아무것도 말한 적이 없소.
재 : 그렇다면 앞서 검찰관 심문 때 말한 것은 틀린 것이란 말입
　　니까?
조 : 이번 이외의 심문에서는 아무 말한 적이 없으며 아무것도 기
　　억 못하오.
재 : 안(安)에게 묻겠는데, 전보를 칠 때 조(曺)에게 그와 같은 말
　　은 한 적이 있습니까?
안 : 그런 말은 절대로 하지 않았소.

유(劉)의 평계

재 : 지금부터 유동하(劉東夏)가 검찰관에게 진술한 바를 묻겠습니

다. 당신은 처음부터 사실을 진술하지 않았습니다. 지금 3회의 심문 때까지 유강로(劉江露)는 거짓 이름이며 본명은 유동하(劉東夏)라고 말하고 있습니다. 그리고 또 안(安)이 채가구(蔡家溝)로 갈 때 '이번에 이등이 이쪽으로 오게 되는데 자기가 이전에 신세진 일이 있으며 또 청원할 것도 있으므로 출영가는 것이다. 만약 출영 가서 만나지 못할 때에는 전보를 칠 테니 이등이 하얼빈에 도착하거든 알려 달라'고 말했다는데 어떻습니까?

유 : 안(安)이 떠나면서 말하기를 '이번에 가족을 출영하러 가는데 한편으로는 이등공작이 오기 때문에 거기도 출영 간다. 만약 이등공작을 만나지 못하면 무엇인가 쓴 것을 보내겠다'고 하고 갔소. 별로 전보로 회답하라는 얘기는 없었소.(園木 通譯生 이 들려줌)

동하(東夏)를 아동취급(兒童取扱)

재 : 안(安)에게 묻겠는데, 당신이 채가구(蔡家溝)로 떠날 때 유동하(劉東夏)에게 그런 말을 한 적이 없었습니까?

안 : 유동하(劉東夏)는 전혀 사리에 맞지 않는 말만을 하기에 일소에 부칠 수밖에 없다고 생각하오. 상식적으로 생각해도 내가 유동하(劉東夏) 같은 이에게 그런 말을 할 이유가 없소. 본인이 이야기하는 것을 잘 살펴보면 알리라 생각하오. 나는 그런 말을 한 기억이 없소.

재 : 또 안(安)에게 묻겠는데, 유동하(劉東夏)가 진술하기를, 12일 밤 김성백(金成白)의 집에서 유(劉)에게 '내일은 이등을 쏘아 죽인다. 이런 말을 다른 사람에게 하면 너도 죽이고 만다. 그리고 내일 아침 총성이 들리거든 신문사로 보내는 편지를 우편으

로 보내라'고 했다고 하는데 그런 사실이 있습니까?

안 : 그런 말을 한 기억이 없소. 하여튼 유동하(劉東夏)의 진술은 일고의 가치도 없다는 것을 말하고 싶소. 이랬든가 저랬든가 하여 조금도 믿을 수 없소.

재 : 유동하(劉東夏)에게 묻는데, 당신은 안(安)의 이름을 빌어 블라디보스톡에 송금전보를 보냈는데, 안응칠(安應七)은 친척을 맞으러 갔기 때문에 곧 돌아올 것이므로 그 전보가 곧 탄로날 것을 알았을 텐데 어쩐 일입니까?

유 : 나는 하얼빈에서 그 돈을 받아 가지고 집으로 돌아가야 할 몸이었기 때문에 내가 한 일이라는 것을 알 까닭이 없었소.(園木 通譯生이 통역함)

권총 조사

재 : (권총을 보이면서) 조도선(曹道先)에게 묻겠는데 이것이 당신이 가지고 있던 총입니까?

조 : 그렇소.

재 : 탄환은 몇 발 있었습니까?

조 : 나는 모르오.

재 : 채가구(蔡家溝)에 가서도 항상 휴대하고 있었습니까?

조 : 그렇소.

재 : (권총을 보이면서) 우에게 묻겠는데 이 총은 당신이 가지고 있던 것입니까?

우 : 그렇소.

재 : (권총을 보이면서) 안응칠(安應七)에게 묻겠는데 하얼빈 정거장에서 사용한 총은 이것입니까?

안 : 그렇소.

재 : 여기에 역에서 주은 탄환의 탄피가 일곱, 또 사람에게 맞은 탄

환이 하나, 그 밖에 당신이 가지고 있던 탄환이 있지만 특별히 보일 필요는 없다고 생각되기 때문에 이 정도만을 이야기합니다.(園木 通譯生이 통역)

범행자의 휴대품

재 : 조도선(曹道先)에게 묻겠는데 이 물건은 모두 당신의 소지품입니까?

조 : 그렇소.

재 : 이 중에는 편지가 많은데 당신의 처로부터 온 편지입니까?

조 : 그렇소.

재 : 여기에 시계, 연필, 지환, 도장이 있는데 이것은 다 우연준(禹連俊) 당신의 것입니까?

우 : 그렇소.

재 : 안에게 빌려 주었다는 것은 인감입니까?

우 : 그렇소.

재 : 한양(漢陽)이라는 것은 당신의 호입니까?

우 : 내 호는 아니고 한국의 경성(京城)을 한양이라고 쓰고 나는 경성에 살고 있기에 한양이라고 썼소.

재 : 이 지갑은 누구의 것입니까?

우 : 안(安)의 것이오.

재 : 안에 있는 것은 당신의 것이 아닙니까?

우 : 관헌에게 체포되었을 때 내가 가지고 있던 것도 다 그곳에 넣었는지 모르오.

재 : 이것은 안응칠에게 받은 것입니까?

우 : 받은 것은 아니오.

재 : 안응칠(安應七)에게 묻겠는데 이것은 당신의 것입니까?

안 : 그렇소.

재 : 왜 이 지갑을 가지고 가지 않았습니까?

안 : 옷을 갈아입고 가느라고 그것은 본래 입었던 옷 속에 그대로 있었소.(園木 通譯生이 통역)

거짓말 씨름

재 : 이 전보는 유동하(劉東夏) 당신이 받은 전보입니까?

유 : 그렇소.

재 : 무엇이라고 쓰였습니까?

유 : '채가구(蔡家溝) 역에 있을 때 만약 하얼빈에 가거든 회답하라.'

재 : 안(安)에게 묻겠는데, 유동하(劉東夏)가 당신에게서 받은 전보 내용은 과연 그대로입니까?

안 : 내가 친 전보의 내용은 그렇지 않았소. '나는 여기까지 왔다. 통지할 필요가 있으면 통지하라'고 일러두었소.

재 : 조도선(曹道先)에게 묻겠는데, 안(安)이 그런 내용으로 전보를 쳐달라고 했습니까? 당신이 친 전보의 내용은 다르지 않습니까?

조 : 왜 틀렸는지는 모르겠으나 나는 안(安)이 말한 그대로 통역했을 뿐이오.

재 : 당신이 채가구(蔡家溝)에서 받은 전보의 용지는 어떠했습니까?

조 : 안(安)이 받아서 나에게 이것은 어떤 뜻인가 통역해 달라고 했기 때문에 그 종이는 모르오.(園木 通譯生이 통역)

노래와 시

재 : 안(安)에게 묻겠는데, 언문(諺文)의 노래와 한문시는 당신이 밤에 김성백(金成白)의 집에서 쓴 것입니까?

안 : 그렇소.

재 : 어떤 감상(感想)을 가지고 쓴 것입니까?

안 : 나의 목적을 쓴 것이오.

재 : 그리고 사실 심리 때 물어보았다고 되어 있는데, 당신이 신문 사 앞으로 편지를 썼다고 하는데 그 편지가 이것입니까?

안 : 그렇소.

재 : 우덕순(禹德淳)에게 묻겠는데, 당신의 도장을 날인했다는 편 지가 이것입니까?

우 : 과연 그것인지 아닌지는 모르겠으나 안(安)이 편지를 보낼 터 이니 당신 도장을 달라고 하기에 단지 도장을 주었을 뿐 도장 을 찍은 것도 안(安)이 한 것이오.

재 : 유동하(劉東夏)에게 묻겠는데, 당신이 안응칠(安應七)에게 부 탁을 받고 겉봉을 써 주었다는 편지가 이것입니까?

유 : 내가 썼소.

재 : 이 편지를 당신이 가지고 있었다는 것은 어떻게 된 일입니까?

유 : 러시아 관헌이 와서 압수하고 말았기 때문에 나는 가지고 있 지 않았으나 안(安)의 지갑을 내가 가지고 있었소.

재 : 이것은 지갑 속에 있지 않았습니까?

유 : 지갑 속에 들어 있었소.

재 : 어떻게 들어 있었습니까?

유 : 접어서 넣어져 있었소.

재 : 이것도 접어져 있었습니까?

유 : 둘 다 지갑에서 나왔소.

재 : 그렇다면 검찰관의 취조 시 편지를 부쳐달라고 부탁받았다는 것은?

유 : 거기서 묻는 물음에 있는 그대로 대답하라고 해서 그렇게 대답했소.

재 : 안(安)에게 묻겠는데, 이 편지는 어떻게 접은 채로 넣어 두었습니까?

안 : 지갑 속에 넣었던가 넣지 않았던가는 기억하지 못하지만 하여튼 옷 속에 넣어 두었소.

재 : 우연준(禹連俊)에게 묻겠는데, 당신이 썼다는 언문의 노래는 이것입니까?

우 : 그렇소.

재 : 이 노래를 안(安)이 읽어보았습니까?

우 : 보지 않았소.

재 : 자기 노래가 들어가 있는 주머니 속에 넣어 두었던 것은 아닙니까?

우 : 그렇지는 않소.

재 : 이것은 체포될 때까지 당신이 가지고 있었습니까?

우 : 하얼빈을 떠날 때 기차 안에서 누군가에게 건네주었는지, 아니면 그대로 내가 가지고 있었는지 기억이 나질 않소.

재 : 당신은 노래가 적힌 것을 우(禹)로부터 받은 적이 있습니까?

유 : 받지 않았소.

재 : 안(安)에게 묻겠는데, 당신이 가지고 있던 도장은 어떻게 하였습니까?

안 : 지갑 속에 넣어 두었지만 그 후에 어떻게 되었는지 모르오.

재 : 대개 중요한 증거물은 보인 셈입니다. 당신들이 오히려 증거물에 대하여 반론할 것이 있습니까? 있다면 말하시오. 또 당신들에게 유익한 증거가 있으면 말할 수 있습니다.(園木 通譯 生이 통역)

의견 진술 신청

안 : 나는 증거물에 대하여는 하등의 의문이 없소만 나의 목적에 대하여는 할 말이 있소.

재 : 대충은 말한 줄로 아는데 아직도 더 말할 것이 있습니까?

안 : 대강 말했다고 하지만 결코 그렇지 않소. 10분지 1도 말 못하고 있소.

재 : 다른 사람도 증거물에 대하여 말할 것이 있습니까?

조 : 나는 아무것도 없소.

우 : 나는 증거물에 대하여는 말할 것이 없지만 안(安)과 같이 의견을 말하고 싶은 것이 있소.

유 : 나는 아무것도 말할 것은 없으나 다만 집에 가게 해 달라는 것이오.

재 : 증거물에 대하여는 무슨 할 말이 없습니까?

우 : 증거물에 대하여는 말할 것이 없소. 나의 목적을 진술하게 해 주는 것이 증거이오.

재 : 잠깐 잊어버린 것이 있었는데, 이것은 안응칠(安應七)의 소유 지갑입니까?

우 : 그렇소.

재 : 변호사측에서는 증거물에 대하여 무엇인가 신청할 것이 없습니까?

변 : 별로 없지만 시간이 있으니 피고가 의견이 있다고 하니 진술 시켜 주시기 바랍니다.(미즈노(水野) 변호사)

재 : 안응칠(安應七)과 우덕순(禹德淳)에게 말하는데, 의견을 말하고 싶다고 하는데 여기서 의견을 재판하는 것은 아닙니다. 그러나 사실 조사를 함에 있어서 당신들이 말할 필요가 있다면 요점을 간추려서 말하시오. 그러나 사실에 관한 것 이외의 것을 말하여 필요가 없다고 인정되면 멈추겠습니다. 따라서 사건과 밀접한 관계가 있는 것만을 말하시오. 또 시간도 많지

않으니 길게 끌지 않도록 하고, 특히 통역도 하지 않으면 안 되기 때문에 그런 줄 알고 간단히 말하도록 하시오. 그리고 본 건에 대하여는 아직 취조가 끝나지 않았고 이제부터 검찰관의 논고, 변호사의 변호도 있으니 최후의 의견을 진술할 때는 아닙니다. 다만 시간이 조금 있으니 듣겠다는 것입니다. 그런 줄 알고 진술하십시오. (園木 通譯生이 통역)

중근(重根)의 기염

안 : 필요한 몇 가지를 말하겠소. 어제도 목적의 대의만은 말했지만 내가 하얼빈역에서 이등을 살해한 것은 결코 내가 사람을 죽이기 좋아해서 한 것이 아니며 커다란 목적 때문이오. 그 목적을 발표하는 하나의 수단으로 살해한 것이오. 그래서 오늘부터 말할 기회를 얻은 이상은 전 세계 사람들에게 오해되지 않는 범위에서 의견을 진술할 필요가 있을 것이라고 생각하오.

재 : (변호사를 향하여) 어떻습니까? 그런 것을 지금 여기서 말하게 하는 것이 좋겠습니까?

안 : 그래서 내 목적에 대하여는 대개 말했지만 지금 말한 대로 이등을 죽인 것은 나 일개인을 위한 것이 아니고 동양평화를 위하여 한 것이오. 일로전쟁 개전 당시 일본 천황의 선전조칙(宣戰詔勅)에 의하면 동양의 평화를 유지하고 한국의 독립을 공고히 한다는 선언이 있었소. 그 후 일로전쟁이 강화(講和)되어 일본이 개선할 때에 조선인은 마치 자국(自國)군이 개선하는 것과 같이 감격하여 매우 환영하였소. 그럼에도 이등이 통감(統監)이 되어 한국에 주재하면서 5개조의 조약을 체결한 것은 한국인 상하 인민을 기만하고 일본 천황의 성려(聖慮)를 거슬린 것이오. 그 때문에 한국 상하 인민은 매우 이등

을 원망하게 되었으며, 그 반대를 부르짖었소. 그 후 또 7개조의 조약이 체결되었기 때문에 이등의 방약무인의 태도는 한국에 대해 불이익한 것뿐이라는 것이 점점 더 드러났소. 이는 모두가 느끼고 있었소.

이등은 강제로 전 황제를 폐위시키고 더더욱 방약무인하여졌소. 그래서 한국의 인민은 통감을 보면 대부분 구적(九敵)과 같이 생각하였으며 나 역시 마찬가지였소. 그래서 나는 여러 곳에서 유세하였으며, 가는 곳마다 싸웠고 의병(義兵)의 참모중장(參謀中將)으로서 여러 곳의 전쟁에도 나갔소. 그래서 오늘 이등을 하얼빈에서 살해한 것은 한국독립전쟁의 의병중장의 자격으로 한 것이오. 그렇기 때문에 오늘 이 법정에 끌려 나온 것은 전쟁에 나가 포로로 된 것과 같소. 나는 그런 이유로 자객으로서 심문을 받을 이유가 없는 사람이라고 생각하고 있소.

내가 의견을 진술할 것은, 지금 양국 관계라는 것이 일본신민이 한국에 와서 관계(官界)에 나가고 있소. 조선 사람이 일본천황을 위하여 충의(忠義)를 다할 수 없다는 것은 있을 수 없고, 또 일본국민으로 한국 황제를 위하여 충의를 다 할 수 없다는 것도 있을 수 없소. 그럼에도 불구하고 이등이 한국의 통감이 된 이래 체결한 5개조의 조약, 7개조의 조약 같은 것은 모두 무력으로써 강제로 한국 황제를 협박하여 체결한 것이오. 원래 이등도 한국에 와 있는 이상은 한국 황제폐하의 외신으로서 처신하여야 할 것이오. 그러나 그는 무엄하게도 황제폐하를 억류하고 폐제(廢帝)까지도 하였소. 그 범할 수 없는 분을 자기 멋대로 침범하는 것은 천황보다도 더 높은 분이라고 하지 않으면 안 되오. 이등의 소위는 나라의 백성으로서의 행위는 아니오. 선량한 충신이 아닌 것을 알기 때문에 한국에 의병이 일어나 싸우고 있으며, 또 그것을 일본의 군대가 진압하고 있소. 이것이야말로 한국과 일본과의 전쟁이라 아니할 수 없소. 이런 일은 일본천황의 성려인 동양의 평화를 유지하고 한국의 독립을 공고히 하겠다는 성지(聖旨)에 반한 것이오. 또 이등이 일본천황의 성지에 반하고 있다는 것은 외부(外部), 공부(工部), 법부(法部), 통신기관은 일본에 붙여 버리고 말았다는 것이오. 그래서 지금 말한 대로 이등이 일본 측에서 보나 한국 측에서 보나 역적이라는 것을 충분히 알 수 있소.

또 갑오년(甲午年)에 한국에 커다란 불행이 있었소. 그것이 무엇인가 하면 한국 황후(皇后)를 이등이 일본의 많은 병력을 이끌고 살해한 국난이 있었소. 그리고 더 나아가 일본에 대해서도 역적이라는 이유가 있소.

재 : 그런 깊이 있는 것으로 나아간다면 공개를 정지하지 않으면 안 되게 됩니다.

안 : 그러나 이것은 지금까지 신문이나 세상에 이미 발표되어 있는 것이기에 새삼스럽게 여기서 말한다고 해서 방청을 금지할 이유는 없다고 보오.

재 : 경우에 따라서는 정지할는지도 모릅니다.

안 : 조선 사람인 내가 이미 들은 바에 의하면 이등은 일본을 위하여는 매우 공로 있는 사람이라고 들었소. 그러나 다른 한편으로 일본 황제에 대하여는 커다란 역적이라고 듣고 있소. 황실에 대하여 역적이라 함은 현 황제의 전제(前帝)를 …… (園木 通譯生이 통역)

재 : 피고의 진술은 공공의 질서에 방해가 되는 것으로 인정되기 때문에 공개를 정지합니다. 방청인은 전부 퇴정.

(때는 오후 4시 25분)

4일차 공판

- 검찰관의 논고-

제일(第一). 사실론

(2월 10일 오전 9시 40분 개정)

재 : 계속해서 취조합니다. 어제 폐정할 때 본건의 심문은 이후에
　　는 별로 공개를 금할 이유가 없기 때문에 오늘은 공개석상에
　　서 취조합니다. 지금부터 본건의 범죄사실에 대하여 검찰관의
　　의견을 진술할 터이니 잘 듣도록 하시오.(園木 通譯生이 통역)
미조구찌검찰관 : 조금 길게 될지도 모르겠습니다. 그러나 본건 사
　　실의 문제를 사실론(事實論)과 법률론(法律論) 두 갈래로 질
　　서를 세워서 논고하고자 합니다. 먼저 첫째, 피고의 성격에 대
　　하여 말할 필요가 있다고 하겠습니다. 거기 대하여는 먼저 유
　　(劉)에 대한 것부터 시작하겠습니다.

각 피고의 성격

유동하(劉東夏)

　피고 유동하(劉東夏)는 포브라니찌나야에 있는 한의(韓醫)의 아들
로서 집은 얼마간의 자상을 가지고 있는 것 같습니다. 조선의 관습에
의하여 일찍 결혼을 하게 된 자로 교육은 별로 받지 못했으며, 고향을
떠나 오랫동안 러시아 땅에 살아서 러시아 문자 언어는 일상생활에
별 지장 없을 정도라고 하나, 독립에 대한 정치사상 같은 것은 전혀
없습니다. 성질이 간특한데, 예컨대 대동공보의 유진률(劉鎭律)에게

송금을 부탁하면 돈을 부쳐줄 것이라는 말을 듣고, 안중근(安重根)이 채가구(蔡家溝)를 떠나자 그가 살아서 다시 오지 못할 것을 알고 안 (安)의 이름으로 돈을 사취(詐取)하고자 한 사실이 그 증거의 하나라 고 할 수 있겠습니다. 한국 사람은 연소(年少)하여도 간교하며 그대 로 늙어간다는 것이 유(劉)의 간지에서 그 예를 볼 수 있습니다.

조도선(曺道先)

피고 조도선(曺道先)은 고향에 부친이 있으나 오래 전 출가하여 러 시아 땅에 거주하면서 세탁업과 토공(土工)에 종사하였으며, 본래부 터 재산은 없으며, 작년 구력 7,8월 경 하얼빈에 왔을 때에는 야밤도 주하다시피 왔다는 것을 스스로 진술한 바 있습니다. 또 김성백(金成 白)씨 집에서 별로 하는 일 없이 한 달 가까이 식객으로 있었으며, 러 시아인 부인에 대하여 깊은 애정을 가진 것 같습니다. 왜냐하면 그 처 에게서 발송되어 온 목하 압수되어 있는 이 서신에 나타납니다. 또한 그는 대단히 총기 있는 것 같은데, 이는 편지 두 통을 발견함으로써 밝혀졌습니다. 조(曺)가 하얼빈으로부터 구력 8월 31일 그 처에게 20 루블을 전보로 송금하였더니 처는 지환(반지), 기타 소지품을 저당 잡혀 15루블을 송금하였으며, 또 피고가 10월 9일 그 처에게 하얼빈 에 오라고 타전한바 처는 피고가 체포된 후 하얼빈에 왔으며, 11월 1 일 하얼빈역으로부터 당 감옥으로 그가 압송될 때 앞서 전보에 의하 여 온 처는 하얼빈역의 플랫폼에 나와서 석별의 눈물을 흘렸었습니 다. 이는 조(曺)가 우(禹)에게 말한 대로이며 따라서 처를 버리고 몸 을 던져서 한 번 한다면 할 수 있는 의기남아는 아니며, 교육이라고는 전혀 받은 바 없으며, 다만 오랫동안 러시아 땅에 있었고 또 러시아인 을 처로 맞았기 때문에 러시아어는 통하나 독립의 정치사상 같은 것 은 도저히 있을 수 없는 자입니다. 그 기질인 인순고식(因循姑息 : 낡 은 습관과 폐단을 벗어나지 못하고 눈앞의 일만을 취함)은 면할 수 없습니다.

우덕순(禹德淳)

피고 우덕순(禹德淳)은 고향에 부모처자가 있으며, 4년 전부터 러시아 땅에 방랑하여 가정의 안락도 없고 재산은 전무하며 직업이라면 담배를 팔거나 열쇠를 만드는 것입니다. 대동공보사의 수금원을 할 때에는 10루블의 월급을 받고 있었으며, 재산이라고는 아무 것도 없습니다. 블라디보스톡의 숙소는 고준문(高俊文)씨 집에 7루블의 체불이 있으며, 이번 일과 같은 것을 하고자 수찬[水靑]에 간다고 하고 돌아다니다 왔으며, 숙소에 열쇠 만들던 도구를 놓아 둔 채 떠난 자입니다. 학문은 천자문(千字文), 동몽선습(童蒙先習), 통감(通鑑) 제2까지 배웠다는 것은 그 자신이 진술한 바이며, 그 정치사상은 천박하나 독립에 대한 견식이 있는데, 그 기초는 한국의 언문 섞인 신문들입니다. 주로 황성신문, 대한매일 등을 보았다는 것은 스스로 말한 것이며, 또 대동공보도 그가 보고들은 것입니다.

안중근(安重根)

피고 안중근(安重根)은 피고 4인중 뛰어나며, 할아버지는 안인수(安仁壽)라고 하며 진해군(鎭海郡)의 군수를 역임한 바 있고, 아버지는 안태훈(安泰勳)이라고 하여 진사(進士)입니다. 재산도 상당히 많아 안(安) 자신의 말하는 바에 의하면 본래 천석군이었고 지금은 수백 석의 토지가 있다고 하는데, 그 둘째 동생이 말하는 것에 의하면 현재도 풍년이 들면 백 석, 흉년에는 4,50석이 된다고 합니다. 하여튼 황해도 신천의 명문으로 그 지위는 양반에 속하지 않는다고 하여도 1894년 동학당이 일어날 때 부친 안태훈(安泰勳)은 관찰사의 명을 받아 이들을 토벌하여 그 명성이 혁혁한 바 있으며, 그가 일찍부터 불란서의 천주교에 귀의하여 그 신앙이 견고합니다. 안(安)이 영세를 받은 것은 그의 나이 17세경이며 이것은 피고나 둘째 동생이 진술한 바이고, 집안 재력에 여유가 있어서 형제 세 명이 같이 교육을 받아 둘째는 중등교육을 받았으며, 안(安)은 정규 학업을 좋아하지 않았던지 이런 집에 살면서도 약간의 성경과 통감(通鑑) 9권까지와 한역(韓譯) 만국사(萬國史) 및 조선사를 읽었다고 합니다. 한국의 대한매일, 황성신보, 제국신보, 상항(샌프란시스코)의 공립신문, 블라디보스톡의 대동공보 등에 의하여 정치사상을 함양하였으며, 또 진남포(鎭南浦)로 이사한 후에는 배일변사(排日辯士) 서북학회(西北學會)의 안창호(安昌浩)의 연설을 듣고 대단히 감분(感憤)한 것 같은 것은 둘째동생이 진술한 것이며, 진남포에서 다른 사람과 석탄상을 경영했으나 실패하여 많은 부채를 남겼습니다. 기질은 강팍하고 매사에 부모형제와 의견이 합하지 못한 것은 안(安)자신 및 형제 진술에 의한 것이며 처자(妻子)에 대하여서도 대단히 냉담하며, 자기를 믿는 힘이 강하고 선입주견(先入主見)에 대하여는 쉽사리 다른 설을 받아들이지 않는데, 앞서 말한 신문 및 안창호(安昌浩) 기타 논설에 의하여 한 번 정치사상이 주입되면서 형제 처자를 버리고 고향을 뛰쳐나와 배일파(排日派)가 모여 있는 북한(北韓) 및 러시아령으로 가 점진파(漸進派) 또는 급진파(急進派)와 사귀었으며, 처음에는 교육 사업을 일으키고자 하였으나 성취하지 못하고 의병(義兵)에 투신하여 방종무뢰배들과 같이 지내게 되었습니다.

범죄의 동기

피고 특히 안중근(安重根), 우덕순(禹德淳)의 이번 범죄는 자기의 분수와 역량, 자국의 영고성쇠 및 그 유래에 관한 합당한 지식의 결핍에서 생긴 오해와 타인(他人) 특히 이등공의 인격과 일본의 국시 선언 및 열국교섭, 국제법규 등에 관한 지식의 결핍에서 생긴 오해로부터 완강하여 사리에 어두워서 자존과 배일(排日)을 주장하는 신문 및 논설(論說)에 맹종한 결과 한국의 은인인 이등(伊藤)공 보기를 원수를 보듯 하여 그 과거의 사정에 대한 복수를 하려고 한 것이 바로 동기입니다.

피고 특히 안(安), 우(禹)는 지사인인(志士仁人) 또는 우국지사(憂國之士)로 자처하고 있으면서 그 뜻은 크지만, 실은 자신들을 영웅이라 생각하여 나아가 나폴레옹에 비하고 혹은 이등공과 동등을 주장하였습니다. 그런가하면 사람들에게서 강탈하고 여관을 휩쓸고 다니는 것이 다반사였고, 또 상식을 벗어난 방랑을 하였습니다. 피고는 한국 2천만인을 대표한다고 대성질호(大聲疾呼)하는 것으로 보아 분수를 모르는 자입니다. 조선에는 이와 같이 국운이 쇠하여서 생기는 어려움 때문에 한국사(韓國史)를 한 번 펴면 덮을 줄 모르고 멈출 줄 모르며 탄식을 하는 자가 많습니다(지금 여기에 열거할 틈이 없음).

일본의 한국에 대한 국시는 한국독립의 공인(公認) 및 그 옹호에 있는데, 이것의 하나는 1883년 12월 27일 한일수교조약에서 먼저 선언되었으며, 1894년 8월 두 차례에 걸친 조약에 의하여 내정을 개혁하고 독립의 자유를 안정하였습니다. 1899년에는 대한국 국제(大韓國國際)가 발표되어 대한(大韓)이라고 국호(國號)를 새롭게 한 것도 다 우리의 우의(友誼)이며, 기타 일로협상(日露協商), 일영동맹(日映同盟)의 취지에 있어서도 우리 제국의 국시는 일정하니, 우리의 선언 및 조약은 실로 세계열국이 다 아는 바입니다. 그리고 불행히도 일로(日露)간 틈이 생겨 1904년 2월 23일 일본은 한국독립을 보증하는 5개조의 조약을 체결하였으며, 여기에는 일본은 한국의 독립을 보장하고 한국은 일본의 충고를 받아들인다는 조항이 있습니다. 또 그 후에 나온 한일보호협약(韓日保護協約)은 이 조약의 취지를 이행하고자 우리의 충고를 감수하여 성립된 것입니다. 이는 조금도 의심의 여지가 없는 것으로써 일본제국이 병력으로 조약을 강요한 것은 아니며, 단지 한국이 충고에 응하였을 따름입니다.

이등공이 초대 통감으로 부임하여 이러한 국시에 일치하는 시정(施政)을 한 것은 이론의 여지가 없습니다. 이등공은 일본 개국사상(開國史上) 큰 인물로 단 것 쓴 것 다 경험하면서 일본의 오늘이 있게 한 사람입니다. 오랜 원숙(圓熟)함과 노성(老成)함으로 화육(化育)을 위하여 노구를 끌고 한국에 와서 한국을 위해 진력한 성의는 유식한 자들은 다 같이 시인하는 바라 지금 이것에 대한 찬사를 재언급할 필요는 없습니다.

공(公)은 한국에 있어서 한국인의 오해를 피하기 위하여 매우 많은 연설을 하였습니다. 그 예의 하나로 1909년 6월 19일 이등공은 관저에 원로들 및 요직에 있는 많은 인사들을 모아 자신의 시정에 동심협력(同心協力)시키고자 심중에 있던 말을 했습니다. 연설의 대지(大旨)에서 말하기를 "나는 한국의 유도부액(誘導扶腋)을 목적으로 구태여 한국의 멸망을 바라지 않는데, 가령 폭도와도 같은 그들의 진의와 진정에 대해서는 본래부터 내가 많은 동정을 표하는 바다. 그러나 그들은 다만 나라의 멸망을 분개하는데 그치고 아직 나라를 구하는 길은 모르며, 만약 그들에게 폭도로써 그 뜻을 이루게 한다면 결과는 오히려 한국의 멸망을 초래하는데 불과하지 않겠는가. 즉 한국을 생각하고 한국을 위하여 진력하여야 하는 점을 말한다면 나의 뜻도 그들의 뜻과 조금도 다를 바 없으며, 다만 그 수단을 달리할 뿐이다. 운운"

"지사인인(志士仁人)은 몸을 죽여 인을 이룸에 살신성인(殺身成仁)하니 나는 한국을 위한 지사인인으로 자처하는 바이다. 옛날 자산(子産)이 정(鄭)나라를 다스릴 때 당초 이에 반대하는 사람이 많았다고 하지만 나중에는 정인(鄭人)이 다 말하기를, 우리에게 옷을 주고 먹을 것을 준 자는 자산(子産)이라고 한 것과 같이, 나도 자산의 마음으로 한국에 임하고 있다. 지금 나의 정책에 대하여 이것저것 비난하는 자가 있을지라도 훗날에는 번연(飜然)히 그 잘못을 깨달을 때가 있을 것이다. 운운"

공이 한황(韓皇)을 호종(扈從)하고 지난 봄 남쪽으로는 부산(釜山)으로부터 북쪽으로는 신의주(新義州)까지 갈 때에 기회만 있으면 사람들을 맞아서 소회(所懷)를 토로하여 오해를 풀고자 연설한 바 있습니다. 1월 12일 대구 이사관 관사에서 군수, 양반 및 유생(儒生)을 모아놓고 한 연설에서 말하기를,

"사람들이 망하지 않게 그들을 도와주려면 그 나라에 가서 은근한 정책으로 국민의 교육을 장려하고 산업을 장려하며 특히 국군(國君)으로 하여금 덕을 쌓게 하고 국민의 마음을 편안케 하는 수단을 택하는 도리 밖에 없다. 나는 통감으로 이 나라에 와서 이웃나라와의 교의(交誼)를 중하게 여기는 성명(聖明)한 우리 군주의 이웃나라에 대한 우애의 원려(遠慮)를 한국 상하에 심어주고자 성심성의껏 노력하고 있다. 여러분들이 반복하여 숙고하면 의심할 사적(事蹟)이 있을 수 없다. 운운"

1월 하순 평양에서 행한 연설은 한국의 국력을 통계적으로 나타내 청중들을 크게 감동시킨 바 있는데 그 결론에 이르기를,

"요컨대 일본이 한국에 와서 보호코자하는 취지는 한국의 국력을 발전시키고자 하는 것이며, 현재 국력은 이상에서 진술한 대로 미약하므로 여러분들이 분발하여 나라를 사랑하고 서로 제휴하여 한국의 국력발전을 도모하기를 간절히 바란다. 운운"

4월 24일 한국 관광단이 동경에 들어오자 동양협회의 석상에서 한일 양국의 관계를 설명한 연설이 있었는데 그 대목에서 말하기를,

"삼가 말씀드리지만 본관은 오늘까지 3년 반 동안 대명(大命)을 받아 한일 양국을 위하여 성심성의 힘이 미치는 한 진력하였다. 그러지 못하고는 죽어도 눈을 감지 못한다. 운운"

요컨대 피고 등이 자타에 대한 무지로 이등공이 일본의 국시에 반(反)하여 동양의 평화를 문란케 한다고 함은 실로 일소에 부칠 가치도 없는 것입니다.

범죄의 결의, 정황, 일시, 장소

1. 결의를 하기까지의 모습은 이등공(伊藤公)에 대하여 사원(私怨)이 있는 것이 아니어서 개인으로서의 생명을 빼앗는 것은 참을 수 없는 것이지만, 동양의 평화와 한국의 독립을 위해서는 이것을 잊어버리지 않을 수 없었다고 합니다. 때문에 그것을 위해서는 부모, 처자(妻子), 형제도 버려서 현재 안(安)과 같은 이의 심중에는 부모, 처자, 형제도 없다는 것이 피고의 주장이며, 심리적으로 범죄와 범죄방지 관념이 다투다가 그 방지관념을 억압하고 살의(殺意)를 결정한 것으로서 미리 도모한 살해라고 말하지 않을 수 없습니다.

2. 이 결의는 블라디보스톡에서 출발 전 창졸간(倉卒間)에 일으킨 것이라 하나 안(安)은 3년 전부터 살해의 의사가 있었다. 안(安)이 정대호(鄭大鎬)에게 부탁하여 그 처자를 불러오고자 한 것은 구 8월의 일입니다. 이등공이 만주로 건너온다는 풍문이 동경에서부터 만주에 처음 알려진 것은 10월 16일발 전보였는데 이를 만주일일(滿洲日日), 요동신보(遼東新報)가 함께 동경발 전보로써 게재하였으며, 러시아 하얼빈 신문에 처음 나타난 것은 노력(露曆 : 러시아 달력) 10월 7일

즉 일본의 10월 20일로서 실제 공표된 것은 10월 중순입니다.

안(安)은 블라디보스톡 출발 2일전에 거기 와서 블라디보스톡 대동 공보사에서 이등공이 하얼빈에 온다는 풍문을 들었다고 했으며, 그렇다면 공표후의 일인데, 안(安)이 어떤 경로를 따라 블라디보스톡에 왔으며 또 얼마나 오래 블라디보스톡에 있었는지는 권모술수가 있는 안(安)의 진술이기에 쉽게 단정할 수 없지만, 피고의 죄적(罪迹)과 관계가 없는 것은 깊이 추궁하지 않습니다.

3. 살해사건에 대하여 안(安)과 우(禹)가 서로 통모(通謀)가 있었다는 것은 그들의 자백, 이강(李剛) 앞으로 보내는 편지와 두 사람의 노래 및 탄환 분배 등의 사적에 비추어 많은 말이 필요 없습니다. 그리고 유(劉)나 조(曺)와 통모한 것에 대한 증거는 설명할 것이 없으며, 이 두 사람의 성격으로 미루어 보아 공모하기에는 적당치 않아 보입니다. 두 사람을 끌어낸 가장 큰 이유는 통역을 위하여 부른 것이 사실이라고 할 것입니다. 조(曺)는 로력(露曆) 10월 9일 그의 처를 일크쯔크에서 맞으려고 전보를 보냈으며, 동월 10일 밤 안(安), 우(禹)가 편지를 쓸 때 유(劉)와 조(曺)에게 보이지 않은 것도 두 명에게는 유익한 일들입니다.

그렇다고 하여도 안(安), 우(禹)가 일을 실제 결행하기에는 다른 조수(助手)가 필요한 사정이었는데, 안(安)은 하얼빈역 밖에서 일을 행함에 열차가 교행(郊行)하는 기회를 이용하고자 11일 원동보(遠東報)의 이등공 도착의 시간을 확실히 알 필요가 있어 그 시간을 알기 위하여 하얼빈과 채가구(蔡家溝)에서 통신 연락이 필요하였습니다.

또 유(劉)와 조(曺)의 이름을 이강(李剛) 앞으로 보내는 편지에 기록할 때 조(曺)자(字) 아래 "友"자를 특별히 부기(附記)한 것과 유동하(劉東夏)를 통하여 앞으로의 일은 본사에 통지한다는 것은 보통 관계가 아니며, 구력 11일의 채가구(蔡家溝)와 하얼빈과의 왕복전보 같은 것은 하나의 은어(隱語)전보로서 약속이 없으면 소용이 없는 성질의 것이라고 할 것입니다.

항차 유(劉)는 이등공에 관한 은어 전보임을 명언(明言)하였다고 말함에 있어서 유(劉)는 안(安)의 명의로 유진률(劉鎭律)에게 100루블을 사취코자 하였으며, 안(安)이 생환할 경우에는 즉시 발각되지 않도록 빨리 그 날 돈을 받아 포브라니쩌나야로 도망가고자 한 것도 후일 안(安)이 살아 돌아오면 혼나게 될 것이 명백한 때문이었습니다. 기타 유(劉)가 11일 아침 4루블을 얻어 그 돈으로 타전한 일, 10일 조(曹)에게 가기 전 세 사람의 결별의 뜻으로 사진을 찍은 점, 안(安)이 가방을 맡긴 점, 편지를 두 통 맡아가지고 있는 점 등에 비추어 11일 채가구(蔡家溝)에 도착하기 전에 공모한 것이라고 아니할 수 없습니다.

조(曹)와의 공모가 언제 성립되었는가를 말하자면, 우(禹)의 진술 중 정대호(鄭大鎬)와 면식도 없는 우(禹)가 동행한 것, 25일 안(安)이 두 사람을 남겨둔 채 하얼빈에 돌아간 일 등을 보아도 가족 또는 정대호(鄭大鎬)를 맞으러 간 것이 사실이 아님은 미루어서 잘 있는 바입니다.

유(劉) 앞으로 보낸 전보는 조(曹)의 통역에 의하여 된 글자대로라면 정(鄭)을 맞을 이유가 없으며, 만약 블라디보스톡으로부터 25일 온다고 답신이 있었다는 조(曹)의 말이 진실한 것이라면 안(安)과 25일에 하얼빈으로 돌아가지 않을 수 없었습니다. 또 우(禹)는 피스톨은 안(安)이 준 것이라고 들었다고 말했으며, 원래 담이 작은 조(曹)와 같은 자가 평소 피스톨을 휴대하고 있다는 것은 그 인물에 어울리지 않습니다. 또 전보를 친 후 안(安)으로부터 일본고관을 쏘겠다는 말을 들었다고 하였는데, 이것 역시 전혀 근거 없는 것이라고 할 수는 없습니다. 또 러시아 관헌의 조서에 의하면 하얼빈으로부터 제3, 관성자(寬城子)로부터 제4열차의 교행시 정차하자마자 세 사람이 열차를 돌아 목측(目測)한 정황이 있습니다. 또 로력(露曆) 13일 아침 일찍 조(曹)가 일어나 용변을 보고 다음 우(禹)도 역시 들어가 용변을 핑계하여 외부로 나가고자 기도하였으나 못 나가고 그 후 두 사람 다 같이 잠자지 않았으며, 휴대한 흉기에 조(曹)가 5발을 장전한데 비추어 보아 처음부터 끝까지 속아서 이용되었다고 추측할 수는 없습니다. 그리고 특히 체포 후에 러시아 관헌과의 문답에서 조(曹)가 도망치게 해주면 돈을 주겠으며, 그 은혜는 평생 잊지 않겠다고 말했다는 점에 비추어 본다면 사전에 공모한 것으로 단정하기에 어렵지 않습니다. 조(曺)와의 공모 시기는 채가구(蔡家溝)로 가던 도중이나 안(安)이 하얼빈으로 돌아오던 사이라고 하는 것이 상당히 신빙성이 있습니다.

유(劉), 조(曺)와 같은 인간이 공모한다는 것은 잘 이해할 수 없다고 할지라도 먹여주며 이(利)로써 달래고, 만일의 경우 안(安)과 우(禹)가 모든 책임을 지고 절대로 누를 끼치지 않겠다고 하며, 또 한국인의 일반적인 배일사상을 고취한다면, 이런 인물들은 부화뇌동되어서 그 수족이 될 수 있도록 할 수 있으며, 이들을 유혹 시 다른 사람에 대한 것은 말하지 않도록 굳게 약속한 바 있습니다. 안(安)이 유(劉), 조(曺)에 대하여 직접 말하지 않은 것은 자신의 사상 때문이며 또 그들에게 누(累)를 끼치지 않겠다는 것을 보증한데 원인이 있습니다. 요컨대 안(安)은 그 사상을 관철하였으나 우(禹)는 의지가 약하여 다른 사람의 일도 입 밖에 내게 되었습니다.

범죄의 기회 및 행위

안(安), 우(禹)는 10월 8일 오전 8시 55분 블라디보스톡을 출발하여 3등의 우편열차로 소완구니(小王嶺)에 도착한 뒤, 여기서는 2등으로 바꿔 타고 하얼빈에 도착하였습니다. 그것은 포브라니치나야에 세관어 있어 3등 승객에 대한 검사는 지나치게 엄하여 발각될 염려가 있기 때문이었습니다. 도중에 유(劉)를 동반하고 9일 오후 9시 하얼빈에 도착하여 김성백(金成白)씨 댁에서 숙박하고, 10일 조(曺)를 데리고 와서 통역을 부탁하고, 11일 오전 9시 채가구(蔡家溝)로 떠났습니다. 안(安)이 채가구(蔡家溝)로부터 하얼빈으로 되돌아온 것은 로력(露曆) 9월 11일부의 유(劉)의 전보에 다음날 아침(明朝) 즉 12일(陽曆 25일) 아침 이등공이 도착한다는 것을 알렸기 때문이고, 채가구(蔡家溝)에는 새벽 미명에 통과하는 기차가 없는 것으로 봐서입니다. 안(安)이 채가구(蔡家溝)로부터 되돌아온 것은 부족한 돈을 보충하기 위해서라고 했지만, 결행이 목전에 박두하였는데 여분의 돈을 구해서 무엇할 것입니까? 그것은 다만 둔사(遁辭)임을 알 것입니다. 또 세 사람이 그곳에 있기보다는 서로 헤어져 분산하여 있는 것이 일에 편리하겠다는 의견이 있었다는 것은 안(安)이 일단 자인한 것이며, 또 우(禹), 조(曺)와 헤어질 때 하얼빈의 형편을 보아서 다시 올 것이고, 당신들은 기회가 오거든 여기서 일을 행하라고 한 것은 안(安), 우(禹)의 진술을 종합하면 명백해집니다.

안(安)은 하얼빈에 돌아가서 그 수순(手順)이 틀린 것을 보고 유(劉)를 꾸짖은 정도였으나 잘못되어서 도리어 호리를 얻게 되었습니다. 로력(露曆) 9월 13일(陽曆 26일) 아침의 하얼빈역 안에 일본인의 자유 입장을 허락하게 되었는데, 일본인과 비슷한 한국인과 일본인과의 구별을 못하였고 취체가 없음으로써 안(安)은 마음 놓고 환영인파의 주변에 들어가 이등공을 저격하여 죽음에 이르게 하였습니다.

그 상황에 대하여 러시아 대장대신의 증언은 대체로 믿을 만한 것으로 안(安)이 사용한 총기는 예리한 브로닝 7연발식으로써 아직 나머지 한발이 들어 있었습니다. 피고는 권총에 숙련되어 한발이라도 공발이 없이 세 발이 이등공에 명중했는데, 더욱이 피고가 필성(必成)을 기도하였던 무서운 십자절목(十字切目)의 탄환은 인체의 견부(堅部)에 닿으면 연(鉛)과 니켈 껍데기의 분리를 재촉하는 효용이 있어 창상을 크게 했으며, 폐에 박힌 두 개의 탄환이 흉광(胸胱) 안의 대출혈로 10수분 후에는 절명하게 되었습니다. 어떤 증인의 말에 의하면 이등공이 흉한이 한국인이라는 것을 듣고 "바보 같은 놈"이라고 하였다고 하지만 사실은 그렇지 않고 이등공은 흉한의 국적을 조사한 결과도 모른 채 죽었던 것입니다.

공작을 쏜 증거로 공(公)과 피고 사이에 있던 가와가미(川上) 총영사가 다른 총알에 의하여 오른쪽 상박(上膊)에 한발을 맞고 부상당한 것은 관계자의 증언 및 감정에 비추어 많은 설명이 필요치 않습니다. 피고는 공작으로 생각한 선두에 선 사람에게 총구를 겨누어 네 번 총을 쏜 후, 혹은 공작이 반대 방향에 있을는지도 모른다는 미심쩍은 생각에 방향을 바꾸어 또 3발을 발사하였습니다. 그 탄환은 모리 및 다나까(田中) 두 사람을 부상시켰으며 그 부상은 감정(수사)대로로써 여기서 별로 열거할 필요가 없습니다. 남은 한 알의 총탄은 플랫폼에 있었는데 십자형절목에는 나사모(羅沙毛)를 쑤셔 넣은 채 러시아 관헌으로부터 송치되어 왔습니다. 이것 역시 증거품으로 제출한 바 있으며, 이것이 나까무라(中村) 및 무로다(室田) 두 사람의 바지를 뚫은 것입니다.

우(禹)와 조(曺)는 채가구(蔡家溝)에서 일을 치르려고 했지만 12일 밤부터 13일 이등공이 탑승한 열차가 통과할 때는 물론 그 후에도 경계가 엄중하자 용변을 핑계 삼아 외출을 하고자 하였으나 이루지 못하였습니다. 만 가지 장애를 물리치고 일을 수행하고자 했던 대단한 우덕순(禹德淳)도 어찌할 수 없어 내심으로 미리 안(安)에게 받은 십자형의 절목이 있는 탄환을 브로닝식 7연발총에 장전하였는데, 이 탄환 중 한 알은 총신 안에 들어있고 안전장치를 풀어 방아쇠에 손만 대면 연속 발사되게끔 해두었지만, 결국 발사할 기회가 없었습니다. 조(曺)도 역시 5연발총에 5발을 장전하고 있었으나 기회가 없어 한(限)을 머금고 체포되어 그 목적을 이룰 수 없었습니다.

유(劉)는 어떤 측면으로 가담했는가 하면, 통신연락원이 되어 안(安)을 하얼빈역에 오게 해서 두 번 다시 채가구(蔡家溝)로 갈 수 없게 만들어 도리어 하얼빈에서 흉행의 기회를 얻게 하였습니다. 안(安)으로 하여금 만약 채가구(蔡家溝)에 있게 했더라면 이등공의 생명은 모름지기 빼앗을 수 없지 않았겠습니까? 그러므로 그 결과에 대하여 유(劉)의 행위도 방조한 것이라고 할 수 있겠습니다.

그리고 조(曺)는 가담하여 같이 실행하고자 하였으나 우(禹)와 같이 이룰 수 없었으며 예비에 그친 것입니다.

제이(第二). 법률론

소송법(訴訟法)상의 문제(問題)

이 사건을 취급함에 있어 관할권의 문제로 당 법원의 관할이냐 아

니냐, 또 그 수속절차가 적법한가 아닌가 하는 것이 그 선결 문제인
바, 하지만 이 문제의 당부(當否)에 관계없이 실체법상 유죄 무죄형
의 종류의 정도를 논하는 여지는 말할 것도 없습니다. 또 이 문제의
성질은 소송당사자의 주장을 들을 것이 아니라 실로 재판소의 직권조
사 사항에 대한 것입니다.

1. 본 직은 본건은 본원의 관할임을 천명합니다. 그 이유는

(가) 하얼빈은 청국(淸國) 영토로서 동청철도부속지(東淸鐵道附屬
地)임과 동시에 공개지(公開地)입니다. 청국에 대하여 치외법권을 가
지는 모든 나라는 이 땅에서 자기 나라의 국민에 대하여 법권(法權)
을 가집니다. 일본 및 한국이 청국에 대하여 자기 국민에 대하여 법권
을 가지는 것은 조약상 명백하며, 따라서 본건에 대하여 러시아 또는
청국에 재판권이 없음도 역시 명백합니다.

(나) 하얼빈주재 제국 총영사는 1899년 3월 법률 제70호, 1890년
4월 칙령 제153호에 의하여 일본신민을 관할합니다. 단 이들 조약에
만 의거한다면 일본관헌에게 외국인인 한국신민의 관할권이 있다고
할 수 없습니다. 하지만 그럴지라도,

(다) 1905년 11월 17일 한일보호조약 제1조에 의하여 한국 외에서
한국 신민의 보호는 제국 관헌이 이것을 행하게 되어 있는데, 이러한
조약의 성질과 효력도 제국에 있어서 법원(法源)의 하나로 인정한 학
설 및 실례가 있습니다. 이 한일조약에 의하여 제국총영사의 직무관
할에 관한 법령은 확충 효과를 가지기 때문에 총영사가 일본신민 외
에 한국 신민을 관할하는 것이 당연합니다. 고로 소송법상 본건은 하
얼빈 제국총영사의 관할에 속한다는 것이 역시 명백합니다.

(라) 다시 1909년 법률 제52호 제3조에 의해 외무대신에게 영사재
판권의 관할이관과 명령권을 인정함에 따라서 본건은 1910년 10월
27일의 동대신의 발령에 의하여 관할에 속하는 바 이론의 여지를 둘

수 없습니다.

2. 또 당시 법원의 관할권을 옮긴 후에는 법원의 소속법인 1909년 9월 22일 칙령 제213호 관동주재판사무취급령(關東州裁判事務取扱令)에 따라 행해지는 소속은 적법합니다. 동령(同令)에 의하면 중죄 사건에 있어서 예심(豫審)을 반드시 거치지 않아도 되는 것을 동 제 73조에 명기한바, 본 건은 피해자, 범인, 범죄의 장소, 그 방법 등이 천하의 이목을 진동시킨 것으로 그 사실이 간단합니다. 즉 당연히 강력 현행범이므로 검찰관의 조사 결과 즉시 공판을 청구한 것은 내지(內地)에서 행해지는 형사소송법과는 다르지만 하등의 위법은 아닙니다.

따라서 요컨대 관할권 위반, 또는 공소 불수리 의논의 여지가 없음을 언명합니다.

실체법상의 문제

1. 피보호국 신민에 대하여 보호국 관헌의 관할 및 소속은 명확한 것입니다. 하지만 어떤 실체법을 적용해야 하는가에 대한 논의의 여지는 있을 수 있는데, 그 반대설을 생각할 때 한국신민에 대해서는 일본관헌이라도 한국법을 적용하여야 한다는 이론이 제기될 수 있습니다. 왜냐하면 한일보호조약 제2조에서 한국은 타국에 대한 조약을 집행할 책임이 있다고 되어 있고, 또 광무(光武) 3년 즉 1889년 9월 10일 한청통상조약(韓淸通商條約) 제5관의 한국 신민은 한국법을 적용한다는 명문에 비추어, 본 건에 적용시킬 실체법은 한국법 즉 형법대전이 가하다고 하더라도 본직은 여기에 반대합니다. 그리고 전,현(前現) 보호조약에서의 이른바 보호는 그 형식과 실질 공히 제국법에 준거(準據)해야 할 것으로 믿습니다.

왜냐하면 한국이 청국에 대하여 그 권리를 가지는 경우 청국에는 하등의 부담이 생기지 않으므로 이 범위 내에서는 한국의 치외법권 내용은 한일보호조약에 의하여 자연히 변경될 것이며, 또 한국은 일본의 협약정신에 따라 외국의 보호협약 아래에 있어서 준(準)일본으로서 제국 법령에 따라야 한다고 해석하는 것이 당연하기 때문입니다. 한국민의 신분 능력에 속하는 법률관계는 우리 법령 제2조에 의한 내용에서 한국법령에 따라야 할 것이지만, 법리상(法理上)으로 말하자면 사람의 신분능력은 그 본국법에 따라야 한다는 제국법에 준거하는 것이기 때문입니다. 본 건과 같은 범죄 및 형벌관계에 있어서 한국인에게 적용되는 것은 곧 제국형법인 것입니다.

제국형법의 적용상에 있어서도 이론이 있을 수 있는데, 특별법을 적용할 때, 즉 형법 제2조, 제3조 제2항의 보호주의로서 열거할 경우에 한한다는 설도 혹 없지는 않으나 본직은 전부 적용을 주장합니다. 즉 보호조약의 정통해석상 청국에 있어서의 한국인은 일본신민에 준하여 각 법령을 적용하고, 소정의 범죄 모두를 제국형법에 의하여 논하여야 한다고 믿습니다.

2. 증거에 의하여 앞서 인정한 안중근(安重根)의 행위는 확정된 살의를 가지고 한 여러 가지 행위를 포함합니다. 이는 이등공작에 대한 처음 행위의 결과로서 이등공작에 대한 살인기수(殺人旣遂), 가와가미(川上)총영사에 대한 살인미수가 있고, 또 미심쩍어 다시 쏜 행위에 의하여 모리(森泰二郞), 다나까(田中淸次郞)가 명중되어 두 사람의 살인미수를 하게 되었습니다. 그 기수(旣遂) 부분은 형법 제199조, 미수 부분에 대하여는 동 제203조, 제43조, 제4조 등 모두 네 개의 범죄로서 제45조 이하의 병합죄(竝合罪)의 규정을 적용하여야 할 것입니다. 우덕순(禹德淳), 조도선(曺道先)의 행위에 대하여는 형법 제201조, 유동하(劉東夏)에 대하여는 제199조, 제62조, 제63조를 적용하여야 할 것입니다.

3. 앞서와 같이 각 본조의 적용례가 정해졌다고 하나 우리 신형법의 특색으로 형의 범위를 확대하여, 특히 제199조의 죄는 최고 극형(極刑)에서 최하 3년 이상의 징역에 처하도록 되어 있어 형의 종류 및 범위에 관하여 형량(刑量)의 정론이 생기는 바, 본직의 형량을 정하

는 의견은 다음과 같습니다.

(가) 형법의 학리로서 새로운 학설이 있는바 자칭 신파(新派)라고 부르는데, 이 학파는 종래의 정통학파를 구파라고 부릅니다. 신파의 학설에 의하면 생물은 유전적 작용에 의하여 활동을 하고 독립된 자아의 힘에 의하여 방향을 결정하는 것이 아닙니다. 더욱이 사람은 여러 가지 힘의 집결에 의해 마치 바람과 물에 떠다니는 부평초와 같습니다. 사람이 선과 악을 행하는 것도 그런 것으로서 여러 가지 요인(要因)에 원인이 있습니다. 따라서 사람은 자기의 생각으로 의식주를 해결하는 것이 아니며 의식주를 해결할 수 있는 여지도 없이 되며, 범죄는 사람이 스스로 좋아서 하는 것이 아니라 인체에서 활동하는 여러 가지 요인이 모여서 드디어 사람으로 하여금 행동을 하게도 하고 안하게도 하는 것입니다. 즉 사람의 의사는 부자유(不自由)하므로 사람은 책임이 있을 수 없으며 따라서 처형할 것이 아닙니다.

그렇다고 해도 인간사회의 질서를 유지하고 그 발전의 필요상 범인을 방치할 수 없음은 물론입니다. 그렇게 되면 사람도 맹수(猛獸)와 같이 되어 버려 형벌을 사용할 수밖에 없는데, 이에 대하여 어떤 방지의 수단을 택할 것인가 하는 것은 범인의 위험의 크고 작은데 따라서 정해야할 것이라고 합니다. 교화하고 개선시켜 재범의 염려가 없는 것은 양민(良民)인데, 이런 사람들에 대하여는 방지수단을 가할 필요가 없습니다. 또 법률상 일정한 형을 가하는 때라고 하더라도 그것을 감형하거나 오히려 한 걸음 나아가 형 집행을 유예(猶豫)하여야 한다는 데로 귀착됩니다. 이 학설은 지금 독일의 리스트 교수가 정통학통(正統學統)에 기반을 둔 독일 종래의 형법을 폐지하고 새로운 형법을 만들고자 하는 안입니다.

그렇다고 하더라도 동교수의 학설은 어디까지나 혼자의 학설일 뿐 다른 형법학자 뿐만 아니라 철학자, 심리학자, 종교가, 기타 정치가 등의 반대에 부딪쳐 현재 독일의 형법개정안은 종래의 정통학설에 따라 기초되었습니다. 따라서 리스트 교수의 사안을 가지고 우리 제국 형법을 해석코자 시도하는 것은 나무에 대나무로 접목하는 것과 같습니다.

정통학파의 주장에 의하면, 사람은 자아(自我)의 본체인 바 자아는 그 의사에 의하여 자기 활동의 방향을 결정하는 능력을 가지고 취사선택의 자유를 갖습니다. 즉 의사는 자유이며 이 자유의사로 어떤 행위를 하기 때문에 반드시 책임이 따릅니다. 어떤 행위에 대하여 범죄가 생기면 이에 대한 형벌은 그 행위의 악함을 자각시키고자 가하는 일종의 악보(惡報)입니다. 이 악보는 장래의 범죄에 대한 예방을 목적으로 하지 않고 과거에 행한 행위에 대한 법률적(法律的) 응보(應報)입니다. 응보의 정도는 먼저 질서파괴의 대소에 의하여 정의가 허락하는 범위 내에서 피고인의 성격 및 범죄동기를 참작한 끝에 정해야 할 것입니다.

생각건대 신파의 학설로 본 건을 적용하면, 피고인의 성격은 처음부터 악성 위험성이 있는 것이 아니며 생각이 부족하여 자타(自他)에 대한 올바른 판단을 할 수 없었고, 유아독존(唯我獨尊)의 견지에서 한 편협한 관찰이 망상을 낳게 되고 의사가 완고하게 되었습니다. 이렇게 완고에 빠지게 된 것은 한국의 과거 및 현재의 상태이니, 조금도 피고를 책망하거나 나쁘다고 하기보다는 오히려 동정하는 것이 좋을 것입니다. 따라서 피고에 대한 처분은 수양개선(修養改善)을 하게끔 하는데 있기 때문에 기수죄에 대하여는 적어도 자유형을 과하는 것이 마땅하다는 논리를 펼 수 있습니다.

그렇다고 하더라도 본직이 신봉하는 정통학파의 견지에 의하면, 본 건의 피고에 대하여는 특별한 사정이 없는 한 법률의 위엄을 선명(宣明)히 하고 악행에 대한 응보를 피고 및 제3자에게 나타내어 질서를 유지함이 당연하다고 믿습니다. 윤리상 보더라도 살인으로 인도를 해한다는 것은 더 말할 것도 없습니다. 그렇기에 신파의 학설로 범인의 성격과 동기에 치중하여 형벌을 경시하는 풍조가 있으나 이는 크게 잘못된 부당한 것으로서 회복할 수 없는 생명의 보호론으로는 매우 박약합니다.

살인이 공안을 해치는 것은 원래 범인의 성격 및 동기에 의하여 측정할 것이 아니며 그 피해는 객관적인 것입니다. 어떤 행동의 동기는 좋았으나 그 행위는 그렇지 못할 수도 있다는 이론을 전개할지 모르

며, 지금 윤리학자 또는 정치가 중에도 근거도 없이 세상인심을 괴란
(壞亂)시키는데, 이는 사람의 생명을 가볍게 여기는 결과를 낳게 되
는 것입니다.

　(나) 본 건 범죄의 동기는 피고 말로는 정치적이라고 하나 결코 정
치범이 아닙니다. 왜냐하면 이등공작이 현재의 통감이 아님을 피고들
도 잘 알고 있습니다. 피고들이 자신들의 원한을 사고 있는 이등공이
과거 통감시대에 시행한 정치 때문에 국권이 해를 입고, 또 많은 사람
들의 처형된 것에 대한 복수를 하여 그 비행을 만천하에 알리는데 범
죄의 목적이 있었다고 하더라도 그것으로써 직접 현 제도를 개혁할
수는 없는 것임은 피고도 자인하는 것입니다. 역시 피고의 말대로 이
등공이 죽었다고 해서 사실상 체결된 일한협약이 폐기될 근거는 되지
는 않습니다. 일본은 계속 현 상태를 유지하며 당초부터 세웠던 방침
에 따라 한국을 도와주었다는 사실로 보아도 그들이 정치범이 아님은
명백합니다. 대저 정치범이란 정치적 효과를 발생케 할 목적으로 객
관적으로 정치상의 질서를 파괴하는데 있습니다. 피고 안중근(安重
根)은 이등공을 살해함으로써 자국에 대한 의무를 다했다고 하지만,
이에 의하여 한국의 국위를 온전케 하고 국권회복에 진일보하였다고
할 수 없을 뿐만 아니라, 그것은 단지 피고 특히 안(安), 우(禹)의 심
정을 의미합니다.
　피고 안중근(安重根)은 3년 전 처자 형제를 버리고 진남포(鎭南浦)
를 떠났는데, 떠나기 전에는 석탄상을 경영하고 있었으나 실패하고
그대로 있기에는 거북하여서 고향을 떠나 북한(北韓) 또는 러시아령
에 있었지만 별로 할 일이 없어 처음에는 한국인을 위한 교육을 하고
자 하였습니다. 그러나 적수공권이고 동조자도 없어 뜻대로 되지 않
아 과격당과 교제하게 되었고, 사방으로 유랑하다 종래는 의병에 들
어가게 된 것입니다. 이것도 본래부터 오합지중(烏合之衆)으로 일패
도지(一敗塗地)하여 점점 실패로 돌아가자 지금은 가족들을 대할 면
목도 없게 되었습니다. 작년 구 4월초에 둘째 아우에게 보낸 편지에
는 작년 유럽을 돌아 블라디보스톡에 돌아왔고 또 가까운 시일 내에

파리, 로마에 갈 뜻을 비쳤는데, 하여간 이것으로 생활이 좀 개선되었다는 것을 말하고 싶었겠지만 그 유럽 여행은 전혀 사실무근으로 피고 자신도 인정하며, 둘째 동생도 역시 형이 면목이 없어서 과장해서 그랬던 것이라고 하였습니다.

이번 피고가 하얼빈에 올 때 여비가 궁하여 나라를 위한 것이라고 하면서 블라디보스톡에서 이석산(李錫山)에게 100루블을 강탈했다고 하는데, 이를 믿는다면 같은 수법으로 방랑 생활 중에 양민들로부터 나라를 위한다는 명분으로 강탈한 것이 다반사였을 것입니다. 이와 같이 친형제, 처자, 친구에 대하여 항상 면목이 없어하던 중 돌연 대사를 도모하지 않을 수 없었으며, 그렇지 않았다고 하더라도 이 말이 많이 틀리지는 않을 것입니다.

우덕순(禹德淳)도 같다고 할 것입니다. 그는 블라디보스톡의 숙소에 현재 집세 7루블이 밀려 있는데도 그대로 온 자입니다. 이런 인물들이 천하 국가를 혼자서 짊어진다는 것을 보면 오히려 우습다고 아니할 수 없습니다. 만약 진실을 말한다면 과대망상 광이며 정치 국가를 들먹임은 명분입니다. 사람의 동정을 얻기에 족한 이 사이비(似而非) 살인범은 왕왕 실의영락(失意零落)의 극에서 생기는 것입니다.

(다) 질서유지라는 점에서 본다면, 한국에서는 본건과 같은 암살은 역사상 매우 희귀합니다. 한국 역사에는 예부터 당쟁이 많아서 서로 물고 뜯다 못해 한편의 당인(黨人)이 정권을 잡았을 때 반대당을 살상하는 일이 있었으나, 한 사람의 필부가 결연 국가를 위한다면서 사람을 죽이는 것 같은 일은 없었습니다. 그러나 근래에 이런 류의 암살범이 유행하게 되었는데, 그 첫 번째가 1884년 서재필(徐載弼) 등이 민영익(閔泳翊)을 죽이려고 한 사건이 있었으며, 다음은 1893년 홍종우(洪鍾宇)가 상해(上海)에서 김옥균(金玉均)을 죽인 예가 있으며, 그 외에도 박영효(朴泳孝)에 대한 살인미수, 김학우(金鶴羽)에 대한 살인미수, 이용익(李容翊)에 대한 살인미수, 우범선(禹範善)에 대한 살인미수, 이근택(李根澤)에 대한 살인미수, 지난 1908년 샌프란시스코에서의 스티븐슨에 대한 장인환(張仁煥) 등의 살인기수 등 모두 10건

을 셀 수 있습니다. 이상하게도 이들 범인은 한 명도 중형에 처해진 자가 없으며 오히려 지금까지도 범인이 불명인 것도 있어 이 때문에 불온한 무리들은 살인사건을 지나치게 중시하지 않으며, 때와 장소, 방법 여하에 따라서는 발각도 되지 않을뿐더러 그대로 두면 발각되어도 중형에 처해지지 않게 되었습니다. 더욱이 어떻게 잘하면 은상복록(恩賞福祿)이 있으리라는 감상을 일으키게까지도 됩니다.

이번 안중근(安重根) 등의 이등공 살해에 대해서도 이와 같은 전례에 비추어, 특히 스티븐슨을 죽인 장인환(張仁煥, 有期 25年)에게 금고형에 처해져 있음은 안중근(安重根) 등이 잘 아는 것으로, 이런 것을 표본으로 한 것이라고 보는 것이 가할 것입니다. 작년 이재명(李在明)이 이완용(李完用)을 죽이려 했지만 미수에 그친 일이 있는데, 안중근(安重根)을 표본으로 삼고 있는 자였음은 그가 안중근(安重根)을 자기의 친구라고 주장한 것에 비추어 분명합니다. 이와 같이 사이비 정치범들에 의해서 쓸모 있는 생명이 살상된다는 것은 인도적으로 보아도 매우 큰 불상사입니다. 국법이 있는 이상 형법의 응보적 본질을 발휘하여 그 최대악사(最大惡事)를 따르게 하여야 할 것입니다. 단 유동하(劉東夏)에 대하여는 어리고 안(安)에게 유혹된 특별 사정이 있어 가급적 감형하는 것이 타당할 것입니다.

이에 의하여 본직은 첫째 안중근(安重根)에 대하여는 사형(死刑), 둘째 우덕순(禹德淳)과 조도선(曺道先)에 대하여는 범죄예비에 대한 극형 즉 2년, 셋째 유동하(劉東夏)는 3년 이상의 징역을 본형으로 하나 종범으로서의 감형, 형법 제62조 제71조, 동 제68조 제3항에 비추어 형기 2분의1을 감형하여 1년 6개월 이상의 징역으로 하되, 또 정상 참작의 여지가 있으므로 제66조 제67조에 의해 최단기 즉 1년 6개월에 구형합니다. 또 범죄에 사용된 또는 사용코자 하였던 권총에 대하여는 동 제19조 제2항에 의하여 각각 언도(言渡) 있으시기 바랍니다.(園木 통역생 통역함)

안중근 의사 공판 속기록(安重根 義士 公判 速記錄)

- 변호인(辯護人)의 변론(辯論) -

(제5회 공판은 12일 오전 9시 35분 개정. 먼저 가마다(鎌田)변호인의 변론으로 들어감)

가마다(鎌田) 변호사(辯護士)

제일(第一). 서론

재판관 각하. 변호인은 지금 본 건의 변론을 함에 있어 먼저 각하에 대하여 감사 말씀을 한마디 드리면서 또 하나의 희망사항을 말씀드리고 싶습니다.

첫째, 관동주재판사무취급령(關東州裁判事務取扱令)에 의하면, 내지(內地)의 형사소송법과는 조금 취지를 달리하여 중죄사건에 반드시 변호인을 두지 않으면 안 된다는 강제규정을 볼 수 없습니다. 그런데도 재판관 각하는 본 건을 위하여 특별히 두 명의 변호사를 관선(官選)하였을 뿐만 아니라 제1회 공판 개정 이래 진실로 피고들이 하고 싶은 말은 충분히 청취하였습니다. 이점에 있어서 변호인은 각하가 본 건 심리상 주도면밀하게 주의를 기울이고 있다는 것을 믿습니다. 이 공평허고 정중한 심리에 대하여 피고들을 대신해서 깊이 감사하는 바입니다.

둘째, 변호인은 본 건에 대하여 하나의 청원을 드리지 않으면 안 될 일이 있습니다. 본래 본 건은 우리 제국의 원훈(元勳)이며 한편으로는 세계의 대위인이라고 할 수 있는 이등공작을 암살하였다는 안건으로, 이 비보가 전해지자 제국(帝國)의 상하는 물론 세계열강이 놀라고 있을 뿐만 아니라, 우리들도 이렇게 끔찍한 흉포를 감행한 자에 대해서는 어떤 극형에 처하더라도 오히려 모자라지 않나 하고 생각하였습니다. 지금 이 개정된 공판을 듣고 있는 사람들 역시 공판 진행에

290 자랑스런 安重根 義士 이야기

대하여 비상한 결의를 가지고 관망하고 있는 것은 실로 예상 밖의 일입이다.

바로 이 사건은 검찰관의 기소장에서 보듯이 분명히 정말 단순한 하나의 살인죄에 불과합니다. 법이 살인죄를 형법법규로써 보호코자 하는 것은 사회의 법익은 실로 우리들의 생명 바로 그것입니다. 이른 바 생명은 피해자의 지위, 기타 남녀노약(男女老若)에 따라 구별이 없습니다. 환언하면 원훈이라고 하든지 공작이라고 하든지 법익(法益)의 분량 그 자체에는 하등의 영향도 받지 않습니다.

상기(想起)하건대 지금으로부터 20년 전에 어떤 외국귀빈이 일본을 돌아다니던 중 시가겐(滋賀縣) 오오즈(大津)이라는 곳에서 돌연 한 사람의 흉한이 뛰어 나와서 그 귀빈을 백도(白刀)로 해치려고 한 대사건이 있었습니다. 당시 일본의 상하가 얼마나 전율(戰慄)하였는지 말로는 다 할 수 없었습니다. 황공하옵게도 어가(御駕)가 친히 경도(京都)까지 행행(行幸)하실 때, 대관(大官)이 그 흉한의 행위는 황실에 대한 범죄에 버금간다고 하여 국론이 비등하고 사법권은 행정권에 의하여 매우 위협을 당하였으나, 다행히도 강골(强骨)의 사법관이 있어 냉정한 두뇌와 자신의 신명(身命)을 걸고 사법권을 위하여 싸워 그 신성함을 견지한 것은 우리 사법 역사상(司法歷史上) 지금도 혁혁한 이름을 남기고 있습니다. 이 예를 인용하는 것이 그 당위성을 잃었다고 할는지는 모르지만, 요컨대 말하고자 하는 것은 하나뿐입니다. 원컨대 본 건에 대하여 지금까지 각하가 보여준 공평한 소치로서 유종의 미를 꼭 이루시도록 간절히 바라마지 않습니다.

제이(第二). 본론(本論)

선결문제(先決問題)

변호인은 지금부터 본론에 들어가면서 본 건에 대해 먼저 선결문제로서 이 사건과 실체적 형벌법의 관계, 소위 국제형법상의 문제에 대하여 소견을 피력하겠습니다.

본 건의 범죄지는 러시아동철도회사(露國東鐵道會社)의 부속지인 하얼빈역으로서 이 땅은 물론 청국(淸國) 영토입니다. 러시아는 단지 철도 수비를 위해서 행정경찰관을 가지고 있을 뿐, 재판권 관계를 말하자면 검찰관이 논고한 대로 열국(列國) 상호 영사재판권(領事裁判權 : 이른바 외국에서 영사가 그 주재국에 있는 자기국민의 재판을 하는 제도로서 원칙적으로는 외국에서 한 행위도 체재국의 법률이 적용되지 않고 본국의 법률이 적용되는 제도임. 그러나 현재는 폐지된 제도임)을 가지는 개방지(開放地)입니다. 그로 인한 문제점은 피고 모두가 국적을 한국에 두고 있다는 것입니다. 이런 관계상 본 건에 대하여 어떤 실체법을 적용할 것인가 하는 것은 대단히 흥미 있는 문제일 뿐만 아니라, 본 건의 심판상 실로 중요한 쟁점이라고 아니 할 수 없습니다.

변호인은 본건의 홍보를 듣고, 더욱이 본 건의 변호를 담당하고부터 이 문제에 대한 여러 가지 이론(理論)을 알게 되었는데, 그중에서도 더욱 마음이 쏠린 곳은 제국형법 제3조의 규정입니다.

즉, "본법은 제국 외에서 다음에 기재한 죄를 범한 제국신민에게 적용한다. 제국 외에서 제국신민에 대하여 전항의 죄를 범한 외국인에 대하여도 역시 같다"는 것입니다.

이 조항에 의해 피고가 현재 관동도독부 감옥에 유치되어 있으므로 본 건은 당연히 제국형법으로서 재판해야 한다는 것입니다.

변호인은 이 이론이 한편으로 이유 있다고 인정했습니다. 그러나 지금은 이 이론은 잘못된 것으로써 형사소송법상에 있어서 피고인의 소재지에 대한 의의(意義)를 잘못 알고 있을 뿐만 아니라, 실로 일청통상조약(日淸通商條約)을 무시한 폭론(暴論)임을 발견했습니다. 형사소송법상의 피고인의 소재지의 의의에 대하여는 학자 간 다소의 이론이 없지는 않다고 하더라도 정설에 의하면 소재지란 임의(任意)의 거소(居所)를 말하는 것으로써 피고등과 같이 강제적 권력에 의하여 결과적으로 여순감옥(旅順監獄)에 있는 것 같이 여지없는 경우를 의미하지는 않는다는 것입니다.

변호인 역시 이 설을 믿는데, 1896년 7월 21일 체결된 일청통상항해조약(日淸通商航海條約) 제22조에 의하면, 청국에 있으면서 범죄의 피고가 된 일본신민은 일본 법률에 의하여 일본관리가 심리하여 유죄로 인정될 때는 그것을 처벌한다고 되어 있어, 외국인에 대한 일본의 재판권을 행사하는 것을 인정하지 않고 있습니다. 이쯤 되면 여러 논자의 설이 불가할 것은 누구나 알만한 것입니다. 요컨대 본 건은 이런 피상적 이론으로 해결할 수 없다고 봅니다. 그렇다면 과연 이것을 해결할 근본을 어디서 찾을 것인가 할 때, 변호인은 먼저 한청간의 조약 관계에 대하여 논의를 진행해야한다고 생각합니다.

1899년 9월 11일 체결된 한청통상조약(韓淸通商條約)의 명문은 밝기가 일월(日月)과 같은데,

"中國民人在韓國者如有忨法之事中國領館按照中國律令審辨韓國民人
在中國者如有忨法之事韓國領事館按照韓國律令審辨云云"

한 것을 보면 한국인이 청국영토에서 범죄를 하였을 경우에 적용할 실제적 형벌법은 한국법임이 실로 명백하다고 할 것입니다.

한청통상조약의 관계로부터 본다면 법이론(法理論)이 이상과 같지만, 다만 여기서 문제가 되는 것은 그 후 한일 양국간에 체결된 협약 즉 1905년의 이른바 보호조약이 앞서 말한 한청통상조약에 대해 어떤 영향을 끼쳤는가 하는 점입니다. 이것이 본 문제의 쟁점을 결정하는 분기점입니다.

피고 안중근(安重根)이 어번 흉행을 구태여 행하게 된 중대한 원인은 이등공이 광무(光武) 9년 한국 상하의 의사를 무시하고 무력과 강제로 한일협약을 체결하였다고 하는 것으로, 지금 피고들의 이 재판에 있어서도 같은 조약의 해석문제가 제기되고 있다는 점은 실로 불가사의한 현상이라고 하지 않을 수 없습니다. 피고들 역시 감회무상하리라고 생각합니다. 변호인은 먼저 문제의 쟁점을 명백히 하기 위하여 그 협약중의 관련된 조항을 낭독하겠습니다.

"1905년 11월 17일 체결 한일 협약.
제1조 일본정부는 재동경외무성에 의하여 지금부터 한국의 외국에

대한 관계 및 사무를 관리 지휘하며, 일본의 재경대표자 및 영사는 외국에 있어서의 한국신민 및 이익을 보호할 것."

즉 이 협약의 정신이란 일본은 한국의 독립을 유지하기 위하여 한국이 부강하게 될 때까지 외국에 있어서 한국의 신민 및 이익을 보호한다는 소위 외교 위임이 바로 그것입니다.

검찰관이 본 건에 대하여 일본형법 적용설을 주장하고 있는 근거는 지금 변호인이 낭독한 한일협약 제1조에 의하여 한국이 외국에 대해 갖는 권리, 예컨대 영사재판권과 같은 것을 일본정부가 대신해서 행사하게 되었기 때문이라는 것입니다. 환언하면 외국에 체류하는 한국인은 형법상 일본인과 같이 일본제국의 법권에 종속되게 되어 있으며, 그 결과로서 외국에 있는 한국인에게 대하여는 유독 형법 제3조의 이른바 보호주의의 규정에 한하지 말고 형법법전(刑法法典) 전체를 보아야 한다는 논지입니다.

지금 변호인으로 하여금 말하게 한다면, 이상과 같은 검찰관의 논고는 한국이 외국에서 가지는 영사재판권을 일본이 대신하여 행사하는 이유로서는 충분하다고 할지라도 더 나아가 이 경우에 적용할 실체적 형벌법이 제국형법이라는 논리로서는 심히 불충분하다고 사료됩니다. 한일협약의 정신은 이미 변호인이 설명한대로 입니다만, 다시 이것을 법률적으로 말한다면, 일본에 대한 한국의 위임은 한국의 권리 이익을 보호하기 위해서일뿐, 한국의 대외적 권력 즉 주권의 일부가 소멸한 것은 아닙니다. 사법(私法)상의 용어로 말하자면 일종의 대리관계에 불과한 것입니다.

이것을 형벌법규에 대하여 생각한다면, 한국이 자국의 이익을 보호하기 위하여 형벌의 제재를 가할 필요가 있다고 생각하는 것, 즉 한국고유의 법익 자체를 일본의 관헌이 보호해 주고 있는 것입니다. 한일 두 나라의 형법을 대조해 보건대, 한국의 형법에서 자국의 질서유지상 사형으로서의 처벌을 요구하는 법익에 대하여 일본형법은 불과 1년의 금고형으로 족하다고 되어 있습니다. 이에 반해 일본형법에서 매우 엄벌에 처하여야 한다고 하는 것도 한국형법에서는 때에 따라 불문에 부치거나 또는 매우 관대한 형으로 충분하다고 하는 경우가 있습니다. 이 차이는 양국의 공질서(公秩序)가 서로 일치하지 않는 결과입니다.

이 경우는 본래부터 괴상하지만 더더욱 일본형법을 적용하는 것이 과연 한국의 법익을 보호할 수 있는가 없는가는 하는 것에 대해서는 변호인의 많은 말이 필요치 않다고 봅니다. 검찰관은 한일협약 제1조의 규정이 영사재판권을 위임한데 그치는 것이 아니라, 나아가서 재외 한국신민으로 하여금 일본의 형법에 따르게 하는 것을 의미한다고 논하고 있지만, 협약의 정신은 누누이 말씀드린 대로 한국이 과거와 장래에 가지는 고유 권리의 실행을 위임한 것이지 형법의 제정마저도 위임한 것은 아닙니다. 만약 이러한 논의가 받아들여진다면 이른바 외교위임이라는 정도를 초월하여 입법권의 위임이라고 하지 않으면 안 됩니다. 이것이 과연 동협약이 바라는 것이겠습니까?

요컨대 본 건에 대하여는 1905년 한일협약의 규정과 1909년 법률 제52호의 결과 관동도독부 지방법원이 한청통상항해조약에서 인정된 한국의 영사재판권을 대리 집행하는데 그치고, 이에 적용할 형벌법규는 물론 한국형법에 의거해야 한다고 믿습니다. 이상 논한 바에 의하여 본 건에 대하여는 결국 한국형법으로써 판단할 것이며, 그렇다면 과연 한국형법에 피고 등을 처벌할 규정이 있는지 없는지 하는 것이야말로 최후의 문제일 것입니다.

형벌법의 효력에 관하여는 예부터 여러 가지 주의나 사상이 있습니다. 한국형법은 우리 일본의 구형법과 같이 섭외적 형벌법규를 겸하고 있다는 것이 형법 자체에서 명백합니다. 즉 한국형법이 국외(國外)에서의 범죄를 도외시하고 있다고 하면 본 건에 대하여 처벌할 규정이 없다는 결론이 나오는 것입니다. 피고 등이 백주에 공공연히 이러한 큰 범죄를 감행하였음에도 불구하고 법률의 미비로 어떤 제재를 가할 수 없다는 것이 과연 국법상 완전한 것인가 아닌가를 논한다면 변호인 또한 커다란 이론이 없지는 않습니다. 그러나 그것은 입법상의 문제이지 본건 재판에 대하여는 하등 관계가 없습니다. 혹자는 한국이 청국영토에서 이미 영사재판권을 가지는 이상 형법상으로 하나

의 영토연장으로 보아도 무방하기 때문에 일본형법을 적용하는 것이
가하다고 변호인으로 하여금 논하게 한다면, 논자의 설은 재판 관할
권 문제와 형법 효력을 구별하지 않은 이론이라고 봅니다.

재판권의 존재는 항상 국법이 미치는 곳에서라는 이론이 성립한다
면, 현재 관동주와 같이 일본이 재판권을 가짐에도 불구하고 일본형
법은 당연히 이 땅에서는 효력을 갖지 못하는데, '특별히'라는 미명하
에 이것이 행해지는 것입니다. 요컨대 변호인은 입법상의 문제로서
피고 등을 처벌하는 것을 원치 않으며, 어쨌든 법의 미비로 인하여 부
득이 무죄의 변론을 하지 않으면 안 될 처지입니다.

본건의 변론

사건(事件)의 인정(認定)

<총론(總論)>
변호인은 지금으로부터 사건의 인정론에 대하여 논하겠습니다. 본
론은 먼저 안(安)과 우(禹)의 두 명에 대하여는 전연 관계가 없다는
것에 대하여 말씀드리겠습니다. 왜냐하면 이들은 전부터 가지고 있는
사상으로 이등공 살해를 결심하고 블라디보스톡을 출발한 이래 주도
면밀하게 예비음모를 계획해서 본 건 흉행에 이르렀다고 하는 것이
그들의 자백과 사건 기록 및 증거 물건에 의하여 명백하므로 여기에
서 별로 논란의 여지가 없습니다. 이에 반하여 조(曹)나 유(劉)의 두
명에 대한 점에 있어서 검찰관의 논고와 같이 두 명이 이등공 살해의
계획을 알고 여기에 가담한 것인지 아닌지는 많은 의문이 있는 문제
입니다.

변호인이 먼저 대체적으로 이것을 관찰할 때, 그들의 성격에 대하여
는 어제 검찰관으로부터 상세한 논고가 있었지만 변호인도 대체로 의
견을 같이합니다. 즉 조(曹), 유(劉)의 두 사람 모두 정치적 사상 같
은 것은 조금도 없으며, 특히 국적은 한국에 있다고 하지만 오래전부
터 러시아 땅을 방랑하여 자신의 조국이라는 것마저도 잊었고, 일정

한 식견은 물론 교육받은 적도 없어서 한마디로 말하면 얼빠진 사람들입니다. 이에 반하여 주모자인 안중근(安重根)은 정치적으로 상당한 일정 식견을 가지고 있으며, 이러한 대 범죄를 행할 결심으로 능력이 닿는 한 이를 다하여 세심한 주의를 기울였으며, 모계(謀計)의 내용이 누설되지 않도록 최선을 다한 것으로 추측됩니다. 그러므로 이런 의지박약한 사람들에게 대사를 말할 수 없었던 것이며, 얼빠진 두 사람에게 대사를 털어 놓고 관계를 맺고자 하여도 할 수 없는 상태입니다.

특히 유동하(劉東夏)로 말하자면, 재판관의 심문에 말한 "빨리 집에 보내주세요"라고 하는 무사기(無邪氣)한 한마디만으로도 변호인이 천만마디 말을 가지고 변론하는 것보다 더욱 유익한 가치가 있는 것이라고 생각합니다. 피고의 이런 태도는 결코 이상한 것이 아니라 실로 그의 참모습이 나타난 것이라고 생각됩니다. 이 무서운 엄청난 사건에 참여한 피고로서 과연 그런 태도가 나올 수 있겠습니까?

검찰관은 피고들이 의지박약하기 때문에 사람들의 권유(勸誘)에 쉽게 따라갈 수 있다는 것입니다. 그러면서도 가령 피고 안중근(安重根)의 선동에 따랐을 것이라는 관찰입니다. 본 건은 피고 안중근(安重根)의 그릇된 사상에서 나왔다고는 하지만 하여튼 정치적 입장에서 파생된 범죄입니다. 피고 등이 정치적 사상을 가지고 있다고 하면 이 관찰은 한편 이유가 될 것입니다. 하지만 정치상의 일은 물론 조국의 흥망에 대하여 하등의 아픔도 괴로움도 느끼지 못하는 자에게 안중근(安重根)이 소장(蘇泰張儀의 줄임말)의 능변을 하더라도 아무것도 모르지 않겠습니까?

<각론(各論)>

劉東夏 : 변호인이 다시 자세하게 유동하(劉東夏) 개인부터 생각건대 검찰관의 논고에 의하면, 유(劉)가 그의 주소인 러시아땅 포브라니치나야에서 하얼빈에 오기까지는 전적으로 안(安)에게 속아서 따라왔다고 되어 있습니다. 즉 안중근(安重根)은 블라디보스톡을 떠날 때 일단 포브라니치나야역에 하차하여 피고 유동하(劉東夏)의 집을 방문

하고 피고인의 부친에게 이번에 자기 가족이 친구인 정대호(鄭大鎬)
와 같이 하얼빈에 오기 때문에 그들을 맞으러 가는데, 자신은 러시아
어를 하지 못하므로 모든 것이 불편하기 때문에 만약 사정이 허락하
거든 유동하(劉東夏)를 좀 데려가게 해달라고 부탁했던 결과, 유(劉)
는 아버지의 명령에 의하여 안중근(安重根)과 동행하게 되었던 것입
니다. 그런데 검찰관은 다시 관찰을 진전시켜 피고 안중근(安重根)이
하얼빈 도착 후 채가구(蔡家溝)로 출발할 때까지에 두 사람 사이에서
범행의 차례를 모의했다고 논단(論斷)을 내리고 있습니다. 변호인이
지금 검찰관이 이런 판단을 내린 근거에 대하여 말씀드리면,

　1. 먼저 '안중근(安重根)이 채가구(蔡家溝)로 출발할 당시에 그는
아직 확실히 이등공이 하얼빈에 오는 일시(日時)를 몰랐다, 그래서
그는 그것을 확인하고자 반드시 러시아어를 하는 조수가 필요했다.
그 적임자는 당시의 상황에서 피고 유동하(劉東夏) 밖에 없었다. 그리
고 만약 벌써 유동하(劉東夏)를 조수로 하기로 결심하였다면 안중근
(安重根)은 적어도 채가구(蔡家溝)에 가기까지 유(劉)에게 저간의 사
정을 밝혔을 것이다'라는 것이 하나의 이유입니다.

　정말 그렇습니다. 안중근(安重根)은 당시의 사정상 조수의 필요성
과 유동하(劉東夏)의 적임자임을 생각하고 있었을는지는 모르지만
이 한 가지 일로써 바로 유(劉)에게 범죄사실을 밝혔을 것이라는 것
은 이유가 될 수 없습니다. 조수가 해야 할 일은 단지 이등공이 하얼
빈에 오는 날과 시간을 조사하는 것뿐입니다. 이 정도의 일을 시키기
위하여 반드시 자기의 심중을 털어 놓지 않으면 안 될 필요가 어디에
있을 것입니까? 변호인은 이점에 대하여 감히 다변(多辯)의 필요를
느끼지 않습니다.

　2. 검찰관이 또 말하기를 '앞에서 말한 첫째 이유에서 하얼빈과 채
가구(蔡家溝) 간 통신연락의 필요상 같이 공모하였다는 사실을 인정
할 이유가 있다'고 하는데, 이 논거에 대하여는 앞서 말한 변호인의
변박(辨駁)으로서 충분하리라고 믿습니다. 유동하(劉東夏)가 검찰관
의 세 번째 취조에 대하여 '안중근(安重根)이 채가구(蔡家溝)로 떠날

때 자기는 이번에 가족을 맞이하기 위하여 왔지만 우연히 일본대관 이등이 하얼빈에 온다는 소식을 들었다. 그런데 자기는 그 이등과는 이미 면식이 있으며 또 은혜를 입은 것도 있어 요행히 이 기회를 이용하여 이등에게 면회를 할까 한다. 그러나 이등이 하얼빈에 오는 시간을 정확히 모르므로 혹시 면회할 기회를 놓칠 위험이 있을 것이라는 것을 생각하기 어렵지 않다. 때문에 자기가 채가구(蔡家溝)에 도착한 후 이등의 도착시간을 알기 위하여 전보를 칠지도 모르니 만약 당신이 전보를 받으면 즉시 공작의 하얼빈 도착시간을 조사하여 답신(答信)하라'고 부탁하였다는 것인데, 검찰관의 논고대로 위와 같이 진술한 바 있다고 하더라도 말이 성립되지 않습니다. 가령 통신연락의 필요가 있다고 하여도 앞서 있었던 유동하(劉東夏)의 진술과 같은 이유로 즉시 알 수 있습니다. 즉 의지박약한 유동하(劉東夏)에게 무엇 때문에 대사를 밝힐 필요가 있을까 하는 점입니다.

3. 또 검찰은 피고 유동하(劉東夏)에게서 압수한 편지, 즉 안중근(安重根)이 범행당일 숙소를 떠날 때 유동하(劉東夏)에게 발송을 부탁했다는 안중근(安重根) 명의 재(在) 블라디보스톡 대동공보사(大東共報社) 이강(李剛) 앞으로 보내는 서한 중에 이후로는 유동하(劉東夏)가 통신할 것이라고 기재한 것을 전제하여 그것이 피고가 공모한 증거라고 논고하였습니다. 그러나 검찰관이 원용(援用)한 편지를 읽어 보면,

"삼가 아룁니다.
이달 9일(양력 10월 22일) 오후 8시 당지 착 김씨어른 성백씨댁에 체재하고 있음. 원동보에 볼 것 같으면 그 이등 건 이달 12일 관성자(寬城子) 출발, 러시아 철도총국 발송의 특별열차에 탑승, 같은 날 오후 11시 하얼빈에 도착함. 동생들은 조도선(曹道先)씨와 같이 동생의 가솔을 맞이하기 위하여 관성자(寬城子)에 갔으며, 몇 십 한리 앞에 있는 모정거장에서 이를 기다려서 그 일을 결행할 심산입니다. 그간 앞서 말한 것 양지하시고, 일의 성사는 하늘에 있고 다행히 동포들의

선도(善禱)를 기다리며 도와주실 것을 복망하나이다. 또 여기 김성백(金成白)씨로부터 50원을 채용한 바 있는데 지금 송금하여 변제하여 주실 것을 천만번 간절히 원합니다. 대한독립만세.

우덕순(禹德淳)
안응칠(安應七)

블라디보스톡 대동공보사 이강(李剛)앞

추이 : 포브라니치나야부터 유동하(劉東夏)와 함께 당지 도착. 이후의 일은 본사에 통지하겠습니다."

이상을 읽었습니다. 편지 내용의 어떤 점에 유동하(劉東夏)가 검찰관의 논고와 같이 이른바 그때 이후의 일을 통지할 것이라는 취지의 기록가 있다고 할 수 있습니까? 견강부회(牽强附會)도 너무 심하지 않습니까?

4. 안중근(安重根)의 채가구(蔡家溝) 도착 후 피고 유동하(劉東夏)의 회신은 일종의 음어(陰語) 전보라고 인정하는 것이 옳다고 해두더라도 피고 유(劉)가 사정을 모르는데 무엇 때문에 그런 음어를 사용할 필요가 있겠습니까? 그것이 그러한 정황을 추정하는데 충분하다는 것이 검찰관의 이유의 하나이지만, 그 전보를 우리말로 번역하면 '그는 내일 아침 여기 온다'라는데 불과합니다. 검찰관이 채택한 논거라는 것은 전보문 중의 '그'라는 글자를 '이등공'이라는 글자로 바꾸어 놓고 책임을 추궁하는데 있습니다. 피고 유동하(劉東夏)의 변명에 의하면, 앞의 둘째 항에서 변호인이 설명한 대로 유(劉)는 안중근(安重根)이 하얼빈으로 출발할 때 미리 전보로 이등공의 하얼빈 도착 일시(日時)를 알려 달라는 뜻을 예약한 것이 아닙니다. 더욱이 검찰관은 더 많은 비용을 요하는 '이등공'이라는 글자를 사용할 필요가 없다는 것을 논거로 하는데, 검찰관의 이 관찰을 공평하다고 인정할 수 있을까 의문시됩니다.

5. 검찰관은 다시 '피고 안중근(安重根)이 일을 행하는데 하얼빈이
부적당 하다고 생각하고 채가구(蔡家溝)를 선택하여 그리로 가고 없
는 사이에 유(劉)는 이미 안중근(安重根)으로부터 블라디보스톡에 있
는 대동공보사(大東共報社)로 타전하면 송금해 올 길이 있다는 것을
알기 때문에 여기서 나쁜 마음이 생겨 타전한 것'이라고 하지만 여기
서 무슨 나쁜 뜻을 가지고 있었겠습니까? 그 신문사에 안중근(安重
根)의 명의를 남용하여 러시아돈 100루블을 송금하라고 전보 친 사
실을 알게 될 터인데, 유(劉)가 안중근(安重根)과 다시 만날 날이 있
을 것을 예상한다면 이런 대담한 일을 할 이유가 없을 것 아닙니까?
즉 '피고 유(劉)는 안중근(安重根)이 채가구(蔡家溝)로 떠나기 전 이
등 살해 계획을 듣고서는 안중근(安重根)과 재회의 기회가 없을 것이
확실하기 때문에 그런 전보를 발송하여 100루블의 송금을 가로채 도
망가고자 한 사실에 비추어 피고의 정황적 사실을 추정하기에 충분하
다'고 논고한 바 있습니다. 그러나 검찰관의 논고대로라면 유(劉)가
가로챌 의사를 가지고 이 전보를 타전했다는 것 자체가 의문이 있습
니다. 왜냐하면 안중근은 채가구(蔡家溝)로 출발하기 전 피고 유(劉)
를 통하여 당시 숙박한 집주인 김성백(金成白 : 유동하의 사돈임에 주
의)에게 돈을 빌려 달라고 부탁한 사실이 있기 때문입니다. 그 때 피
고 유(劉)가 안중근(安重根)에게 어떻게 돈을 갚겠느냐고 물었을 때
비로소 안중근(安重根)으로부터 대동공보사(大東共報社)의 송금운운
의 관계를 알게 된 것입니다. 이 관계와 전보를 종합해 본다면 피고
유(劉)는 안중근(安重根)의 설명에 대한 진위(眞僞) 여부를 확인하기
위하여 전보를 타전한 것으로 추정할 수 있을 것입니다. 또 한 발짝
양보하여 가령 피고가 악의를 가지고 타전하였다고 하더라도 검찰관
의 논고처럼 안중근(安重根)이 다시 하얼빈으로 되돌아오면 곧 드러
날 일이 아니겠습니까?

유(劉)는 하얼빈에서 안중근(安重根)과 헤어져 그의 주소지 프브라
니치나야로 돌아가고 안(安)은 블라디보스톡으로 떠나야 할 사람이었
습니다. 이 점에서 말한다면 피고의 악의를 추측하는 증거로서 하등
의 가치가 없다고 하겠습니다.

6. 최후로 검찰관은 안중근(安重根)이 본 건 범행을 한 당일 제3항에서 말한 대동공보사(大東共報社)에 보내는 편지를 위탁할 때, 피고 유(劉)에게 편지는 하얼빈 정거장 방면에서 총성이 들리면 발송해 달라고 했다는 말을 들어 피고 유(劉)의 정황 사실을 단정하는 논고를 하였습니다. 정말 그럴듯하지만 이것은 안중근(安重根)이 이등공을 시해한 결과로부터 생각해서 조그마한 의심이라도 있으면 걸어 넣으려는 지극히 불온한 말입니다.

아울러 다시 한 걸음 더 나아가 생각한다면, 만약 이전에 유동하(劉東夏)에게 이등공 살해의 결심을 알려 주었다면 사실상 무엇 때문에 그런 불필요한 말을 했을까 하는 점입니다. 오히려 노골적으로 앞에 할 일을 분명히 밝힘과 동시에 발신할 뜻을 명백히 하도록 명령을 내릴 것이 아닙니까? 더욱이 이 경우에 가령 피고 유동하(劉東夏)가 안중근(安重根)의 심사를 이해했다고 하더라도 그 이전으로 거슬러 올라가서 피고의 악의(惡意)를 헤아릴 수 있다고 할 수 없습니다. 가령 검찰관의 논고를 인정한다고 하더라도 피고 유(劉)는 단지 안중근(安重根)이 이등공을 살해할 뜻을 알고서 범죄 후에 보고를 맡았다는 것 외에 범죄 그 자체를 방조한 증거로는 볼 수 없습니다.

7. 이상 반박한 것 외에 검찰관이 피고 유동하(劉東夏)가 안중근(安重根), 우덕순(禹德淳)과 하얼빈에 도착 후 사진 촬영한 것을 가지고 그것이 최후의 결별을 의미한 것이라고 논고한 것, 또 하얼빈역에서 안중근(安重根)이 피고 유(劉)에게 돈 4루블을 준 것에 대하여 유동하(劉東夏)가 그간의 사정을 알았다고 하는 것은 이 자체가 심한 신경과민적 반응에 불과한 것입니다.

이상은 검찰관이 피고 유동하(劉東夏)의 정황을 논단코자 제시한 논거에 대한 변호인의 비견(鄙見)에 지나지 않습니다. 즉 피고가 정황상 안중근(安重根)을 위하여 이등공 살해 방조를 했다는 증거로 볼 수 있는 것이라고는 하나도 없으며, 심히 불충분한 것을 단언하는 기탄지사(忌憚之事)입니다.

이 변호인은 다시 피고 유동하(劉東夏)가 사정을 몰랐다는 사실을 인정하는데 가장 유력한 이유를 발견하였습니다. 변호인은 천학(淺學)하여 일반 한국인의 성격을 연구할 영광을 갖지는 못하였습니다. 만약 그 검찰관이 논한 것처럼 본래 한국인은 어려서부터 간지(奸智)에 능하게 성장하여 늙도록 그러하며 피고 유동하(劉東夏)도 그런 성격을 갖추고 있다고 가정할 때, 검찰관이 피고에게 더욱 불이익한 증거로 제시한 이른바 은어전보에 대하여 생각해 보면, 그는 무엇 때문에 자기의 본명을 드러내는 것과 같은 위험한 일을 할 필요가 있었을까요?

현재 피고는 본 건 범죄의 공범자로서 하얼빈에서 체포된 이래 최근 검찰관의 조사 때 유강로(劉江露)라는 가명을 사용한 실례가 있습니다. 만약 실제 피고에게 위험 소지가 있다는 검사의 앞선 논고대로 가령 교활한 지식을 가지고 있는 자라면 주의를 하지 않을 이유가 없음은 물론 아닙니까? 지금 말한 대로 가명을 사용한 실례가 있는 피고에 대해서는 더욱 그러할 것입니다.

다음에 또 하나 피고에게 유익한 유력한 증거로 인정될 수 있는 것이 있습니다. 안중근(安重根) 및 우덕순(禹德淳) 두 사람은 현재 본 법원에서 압수한 증거물 중에 있는 것과 같이, 하얼빈을 떠나 목적지인 채가구(蔡家溝)로 가기 전날 밤 김성백(金成白)씨 집에서 이번 범행을 하는 심정에 대하여 열혈비참(熱血悲慘)한 글로써 시가(詩歌)를 쓰고 있었습니다. 그 때 피고 유동하(劉東夏)가 집애 돌아와 옆에 가서 이들이 쓴 시가를 보려고 하자 안중근(安重根)이 엄연히 정색하고 질책한 사실은 이미 검찰관도 인정한 것입니다. 만약 피고 등이 서로 간에 거사의 뜻을 통모한 일이 있다면 안중근(安重根)은 오히려 시문을 피고에게 보여주는 것이 가하다고 할 것입니다. 더욱이 안중근(安重根)이 피고를 엄책(嚴責)한 사실 하나만으로도 피고의 선의를 증거하고도 남음이 있다고 하겠습니다.

조도선(曺道先) : 피고 조도선(曺道先)에 대한 검찰관의 사실 인정론은 '유동하(劉東夏)와 같이 안중근(安重根), 우덕순(禹德淳)이 협의

한 끝에 채가구(蔡家溝)로 출발할 때 유동하(劉東夏)와 동행하는 것
이 불가능하기 때문에 다른 러시아어를 아는 조수가 한 명 필요하여
당시 하얼빈에 체재하는 피고 조도선(曺道先)을 사용할 것을 결정하
였다. 그런데 이 사람은 본래 더불어 이야기할 가치가 없을 뿐 아니라
모든 것을 쉽게 고백할 위험이 있기 때문에 먼저 안중근(安重根)의
가족출영을 명분으로 동행을 부탁하였다. 그런 다음 하얼빈을 떠난
후 채가구(蔡家溝)에 도착하는 열차 안에서 안중근(安重根)이 참뜻을
말하고 가지고 있던 여분의 권총 한 자루와 탄알을 주었으며 더불어
이등공 저격의 공모를 하였다'고 하는데 있습니다. 그리고 이 사실을
인정할 근거를 찾는데 있어서,

  1. '피고 조도선(曺道先)은 안중근(安重根), 우덕순(禹德淳)과 함께
안(安)의 가족 및 정대호(鄭大鎬) 일행을 출영하기 위해 10월 24일
하얼빈을 출발하여 채가구(蔡家溝)에 도착하였다. 그런데 그 날 오후
하얼빈의 유동하(劉東夏)로부터 받은 전보에 의하면, 피고는 러시아
어 회화를 할 뿐 러시아 글자는 모르기 때문에 전문(電文)을 충분히
해석할 수 없어 부근의 러시아인들에게 물어본 결과 '내일 블라디보
스톡으로부터 온다'라고 뜻을 해석해 주었다. 다음 25일 안중근(安重
根)은 우덕순(禹德淳)과 피고를 남겨 놓고 채가구(蔡家溝)를 출발하
여 하얼빈으로 갔으며, 피고 조도선(曺道先)은 10월 26일 러시아 관
헌에게 채포될 때까지 의연히 우(禹)와 같이 채가구(蔡家溝)에 남아
있었다. 이제까지 피고가 진술한 대로 피고는 어디까지나 안중근(安
重根)의 가족출영을 신실히 행하려고 하였다.

  가족은 피고가 진술한 것과 같이 유동하(劉東夏)의 전보에 의하여
블라디보스톡을 거쳐 도착한다는 명백한 사실이었다. 그렇다면 피고
는 다음 25일 안중근(安重根)이 출발할 때 같이 채가구(蔡家溝)를 떠
났을 것이다. 그러나 떠나지 않고 오히려 남아 있었다는 것은 본래 피
고 등이 채가구(蔡家溝)를 실행 장소로 결정하였기에 지형을 면밀히
살펴본 결과 세력을 두 곳으로 배치하는 것이 좋다고 판단되어 안중
근(安重根)으로 하여금 하얼빈을 지키도록 한 결론밖에 안 된다. 즉
피고 조도선(曺道先)이 유동하(劉東夏)의 전보 도착 후에도 채가구

(蔡家溝)에 체재했다는 한 가지 사실만으로도 같이 공모한 사실을 알수 있다'고 하지만, 그러나 변호인의 생각은 좀 다릅니다.

유동하(劉東夏)의 전문의 경우는 러시아인의 해석이 검찰관의 설명과 일치되는데, 조(曺)의 편에서는 블라디보스톡으로부터 내일 여기로 가족이 온다고 해석하였다고 할지라도 안중근(安重根)은 그 해석이 잘못임을 주장하며 그들이 과연 블라디보스톡으로부터 올 것인가말 것인가에 대하여 의문을 갖게 되었습니다. 때문에 안중근(安重根)의 발의에 의하여 자신이 먼저 하얼빈에 가서 사실여부를 확인하고동시에 여비도 부족하니 그것을 조달해 가지고 올 것이라고 하면서안(安)이 그곳을 떠났다는 것은 모든 피고의 진술에서 일치합니다. 따라서 피고 조도선(曺道先)은 시종 안(安)의 가족출영이 유일한 목적이라고 믿었으며, 전보 도착 후 우(禹)와 같이 채가구(蔡家溝)에 체재할 필요가 없다는 이유로 다른 생각을 하는 것은 불가함이 명백하다고 할 수 있습니다. 즉 전보의 의미를 검찰관의 논고와 같이 해석한다고 하여도 그들은 가족들이 블라디보스톡을 거쳐 오지 않을 것을알고 있었기 때문에 안중근(安重根)이 채가구(蔡家溝)를 출발할 때말한대로 전보자체가 의문에 속한 사안이었으며, 여비가 모자라기 때문에 여비를 가져올 때까지 체재할 필요가 있었다고 하겠습니다.

2. 검찰관은 피고 조도선(曺道先)과 같은 인물이 체포 당시 탄환을장전한 권총을 소지했다는 사실을 가지고 그의 공모를 추정하는 이유로 들고 있습니다.

이것은 정말 우리들 일본인의 내지(內地)에서의 생활상황과 관련지어 비추어 본다면 대단한 의문으로서의 이유가 됩니다. 그러나 만주땅에 와서 러시아 영토를 배회하는 사람들의 일반적 상황에 비추어본다면 조금도 의심을 품을 이유가 되지 않습니다. 현재 변호인은 매일 같이 이런 일들을 경험하고 있습니다.

원컨대 모든 사실을 허심탄회(虛心坦懷)하게 관찰해 달라는 것입니다.

3. 피고가 안(安) 등과 같이 채가구(蔡家溝) 역에 도착했을 때 그 역에서 관성자(寬城子) 출발 열차가 피고가 승차한 하얼빈 발의 열차와 교행(郊行)한 것입니다. 그때 피고 등은 정거장 구내로 가는데 열차 길을 가로질러 일직선으로 걸어가면 가장 가까운 단거리로 감에도 불구하고 번잡하게 돌아가며 유유히 관성자(寬城子) 발 열차를 둘러 본 저의를 의문시하였고, 채가구(蔡家溝) 역에 근무하는 동철도 주식회사 사원의 진술도 마찬가지로 피고에게 불이익한 증거로써 원용하여 논고하였습니다.

4. 검찰관은 또 피고에 대한 제3회 때의 청취서를 가지고 더욱 피고의 악의(惡意)를 알 수 있다는 증거로서 논죄하였는데, 그럴 듯합니다. 이 청취서를 보면, 피고는 안중근(安重根)과 채가구(蔡家溝)에 도착하였을 때 안(安)과 우(禹) 두 사람으로부터 이등공 살해의 전말을 듣게 되었다는 일종의 자백을 하고 있지만, 원래 이 자백을 정말 신용할 수 있는 것인가 아닌가에 대하여 변호인은 매우 의혹을 갖지 않을 수 없습니다. 먼저 이 제3회 청취서를 낭독하려고 하는데, 피고가 모두에게 "이제까지 여러 가지 사실을 은폐하고 있었지만 생각을 고쳐 먹고 진실을 말하겠습니다"하고 대답했다는 것에 의하면,

"나는 여러 가지 생각한 결과 어제 말씀드린 것이 틀렸었습니다. 내가 안(安), 우(禹)와 같이 채가구(蔡家溝)에 갈 때 안(安)이 내게 전보를 쳐달라고 말하기에 어째서 이 지방에서 전보를 치는가라고 했더니, 그래도 치라고 하면서 전보를 칠 집의 이름이 적힌 것을 주머니에서 꺼내주어서 전보를 쳤습니다. 그 전보는 '채가구(蔡家溝)에서 기다린다. 일이 있으면 전보 쳐라'라는 의미였습니다. 그 전보를 친 후 안(安)은 나에게 '이번 내가 여기 온 것은 일본의 대신을 죽이기 위해서이다'라고 말했습니다. 나는 이 일을 듣고 놀랐습니다. 본래 나는 안(安)과 우(禹)가 정대호(鄭大鎬)를 마중 가니 통역으로 같이 가 달라고 하여 갔기 때문에 안(安)이 말하는 것을 듣고 속아서 따라 왔다고 생각하여 그날 밤은 자지 못했습니다. 안(安)이 전보를 친 후 하얼빈에 있는 유동하(劉東夏)로부터 '블라디보스톡으로부터 옴'이라는 회

답이 있었으므로 나는 책임이 면해질 것이라고 생각하고 있었는데, 안(安)은 하얼빈으로 돌아가고 나와 우(禹) 두 사람만이 남아서 찻집에서 머물렀습니다.

우(禹)가 나에게 기차가 몇 시경에 도착하는지 물어보고 오라고 하였고 내가 물어 보았더니 기차는 6시에 온다는 것이었습니다. 그러나 나는 시간을 속여서 큰 변이 나지 않도록 하기 위하여 우(禹)에게 기차는 5시에 온다고 거짓말을 했습니다. 우(禹)가 5시 전에 일어나서 기차가 도착했는지 물어봐 달라기에 나는 일어나서 문을 열려고 하였습니다. 그러나 지키고 있던 러시아 병정이 어디에 가냐고 묻기에 나는 변소에 간다고 대답했고, 그러자 변소는 집안에 있으니 거기서 보라고 말했습니다. 그리고는 우(禹)에게 가서 기차는 이미 지나갔으니 잠이나 자자고 거짓말을 하여 그와 같이 자고 아침 7시경 일어났습니다. 나는 안(安)으로부터 일본의 대신을 죽이겠다는 말을 들었기 때문에 그런 일을 하지 않도록 하기 위하여 기차가 와도 소리가 들리지 않는 지하실과 같은 곳에 우(禹)를 데리고 가서 잤습니다. 13일 정오 경에는 장춘에서 하얼빈 방향으로 가는 기차가 채가구(蔡家溝)에 도착하기 때문에 거기에 타고 도망쳐 가려고 생각하고 있었는데, 12시 전에 하얼빈에서 일본대신이 죽임을 당했다는 전보가 채가구(蔡家溝)에 왔다는 말을 들었습니다. 이것이 사실이며 나는 진짜 속았습니다. (다음은 생략)"

이상 낭독한 조서의 기재에 의하여 보더라도 조서의 전문 태반이 어린애의 속임수 같은 말로 채워져 있습니다. 지금 한 예를 들면 우덕순(禹德淳)에게서 이등공이 탑승한 특별열차의 도착시간을 알아봐 달라는 부탁을 받고 이것을 물어본 즉 6시에 도착한다고 들었지만, 만약 우(禹)에게 바른 말을 하면 큰일이라고 생각되어 5시라고 거짓말을 했다는 등 상식으로 봐도 조작된 것이라 이를 낭독한다면 대부분 무의미하게 될 것입니다.

본래 피고의 오늘 공판에 있어서의 태도를 보아도 그는 본 건의 공범자로서 체포되어 지금 이 자리에서 재판이 열리고 있다는 것조차 자인하지 못하고 있는 모습입니다. 변호인이 그의 심리를 관찰해 보

건대, 이등공을 살해한 안중근(安重根)과 동행했다는 관계상 대질심
문을 위하여 이곳까지 끌려온 정도라고 생각하고 있는 것 같습니다.
요컨대 앞의 이 조사서라는 것은 천박한 그의 생각으로 '어떻게 하면
하루라도 빨리 구류되어 있는 고생에서 풀려날 수가 있을까? 가급적
이면 검찰관의 비위를 맞추면 될 것이다'라는 것으로 자기에게 불리
한 말은 해서는 안 된다는 생각에서 이래도 예, 저래도 예라는 식의
진술을 하고 있다고 밖에 볼 수 없습니다.

또한 법률적 관점에서 이것을 논고한다면 피고의 자백만으로는 단
죄할 수가 없는 것입니다. 이것은 법이 금지하는 바입니다. 범죄의 자
료로서 믿을 수 있는 또다른 증거가 있을 때만 비로소 정죄의 자료가
되는 것입니다. 피고의 이런 자백이 과연 얼마나 믿을 만한 근거가 있
겠습니까? 어린애 장난과 같은 진술임은 이미 변호인이 설명한 바입
니다.

5. 검찰관이 논고한 다섯 번째의 논거는 본 건에 대해 러시아 관헌
에 의하여 작성된 기록 중 채가구(蔡家溝)에 근무하는 헌병 세민의
청취서입니다. 이 조서에 의하면 안중근(安重根)이 하얼빈에서 이등
공을 살해한 당일 헌병 세민이 상관의 명에 의하여 채가구(蔡家溝)역
에서 피고 조도선(曹道先)과 우덕순(禹德淳)을 체포할 때, 안중근(安
重根)이 이등공을 살해한 사건에 대하여 너희들 두 명을 혐의자로서
체포한다는 뜻을 전하였더니, 피고 등 두 명은 헌병에게 자신들은 이
등을 살해하기 위하여 와 있었으며, 어제 친구 한 사람이 하얼빈에 돌
아간 것도 역시 같은 목적이고, 오늘 이등을 죽인 것은 그 친구라고
대답했다고 하는 기록이 있습니다. 이 조사에 의하면 역시 피고 조도
선(曹道先)의 범의(犯意)를 인정하는데 얼핏 충분한 듯 보입니다. 그
러나 변호인은 이 조서 역시 의심할 점이 많이 있다는 것을 단언합
니다.

첫째, 피고 조도선(曹道先)이 이런 호언장담할 위인인가를 믿을 수
있는가 하는 점입니다.

둘째, 조서에 의하면 피고 조(曹)와 우(禹)가 이런 진술을 했다고

하는데, 피고 우(禹 : 원문에는 曹라고 되어 있지만 禹의 오식)는 불행
히도 러시아어를 이해하지 못하지 않습니까?

셋째, 그 조사서 말미에 가면 피고 조도선(曹道先)이 헌병에게 어떻
게든 이 장소에서 도망시켜 달라고 탄원한 나머지 만약 자신을 도주
시켜주면 돈을 주겠다는 비겁한 부탁을 한 기록이 있습니다. 이것은
처음 호언장담한 것에 비하면 매우 불가사의한 천만 뜻밖의 대조라고
할 것입니다.

변호인은 러시아 관헌의 조서가 반드시 조작되었다고는 하지 않습
니다만, 그렇다고 해서 그 기록을 신용할 용기도 절대 없습니다. 피고
인이 이렇게 엄청난 대사건에 가담하고 또 그렇게 호언장담할 위인입
니까? 만약 그렇다면 안중근(安重根)과 같이 오헤에서 비롯되었다고
하더라도 우러러 볼 수밖에 없는 인간입니다. 피고 조(曹)를 그런 인
간으로서 받아들일 수 있습니까?

본래 러시아 관헌에 의해 작성된 본 건 기록은 헌병 세민의 조서에
유독 국한된 것이 아니고 앞뒤가 맞지 않는 부분이 많습니다. 가장 두
드러지는 한 예를 들면, 안중근(安重根)이 이등공을 향하여 발포한 장
소의 경우 일본관헌은 모두가 당시 러시아 군대의 중앙에 돌입하여
그 장소에서 저격했다고 밝히고 있으며, 검찰관도 역시 이것을 주장
하고 있습니다. 그런데 러시아 관헌의 기록에 비추어 보면, 처음부터
끝까지 이 사실을 부정하면서 발포자는 일본인 환영단 가운데서 나왔
다는 점을 고수하고 있습니다. 이 사실 하나만으로도 러시아 관헌의
기록에 전혀 경의를 표할 수는 없습니다.

6. 최후로 검찰관은 안중근이 블라디보스톡에 있는 대동공보사(大
東共報社)의 이강(李剛) 앞으로 보내는 편지 가운데, 피고 조도선(曹
道先)과 동행하여 채가구(蔡家溝)로 간 것을 알리면서 '조우도선(曹友
道先)'이라고 한 것을 가지고 피고 조도선(曹道先)과 안중근(安重根)
은 특별한 관계가 있다는 것으로 논고하였습니다. 그러나 글 가운데
서 피고 조도선(曹道先)의 씨명을 '조우도선(曹友道先)'이라고 쓴 것
은 보통 일반적으로 사용되는 경어로서, 단순히 '우(友)'라는 글자 한

자가 있다고 해서 특별히 친하다고 하는 것은 지나친 추론이라고 할 수 밖에 없습니다. 그러므로 이 서한에 대한 것은 단지 검찰관의 논고인 것이며, 안중근(安重根)이 피고 조(曺)에 대하여 심정을 밝히지 않았는데도 그렇게 인정한데서야 되겠습니까?

이상 논한 바에 의하면, 검찰관이 피고 조도선(曺道先)의 유죄의 증거로 제시한 것 모두가 귀를 기울일 가치를 갖지 못한 것입니다. 이 변호인은 피고 조도선(曺道先)에 대해서도 유(劉)와 같이 본 건 범죄행위에 가담하지 않았다는 증거를 제시할 수 있습니다. 피고는 러시아어를 알고 있기 때문에 채가구(蔡家溝)역에 도착하는 동안 본 건 범죄행위를 함께 하자고 결정했다면 역원에게 상황을 물어보아 충분히 조사할 수 있었을 것입니다.

피고는 이등이 탄 열차가 특별열차라는 것을 알고 있었는데, 이는 기록상에 명백히 나타나 있습니다. 그런데 검찰관(檢察官)은 피고 등이 채가구(蔡家溝)역을 선택한 이유로 그 역에서의 열차의 교행 기회를 이용하기 위해서였다고 논죄하고 있습니다. 그러나 열차의 교행은 하루 한 차례 보통열차에 있어서만 행해지는 것을 피고 조도선(曺道先)이 그것쯤 모르지 않았을 것 아닙니까? 즉 이등공이 탑승한 특별열차는 채가구(蔡家溝)역에서 다른 열차와 교차(交叉)하지 않는 사정을 아는 이상 그 역에서 일을 행한다는 것은 불가능한 것임은 명백한 것입니다. 이 때문에 만약 피고에게 공모의 사실이 있다면 즉시 다른 피고들에게 이 말을 전하지 않으면 안 될 입장입니다. 그럼에도 불구하고 이 관계를 알리지 않은 채 편안하게 그 역에서 체재(滯在)했던 피고의 심리를 보아서 어느 모로나 본 건에 대해 잘 알지 못하고 있었던 것으로 해석하기는 어렵지 않다고 봅니다.

또 다시 유리한 증거로 인정되는 것은 압수된 증거품에 의하여 명백해진 것처럼, 피고는 안(安)과 같이 이등공 살해사건에 가담하였다고 하면서 한편으로는 일크스크에 있는 자신의 처를 부르는 편지를 발송한 사실이 있다고 했습니다. 만약 피고가 본 건에 가담했다고 하면 무엇 때문에 처를 불렀을까요? 도무지 그 심정을 헤아리기 어렵습니다.

그런데도 사실은 피고 조도선(曺道先)을 유동하(劉東夏)와는 달리 본건 가담 정도를, 정황적으로 러시아어 통역에 종사한데 그치지 않고 한걸음 더 나아가 우(禹)와 같이 이등공을 살해한 실행정범(實行正犯)으로서 기소하였습니다. 검찰관이 인정한 대로 얼빠진 피고 조도선(曺道先)이 이런 정도임에도 불구하고, 자신의 신명을 다하여서까지 사건에 가담했다는 논고를 받아들일 수 없음은 많은 말이 필요치 않다고 하겠습니다.

유(劉)에 대한 법률 적용론

피고 유동하(劉東夏)의 소의가 살인방조죄를 구성하는가 아닌가는 역시 논쟁이 있는 것입니다. 검찰관의 논고에 의하면, 10월 24일 채가구(蔡家溝) 역에서 안중근(安重根)으로부터 이등공이 하얼빈에 오는 시기를 묻는 전보를 받고서 피고가 '내일 여기 옴'이라는 회신을 했기 때문에 안중근(安重根)은 하얼빈으로 되돌아갔다는 것입니다. 만약 피고가 그 전보를 치지 않았다면 안(安)이 그대로 그 역에 체재하여 채가구(蔡家溝)에 있었을 것이며, 안(安)이 그대로 역에 체재했으면 채가구(蔡家溝)는 도저히 범행을 할 수 없는 처지이므로 결국은 본 건의 큰일을 행할 수 없었을 것이라는 점으로 하여 피고의 행위는 살인방조죄를 구성한다는 것이 그 논지입니다.

대개 공범 특히 종범의 개념에서는 종범의 행위와 정범의 실행 행위 간에는 직접적인 인과관계를 필요로 합니다. 가령 자신의 잘못에서 나온 행위가 여러 가지로 다른 사람의 범죄행위를 도와주었다고 하더라도 종범이라고 할 수는 없습니다. 피고가 이상의 전보를 발신한 것은 사실이지만 본래 전보는 피고의 착오에서 나온 것입니다. 전문에 이른바 '내일(즉 10월 25일) 이등공 하얼빈 도착'이라는 것은 피고가 전혀 잘못 들은 탓이며, 또 이 전보 때문에 안중근(安重根)이 하얼빈에 되돌아 왔다는 것도 피고로서는 뜻밖의 일입니다.

오늘의 결과로 보자면 안(安)의 이름을 드높이게 된 것은 피고 유(劉)의 의지가 아니라, 실로 우연의 결과입니다. 환언하면 유(劉)의 착오가 안(安)을 위하여 이익이 되게 되었을 뿐 그 사이의 인과관계를 인정할 수는 없습니다. 이 점에서 유(劉)의 정황적 사실상 종범으로 될 수는 없습니다.

미즈노(水野) 변호사

본 건은 일본 영토 밖에서 보호국인 한국인에게 의하여 일어난 사건으로서, 더욱이 피해자가 이등공작이기 때문에 일본에 있어서는 흥국 (興國) 제1의 원훈을 잃어 버렸다는 비통함과 세계적으로는 일대의 위인을 잃어버렸다는 놀라움 속에서 본건의 진행모습은 세계의 구석구석까지 알려져 여러 가지 기류에 찬 말이나 속언들을 듣고 있습니다. 또한 재판관 각하가 세계가 지켜보는 가운데서 본 건을 심리함에 지극히 근엄하면서도 친절하게 잘 취급하고 있는 광경을 보고서 변호인은 피고인 하나만을 위하여 감사할 뿐만 아니라 우리들 법조사회(法曹社會)의 영예로서 축복하여 마지않습니다.

본 변호인도 본 건에 대하여는 일본형법을 적용할 것이 아니라 한국형법을 적용하여야 한다는 것을 믿어마지 않습니다. 그리고 한국 형법의 결함으로 이 중대사건을 망라하여 처리할 수 있는 적당한 조항이 없으므로 오히려 무죄로 하는 것이 부득이하다는 것은 앞서한 변호인과 의견을 같이합니다.

하지만 법률적 견해에 대해서 각자 소견으로 정확한 해답을 얻었다고 해서 그에 만족할 수는 없습니다. 그런고로 다시 몇 발짝 물러서서 검찰관의 논고대로 일본형법을 적용할 것이라는 가정 하에, 이런 때는 본 건에 대하여 과연 어떤 형벌을 과할 것인가 하는 이른바 형량(刑量)에 대하여 소신을 말씀드리고자 합니다.

제일(第一). 형의 양정(刑의 量定)

형벌주의론(刑罰主義論)
형벌양정(刑罰量定)에 기본이라고 할 수 있는 형벌주의에 대하여 검찰관으로부터 신파(新派)와 구파(舊派)의 입장을 잘 들었습니다. 신파는 세계의 학자들에게 배척되어 대부분 낙조(落照)의 추세라는 것도 잘 들었습니다. 변호인은 학자가 아니어서 세계의 추세를 말할 수는 없으며 이러한 강평(講評)은 학자들에게 일임시키고 싶다고 생각합니다.

하지만 그것에 대해 절대 선(善)도 없고 만고(萬古)를 통하는 악(惡)이라는 것도 없어, 시대의 추이와 필요에 응하여 시비(是非)가 갈라진다고 생각합니다. 여러 주의주장론에 있어서 각각 득실이 있겠지만, 인간이 특정한 주변 사정에 구애됨이 없이 완전히 자아에 의해서만 행동한다고는 변호인은 도저히 생각할 수 없습니다.특히 세계 어떤 나라의 형법전(刑法典)을 보더라도 검찰관의 논고와 같이 절대적 복수주의에 기인된 것은 아직까지 볼 수 없습니다.

본래 형법법규가 필요한 것은 국가사회의 안녕질서를 유지하고 공공의 복리를 보호하기 위한 필요로부터 생겨난 것으로, 그것이 뜻하는 것은 사회로부터 범죄를 근절하는 것, 즉 형사법의 필요를 없애는 것이 종국의 목적임은 분명한 것입니다. 이 중요한 뜻을 달성하기 위하여 필요한 수단은 세상에서 상식적으로 인정되어 있는 것처럼, 첫째는 범인으로 하여금 다시 죄를 짓지 않도록 하는 일, 즉 개과천선(改過遷善)시키기 위하여 징계와 지도를 할 것, 둘째로 사회에 대한 범죄에 따르는 형벌의 고통을 받게 함으로써, 이것으로 위협(威脅)하여 다시 같은 범죄를 범하지 않도록 예방하는 것이며, 이 두 가지가 형벌의 목적에 대한 진가라고 생각됩니다. 이와 같이 형법 존재의 필요성을 고찰하면, 신파와 구파의 우열방지주의(優劣防止主義)와 보복형주의(報復刑主義)의 이해와 비교가 명백하다고 하겠습니다.

일본 형법주의(日本刑法主義)

변호인은 입법에 관한 시비 이론은 본 건에 대한 형의 형정에 하등의 실익이 없다고 생각합니다. 다만 형법이 어떤 입장에 기인하여 규정되었는지 한번쯤 생각해 보지 않으면 안 된다고 생각합니다. 검찰관의 논고와 같이 우리 형법이 만약 절대 보복주의에 기인한다고 하면 눈은 눈으로 갚아야 하고 귀는 귀로서 갚아야 된다는 것인데, 사람을 죽인 자를 사형에 처한다고 하면 보복으로서는 극히 완전한 것으로 생각합니다. 물론 이렇게 되면 정상 참작 등은 하등 필요가 없습니다.

그런데 형법이 하나의 범죄에 과하기 위하여 정한 형벌의 범위는 극히 광범하여 재판관에게 여러 범죄에 대해 형의 형량을 정할 수 있는 권한을 충분히 부여하고 있을 뿐만 아니라 작량감형(酌量減刑)의 규정이 있습니다. 하물며 집행유예형의 감면규정까지 있지 않습니까? 이로써 본다면 형법의 입장은 이른바 보복주의가 아니고 범죄 방지를 위주로 하여 재판관으로 하여금 재량권을 사용하도록 한 것이 명료(明瞭)하다고 생각합니다.

사형 요구(死刑要求)는 부당(不當)

이상 설명한 우리 형법의 입장으로 보아서 본 건에 대해 검찰관이 요구한 사형은 과연 합당한 것일까요? 만약 우리 형법의 입장이 변호인의 설명한 바와 같고 그 형법으로 사형을 요구할 수 있는 경우라면, 다만 본 건의 범죄가 범정(犯情)이 극악무도하여 형벌로서는 도저히 개과천선할 가망이 없어 극형을 가하여 사회를 경계하고 이같은 범죄의 재범을 막도록 하는 효과를 내고자 할 경우만으로, 만이 사형을 과함은 전정 부득이한 경우에 한한다고 생각합니다.

본 건과 같이 자객어 구태여 이런 일을 수행코자 할 때에는 자신에 대하여는 이미 죽음을 결실하고 일을 행하는 것입니다. 그런고로 가령 피고를 사형에 처한다고 하여도 이러한 범행을 행하고자 하는 또 따른 자객들에게는 하등의 위협이 될 리가 없습니다. 본 건의 피고가 이런 범행을 하게 된 원인이 검찰관의 논고와 같이 세계의 대세를 모르는 이른바 무지에서 나온 소치라고 한다면 ,지각이 있는 자로 계발시킬 수 있는 충분한 개과천선의 가능성이 있는 것이 아닙니까? 개과천선의 희망이 있고 또 사회위협의 효과가 없는데도 여기서 극형에 처한다는 것은 우리 형법취지상 도저히 허용할 수 없는 논리가 분명하다고 확신합니다.

변호인 요구의 본형(本刑)

위 형법 제199조는 살인죄에 대하여 경하게는 3년 징역에서 중하게는 사형이라는 극형에 이르기까지 모든 소송사건에 대해 재판관의 자유로운 심증(心證)에 의하여 범죄의 상황, 범행의 동기 및 피고인의 신분과 성질 등 모든 사정을 참작하여 적당한 과형(科刑)을 정하도록 되어 있습니다. 추상적으로 살인죄라고 하는 앞서 말한 범죄에 대하여 생각해본다면 실로 천차만별입니다. 각 범인의 신분과 품성에서부터 말한다면 위로는 재상, 학자, 부호로부터 아래로는 어린아이와 거지에 이르기까지이며, 그 범죄의 형상을 살펴본다면 조용히 눈을 감게 하는 것이 있는가 하면 너무 참혹하여 바로 볼 수도 없는 목불인견(目不忍見)의 참상도 있습니다. 특히 가장 주의하여야 할 범죄의 동기를 본다면 천하국가를 위한 희생으로 이루어지는 적성(赤誠 : 참된 정성)이 있는가 하면, 일신일가(一身一家)의 사욕을 채우고자 하는 비열한 마음으로 일으키는 것도 있습니다. 또 자기를 위하여 하는 경우도 이미 부귀가 풍족한데도 오히려 불로불사(不老不死)의 욕심을 만족시키고자 하여 저지르는 범죄가 있는가 하면 호구지책(糊口之策) 상 어쩔 수 없이 하는 사람도 있습니다. 그러므로 우리 형법이 살인죄에 대하여 3년의 징역형으로부터 사형의 극형에 이르기까지 광범한 범위를 정한 것은 진실로 의가 있는 것이라고 믿습니다.

지금 이에 비추어 피고 사건을 보건대, 그의 출신은 검찰관의 논고대로 지방의 명문(名門)입니다. 피고는 부조(父祖)의 훈육을 받고 통감 8권(統鑑八券)까지 읽었으며 종교적 신앙도 대단히 두텁습니다. 더욱이 검찰관에 대해 그가 답변하는 모습을 보아도 한국인으로서 오히려 학식이 있는 사람이라고 해도 좋다고 생각합니다. 그 신분은 비천한 것이 아니며 또 그 품성과 소행도 결코 나쁘지 않다고 추측됩니다. 그리고 범죄의 동기는 비록 오해에서 생겼다고는 하지만 이등공을 죽이지 않고는 한국을 구할 수 없다는 조국에 대한 충성의 단심(丹心)에서 나온 것임은 의심할 바 없다고 믿습니다.

검찰관은 피고의 행위가 정치범이 아니고 단지 한국에 대한 모욕에 대한 분풀이, 또는 친구들이 죽임당한데 대한 원한을 갚고자 한 것이

어서 동정할 여지가 없다고 논고하였지만, 그가 정치범인가 아닌가는 피고의 성격과 동정에 의해 좌우될 수 없는 것이라고 생각합니다. 피고의 생각으로는 일본 및 한국, 나아가 동양의 오늘의 일은 단지 이등공의 시정 방침에서 나온 것이라는 것입니다. 오늘 이후로도 역시 같은 형세일 것이며, 이 대세력은 진실로 전율(戰慄)을 금치 못하는 것으로서 어느 누구도 이에 대적할 정치적 역량을 가지지 못했다고 믿고 있습니다. 이등공이 죽은 후에 일본 및 한국에 한 사람 의사(義士)가 없을 것이냐, 조약의 개선과 동양의 평화를 진실로 기하여야 하겠다는 피고의 심정을 생각할 때, 백보를 양보하여 검찰관의 논고대로라고 한다고 하더라도 만고의 국치에 보답하고 동포의 살육에 보복코자 일신을 잊고 분발한 것이라면 충분히 동정할 가치가 있다고 생각합니다.

특히 검찰관은 피고의 심정도 모르고 피고가 상업에 실패하고 비로소 정치에 뜻을 두었다든가, 형제들에게 구미를 순방(歐美巡訪)하였다고 거짓 통신한 일이나, 이석산(李錫山)에게서 본 건의 여비를 강탈하였다고 거론하면서 방랑 3년에 궁여(窮余)의 고책(苦策) 때문에 나라를 위한다는 미명 아래 범행을 하게 되었다고 추론하였습니다. 그러나,

1. 상업의 실패 : 상업에 실패하고 정치에 뜻을 두었다는 것은 원래 상업이란 간직한 사람이 아니고서는 성공하기 힘든 것이니 의기충천한 피고가 상업에 실패하는 것은 오히려 당연지사이며, 뜻을 정치에 두게 된 것은 피고에게 적합한 소질로 자연스럽게 나간 것으로 볼 수 있을지언정, 그 때문에 피고의 신상에 어떤 흠이 생길 이유는 없다고 생각합니다.

2. 형제에 대한 편지 : 형제에게 거짓 편지를 보냈다는 것의 실정을 깊이 살피면 실로 지극히 가련하다고 생각됩니다. 피고가 스스로 고백한 것과 같이 동생과 처자를 버리고 의병(義兵)으로서 국권회복에 진력하고 있었으니, 자신이 발각되면 피고 혼자만이 아니라 가족들

또한 번거로움을 받을 염려 때문이 아니었겠습니까? 예컨대 국가를 위한다고 하더라도 긴긴 세월 유랑하는 동안 오매불망(寤寐不忘) 늙은 부모와 가족을 생각하며 남쪽으로 마음이 달리는 것은 인지상정일 것입니다. 피고가 많은 고난을 겪으면서 다가올 희망을 고백하고 가정의 따뜻한 위로를 받으며 헤어진 후의 식구 소식을 듣고 싶은 마음은 상상하고도 남음이 있다고 생각합니다. 피고가 그 가누기 힘든 깊은 가슴 속의 근심을 겨우 구미순방(歐美巡訪)으로 빙자하여 가솔들의 소식을 알고자 한 심정의 비참함을 진실로 동정하여 마지않습니다. 이것을 가지고 한편으로만 생각해서 거짓이라며 심정이 야비하다고 의심하는 것은 피상적 견해이며, 또한 지극히 참혹한 말이라고 생각합니다.

3. 이석산(李錫山)으로부터의 강탈 : 특히 이석산(李錫山)으로부터 금전을 강탈하였다고 하는 것 역시 피상적 견해라고 생각합니다. 블라디보스톡으로부터의 보고에 의하면 이석산(李錫山)이라는 사람은 없는데, 없는 사람으로부터 강탈할 수는 없습니다. 또 피고가 백 원이나 이백 원 쯤 강탈하지 않더라도 전별금이나 운동자금으로 보내줄 곳이 얼마든지 있다는 것은 피고가 대동공보(大東共報)의 이강(李剛) 앞으로 보낸 편지로도, 유동하(劉東夏)가 유진률(劉鎭律) 앞으로 보낸 전보를 보아서도 명백한 것입니다. 그 돈은 이석산(李錫山)으로부터 나온 것이 아니고 동지(同志)들로부터 각출한 것이라는 것쯤은 추측하고도 남음이 있습니다. 그런데도 피고가 무엇 때문에 그런 허위진술을 하는가를 깊이 생각해 보면, 가령 자기가 강도의 오명을 쓸지언정 동지의 이름을 감추려는 것으로, 번민을 되씹을망정 자신을 도와준 동지들을 밝힌다는 것은 의(義)로서는 도저히 참을 수 없다는 의협심(義俠心)으로부터 생겼다고 하는 것이 의심할 수 없는 것으로 생각됩니다.

4. 방랑의 궁여지책으로 미명(美名)을 쓰다 : 끝으로 피고가 방랑의 궁여지책으로 국가를 위한다는 미명을 빌어 이 범행을 했다는데 대하

여는 상상조차 할 수 없는 것이라고 생각합니다. 피고가 동지들 사이에서 많은 신임을 받고 있음은 이강(李剛) 앞으로 보내는 편지에서나 유(劉), 조(曺) 등이 그의 보호를 바라고 있는 것에서도 분명하며, 또 고향에는 상당한 자산도 있고 특히 처자까지 불러오던 중이었으므로 가족의 온정에 접할 수 있는 입장이었습니다. 따라서 궁핍하고 천애지각(天涯地角)에 들 곳이 없다는 것은 심히 무리한 말입니다.

한편 별로 증거를 들지 않는다고 해도 그 심정을 추측해 본다면, 연경(燕京)을 사양한 경하(輕河)나 백량하(百良河)의 장량(張良)과 같이 나라와 임금에게 보답하기 위한 명분으로 감행한 예들은 얼마든지 있는 길이라고 생각합니다. 변호인은 지나온 일을 생각해보면 감히 그런 용기조차 가질 수가 없습니다. 요컨대 피고가 가령 오해에서 비롯되었고 세계의 대세에 밝지 못할는지 모르나 오로지 군국(君國)에 보답하고 동포를 위하는 마음으로 단심적성(丹心赤誠)에서 일신일가(一身一家)를 버리고 이 일을 추진했다고 볼 수 있습니다. 그 무지와 오해를 가련히 여길 수 있을지언정 증오할 수는 없습니다. 오히려 가르쳐야 할 것이며 징계할 필요는 적을 것이라고 생각합니다.

따라서 위 형법 제199조의 범위에서 형(刑)의 양형(量刑)을 굳이 내려야 한다면 가장 가벼운 징역 3년을 과하면 충분하다고 믿습니다. 변호인의 요구는 실로 3년의 징역입니다.

제이(第二). 형량 감경(刑量減輕)

변호인은 피고에 대하여 가장 가벼운 징역 3년의 형벌을 가지고는 만족할 수 없습니다. 오히려 더 크게 형량을 감하여 가볍게 할 여지가 있다고 생각합니다.

이등공작이 노구를 끌고 한국에 와서 계속 있는 힘을 다 경주하여 한국을 도와주기 위해 노력하고 있었던 것은 나라 안팎에서 인정하는 것으로서, 피고의 이번 범행이 일본에 손해를 끼쳤을 뿐만 아니라 그 조국에 대하여는 더 큰 화를 부른 것은 말할 것도 없는 것입니다. 피고가 무지하여 이와 같은 돌이킬 수 없는 잘못을 한 것은 말할 것도 없는 것이지만, 이런 잘못을 저지르도록 오해를 일으킨 원인에 대하여 생각해보면 얼마간의 민망함과 양해를 하여야 할 사정이 있다고 생각됩니다.

피고의 문벌(門閥)은 앞서 말한 대로 지방의 명문이라고 하지만 그가 받은 교육은 겨우 통감 8권(通鑑八卷) 뿐입니다. 그것으로써 세계대세를 알 수 없음은 당연한 것입니다. 피고의 교육이 심히 유치하게 된 원인은 한국의 국가교육제도가 불비 불완전한데서 연유된 것입니다. 만약 피고가 일본이나 다른 문명한 나라에 태어났다면 훌륭한 교육을 받았을 것이며, 적어도 그런 오해를 불러일으키지는 않았을 것입니다.

자! 한국의 상황은 어떻습니까? 그 국세(國勢)와 실력(實力)이 정말 빈약해서 그렇겠지만 외교 전권은 전부 일본에게 위탁하고 사법권(司法權)마저도 전부 일본인의 손에 의하여 처리되고 있습니다. 우리들의 입장을 바꾸어서 한국인으로서 이런 것을 생각한다면, 비분강개(悲憤慷慨)를 금할 수 없음은 역시 인지상정이 아니겠습니까? 일본은 본래부터 지성으로 한국의 보호에 임하고 있으며 이등공도 역시 성심성의를 다하여 한국을 도와 계발하고자 노력했지만, 일본과 한국 사이에는 엄연히 국경이 존재하며 또 영육(榮育)을 같이 할 수는 없는 서로 다른 운명이 있습니다. 한국인으로 하여금 일본을 보게 하는 것도, 한국을 일본과 같게 하려는 것도 오늘에 있어서는 무리입니다.

또 이등공작과 피고 간에는 국적이라는 구거(溝渠)가 있습니다. 마치 계모(繼母)와 실모(實母)의 느낌이 다르듯, 계모는 어떻게든 자애로운 마음으로 그 자식들을 대우하려 하여도 자식들은 비록 사악(邪惡)한 실모일지라도 사모(思慕)하는 것이 인정입니다. 공작의 적성(赤誠)이 피고 등에게 미치지 못한 것도 정말로 할 수 없는 것이라고 생각합니다.

이런 교육의 불완전과 한일국경(韓日國境)의 구분 등 주변의 사정이 이번의 중대한 오해를 가져오게 한 소인(素因)이 된 것이라는 견

해가 과히 틀리지 않은 이상, 제도를 고쳐 국경을 없애는 것이 한일
양국에 필요함과 동시에, 이번 생긴 일에 대한 책임 전부를 피고에게
부담시키고자 하는 것은 대단히 무리한 주문이며, 오히려 제도나 국
경의 책임이 더욱 크다고 생각됩니다. 어떤 부류의 외국인들이 신문
이나 잡지, 연설 등으로 한일의 친교를 소원(疏遠)하게 하려는 소위
배일사상(排日思想)의 고취에 힘쓰고 있는 일들이 많지 않습니까? 이
런 경우에서 피고가 그릇된 깊은 구렁에 빠진 심정은 민망하고도 남
음이 있을 것으로 믿습니다.

일본 유신전의 자객(日本維新前의 刺客)

  변호인은 기억하는데, 국가의 환란 때 의견 충돌이나 오해 등으로
요직에 있는 사람들에게 자객을 사용한 예는 진정 많습니다. 일본의
유신 전 쇄국의 꿈이 미처 깨기 전 당시의 상황은 한국의 현재 현상
과 매우 비슷합니다. 계(堺)사건이나 생맥(生麥)사건 등이 있었는데,
특히 본 건과 비슷하다고 생각되는 것은 사꾸라다문(櫻田門) 밖 미즈
도(水戶)의 건달(浪土)이 대원로 이이소베(伊井掃部)의 머리를 자살
(刺殺)한 사건입니다. 이이(伊井) 원로는 세계의 대세로 보아 쇄국양
이(鎖國攘夷)는 도저히 불가능하며 개국진취(開國進取)하는 길 밖에
는 없다는 것을 통찰하고 맹렬한 세론을 배척하면서 여러 외국과의
통상조약을 체결코자 하였습니다. 하지만 건달들은 외국의 압박에 의
한 통상을 하는 것은 신국(神國)의 체면에 관계된다는 일편단심으로
세계의 대세도 아랑곳하지 않고 존왕양이(尊王攘夷)의 이론을 주창하
여 일대의 위인을 사꾸라다문(櫻田門) 밖에서 죽였습니다. 당시에는
천하에 세계의 대세를 자세히 아는 사람이 없었던 고로 모두가 건달
들에게 동정을 보낸 것은 물론입니다. 그러나 시세(時勢)가 많이 진
보한 오늘과 비교해 보면, 그들 건달이 세계의 대세에 어두워 일대의
위인을 죽인 것이 오히려 잘못이라는 것이 인정됩니다. 그러나 그들
의 일신을 내던져서라도 군국(君國)에 보답하려는 적성(赤誠)으로부
터 감행했다는 이른바 보국단심(報國丹心)에 대하여는 사람들이 많은
동정을 가지고 있었던 것입니다. 특히 이들로부터 비롯된 시가(詩歌)

는 지금도 사람들의 입으로 회자(膾炙)되어 후대에 전해져, 그 의기는 확실히 국민의 모범을 삼을 만한 것으로 인정되고 있다고 믿습니다.

이들 건달들을 본건의 피고에 비교한다면 무지의 결과 큰일을 그르친 것은 같다고 하겠습니다. 하지만 일본의 당시 이른바 존왕양이당(尊王攘夷黨)은 통상을 하는 것은 국위(國威)에 손상을 입히는 체면에 관한 것이라는 단순한 감정론이었을 뿐 국가존망의 대사건은 아니었습니다. 반면에 한국의 상황은 어떤가 하면, 외교, 군사, 사법 등 여러 가지 권한을 모두 일본에게 위임하지 않을 수 없었으며, 황제는 퇴위 당하고 황태자는 일본에 유(遊)하고 있습니다. 피고의 오해와 같이 만약 일본이 한국을 도울 진정한 성의가 없다면 그 국가의 일은 대단히 화급을 요하는 위험한 것이 아니겠습니까? 그래서 피고는 실로 국가존망(國家存亡)이 떨어져간다고 믿었던 것입니다. 이와 같이 일을 그르쳤다고는 하지만 사태를 생각하면 더더욱 피고에게 동정할 점이 있지 않습니까?

다시 이것을 양자(兩者)의 의기(意氣) 면에서 생각한다면 만세일계(萬世一系)의 성천자(聖天子)를 받들어 모시는 일본신민과 조선 겨우 500년, 더욱이 동인서인(東人西人) 서로 살생하고 관리는 내기하듯 가렴주구(苛斂誅求)하고 수탈능욕(收奪凌辱)이 뻗치지 않은 곳이 없다고 할 수 있는 한국신민과는 그 국시(國是)의 경중을 같이 이야기할 수 없습니다. 이런 한국신민인 피고가 그 보국의 적성(赤誠)만은 일본의 지사에게 뒤지지 않는 것이 있다면, 역시 동정을 기울임에 인색할 수는 없다고 생각합니다.

유신후(維新後)의 일본자객(日本刺客)

변호인은 다시 유신후의 일본자객들의 처분을 본 건과 비교해보고 싶습니다. 변호인의 기억에 남아 있는 것으로는 오오구보(大久保)를 죽인 시마다 이찌로오(島田一郎), 이다가끼(板恒喜)를 죽인 아이바라(相原某), 문부대신을 죽인 니시노후미타로(西野文太郎), 오오꾸마(大隈伯)를 쏜 구루지마(來島恒), 마관사건(馬關事件)의 고야마오 노스게

(小山大之助), 대진(大津) 건의 즈다미쯔조우(津田三藏), 근래에 정우
회(政友會)의 영수 호시(星亨)를 죽인 이니와소타로(伊庭想太郎) 등
입니다. 이들 중에 사형에 처해진 것은 가장 오래전인 사마다 이쩌로
(島田一郎)뿐입니다. 그리고 당시의 재판이란 것은 참고조차 할 수 없
는 것이었습니다.

앞에서 말한 사건 중에서 세상을 놀라게 하고 국가에 해독을 끼쳤
다는 점에서 본다면, 본 건도 세계를 떠들썩하게 하면서 한국 및 일본
에 막심한 손해를 끼친 것은 물론입니다. 하지만 마관사건(馬關事件 :
청일전쟁 강화차 참석한 李鶴章 암살미수 사건)에 비하면 대단한 사
건이라고 할 수는 없습니다. 마관사건은 청일전쟁(淸日戰爭)이 한창
으로 10만의 생명을 죽이고 겨우 강화조약을 체결하려던 가장 중대한
시기에 하나의 소한(小漢) 고야마(小山)가 이 엄청난 대사건을 불러
일으켰기 때문에 삼군에 명하여 일시휴전을 할 수 밖에 없게 되었던
것입니다. 또 대진(大津)까지 임어(臨御)하시는 전무후무한 일로서
상하의 경악은 물론 오히려 국가존망지추의 대사건이었습니다.

이 대사건의 흉한 고야마(小山)와 즈다(津田)의 경우만 하더라도
오히려 극형을 면하고 있습니다. 이들 두 흉한은 법률상 살인미수였
기에 극형을 가하지 않았다고 할는지 모르나 최근의 호시(星亨)을 찌
른 이니와(伊庭)도 역시 사형에서 한 등급 감하고 있습니다. 원래 이
니와(伊庭)가 호시(星亨)를 죽인 이유는 언어도단입니다. 본 건은 피
고가 믿고 있는 대로라면 천백(千百)의 언론이나 재판으로도 도저히
개선주효(改善奏效)의 희망이 없기 때문에 한 몸을 던져서 자객이 되
는 길 밖에 없었습니다. 하지만 이니와(伊庭) 사건은 만약 이니와가
믿는 것처럼 호시에게 부정비리가 있다고 하더라도 그것을 교정하기
위한 정당하고도 충분한 국가기관이 존재하며, 또 충분히 교정천명
(矯正闡明)할 수 있는데도 불구하고 정당한 수속을 밟지 않고 광포
(狂暴)한 독검(毒劍)에 호소하였던 것이 아닙니까?

그러나 당시 재판, 즉 최근 일본의 문명화된 재판에서는 이니와(伊
庭)가 일신의 사욕을 버리고 단지 국가에 보답코자 하는 생각에서였
다는 점에서 사형에서 한 등급 낮췄던 것입니다. 그 사건과 본 건을

비교한다면 피고에 대해 몇 배의 이해할만한 정상이 존재한다는 것이 명백하다고 생각합니다.

한국의 자객사건(刺客事件)

또 본 건을 한국에서 있었던 종래의 자객사건과 비교해 본다면, 변호인은 여러 자객의 범행 사정이나 그 처분 등에 있어 자세한 것은 모르지만, 민영익(閔泳翊)에 대한 서재필(徐載弼) 사건, 이완용(李完用)에 대한 이재명(李在明) 사건에 이르기까지 전후 12차례가 있습니다. 그런데도 지금까지 사형처분을 받은 자는 하나도 없는 모양입니다. 유명한 김옥균(金玉均)을 죽인 홍종우(洪鍾宇)와 같은 자는 그 때문에 오히려 오늘에 이르러서 매우 안온한 생활을 하고 있는 것 같습니다. 또 최근 샌프란시스코에서 스티븐슨을 죽인 이상석(李相錫)은 미국 재판소에서 징역 25년의 처분을 받고 지금 공소중(控訴中)이라고 듣고 있습니다.

본래부터 범행의 상태나 재판을 하는 국가의 국정(國情)에 따라 형벌에 차등이 있게 마련이지만, 그 일이 사욕을 위한 것이 아니고 국가를 위한 뜻이라면 다 동정하고 있는 것만은 명백하다고 생각합니다. 요컨대 시비해악(是非害惡)의 대소는 어찌되었든 이른바 자객이 대개 그 군국(君國)에 충성을 다하고 동포에 보답한다는데 대하여는 어느 누구도 동정을 아끼지 않으며, 그 처분도 매우 가벼운 것은 세계 각국에 정례(定例)라고 하여도 틀림이 없습니다.

변호인이 지금까지 말씀드린 일반 자객들과 비교해 보면 본 건의 특수사정을 생각해서 적이 형량을 감량할 여지가 충분히 있다는 것을 확신합니다.

정책상(政策上)의 이해(利害)

검찰관은 이제까지 한국의 자객에 대한 형벌이 지나치게 가벼워서 본 건, 또는 이재명(李在明)과 같은 자객이 계속 나오기 때문에 장래를 경계하기 위하여 피고에 대해 극형을 과하지 않으면 안 된다는 논고를 하였습니다. 이에 대하여는 앞에서도 말씀 드린바와 같이, 이는 결코 형벌의 중한 것을 무서워하는 성질의 범죄가 아니기 때문에 피고에게 사형을 과한다고 하더라도 검찰관이 논고에서 밝힌 희망은 도저히 달성할 수 없을 것입니다. 뿐만 아니라 한국인들이 일본의 한국민에 대한 유액보호(誘掖保護)가 공평하고 친절한가 아니한가 하는 것에 의심을 품고 있는 시점에서 일본에서도 유례가 없는 극형을 피고에게 가한다면, 한국 국민들은 커다란 의혹과 분개심으로 본 건과 같은 범행을 계속할 것이기 때문에 심히 걱정이 됩니다.

특히 항차 한일의 친교에 상처를 입히지 않으려고 부심하고 있는 지극히 미묘한 이때에 피고의 무지몽매한 결과로 대사를 그르친 것은 유감이지만, 몸을 바쳐 국가에 보답하고자 하는 의기는 오히려 감탄하고도 남음이 있는 것입니다. 따라서 한국의 부식 계발이 일본의 국시라고 할 때, 이런 의기충천한 사람들을 잘 인도하여 그 무지를 훈육 계발한다면 한국의 백년대계를 안심할 수 있다고 생각됩니다. 이것으로써 변호인은 일본의 정책상으로도 피고에게 중형을 과하는 것은 이런 정책을 그릇되게 하는 것으로서 진실로 한국을 생각하는 것은 결코 아니라고 생각합니다.

서거하는 이등공의 요구

최후로 변호인은 떠나시는 이등공작이 피고에 대하여 과연 중형을 요망할까, 아니면 관용을 희망할 것인가를 생각해 보고자 합니다. 공작이 처음 죠슈(長洲)의 시골에서 황량한 세상에 나오게 된 것은 미국군함의 검은 연기에 도쿠가와(德川) 막부가 300년의 깊은 잠에서 깨어난 지 얼마 되지 않은 때였습니다. 그 당시 일본의 상하는 끓는 솥과 같은 형세였는데, 이때에 공작은 실로 존왕양이의 급선봉이셨습니다. 오늘에 와서 보면 세계의 대세에 어둡고 그 무지막지함은 진실로 불쌍하기 이를 데 없는 것이었지만, 현재 일본의 원훈(元勳)은 모두 존왕양이당이라고 해도 좋겠습니다. 공작은 당시 선각자인 국로(國老) 사까이죠라구(酒井長樂)가 개국진취(開國進取)의 대책을 주창하는 것을 보고, 히사사까(久坂玄瑞) 등 열 명과 함께 암살하고자 기도했지만 사까이(酒井)가 알게 되어 종내 이 일을 수행하지 못한 적이 있습니다. 또 그 후에 공작은 지금의 이노우에(井上侯)와 같이 시나가와(品川)에 있는 영국공사관에 불을 지른 적도 있습니다.

뒤에 한동안 영국을 돌아보고 와서부터는 의연히 이전의 그릇됨을 뉘우치고 개국진취에 임금의 뜻을 도와 일본 제일의 원훈이 되었지만 장년시절의 일은 진정 피고 등과 몹시 유사하다고 하겠습니다. 그 영국공사관 방화 때 다행히도 우리나라의 경찰이나 기타 제도가 불완전하였기 때문에 공작과 그 동지들이 체포되는 일이 없었지만, 만약 그 때 일이 발각되어 체포되었더라면 오늘날 공작의 홍업(鴻業)과 명성을 어떻게 얻을 수 있었겠습니까? 그렇게 생각하면 일대의 위인도 하나의 과격한 건달로 헛되이 끝을 맺고 말았을 것이 아니겠습니까? 이것이 오늘 피고의 경우와 무엇이 다르겠습니까? 이와 같은 도정을 더듬어 보면, 괴로운 것이나 부끄러운 것도 충분히 경험한 공작이기에 오늘 피고의 경우를 보셨다고 하면 만곡(萬解 : 아주 많은 분량)을 다한 뜨거운 눈물로 동정할 것이라고 믿습니다. 그러므로 이에 대하여 보복적 중형을 과한다는 것은 생각조차 할 수 없는 것입니다.

특히 공작은 도량이 넓고 활달하며 또 공정함이 넘치는 분이라는 세평(世評)이 있습니다. 공작이 위로 한 분의 신임을 업고 묘당에 서서 헌정 실시를 준비할 때, 일본 내에서는 민권자유론(民權自由論)이 하늘을 찌르는 기세로 팽배하여 관권과 민권의 충돌이 맹렬을 극(極)하였기 때문에 민권론의 중견인 자유당의 건달들이 비수를 품고 공작을 겨누었던 일들이 얼마든지 있었습니다. 그 참렬(參列)한 보안조례(保安條例)에 의하여 하룻밤 사이에 300명이 넘는 유지들이 도성에서 추방당했다가 불과 한 시간에 진압하였던 당시의 일을 회상한다면, 자유당과 공작과는 불구대천의 원수라고 하여도 좋을 것입니다. 그러다가 시세가 한 번 변하고 나니 공작은 여러 해 깊은 원수인 자유당을 중심으로 한 정우회(政友會)의 총재가 되었습니다. 그리고 공작은 옛날 자신에 대하여 비수(匕首)를 품었던 사람들을 이끌면서도 아무런 의심 한 번 한 바 없었으니, 그 도량의 광대함은 상상하고도 남음이 있습니다.

또 검찰관도 논증한 것과 같이, 공작이 통감 관저에 한국의 귀빈신사들을 초대한 석상에서 연설할 때 "폭도도 나도 한국을 염려하는 적성에서는 다 같다. 하지만 그들은 한국을 구하는 수단이 틀린 자들이다"라고 하여 그 뜻에 감동할 뿐 정(情)을 미워할 것은 더더욱 없음을 표명하고 있습니다. 공작이 우의(友誼)에 통하고 동정이 많은 것은 이 연설에 의하여도 명료합니다.

이 도량이 크고 동정 많은 공작이 피고에 대하여, 더욱이 자신에게 가해한 범인에게 보복하기 위하여 다시없는 무상의 중형을 과한다는 것은 도저히 상상할 수조차 없는 것으로서, 특별한 관용을 희망하는 것이 실로 공작의 참뜻이라고 생각됩니다. 만약 불행히도 극형에 처하는 일이 있다면 공작은 모름지기 지하에서 슬피 울 것이라고 생각됩니다.

재판관 각하. 또 변호인은 생각하는데, 이등공작은 앞서 누누이 말한 대로 그러한 주의와 동정을 가지고 있었음에도 불구하고 그런 것을 참작함이 없이 구태여 피고에게 중형을 과한다면 본 건 재판에 의해 공작을 왜소(矮小)한 그릇으로 줄이는 것이 되며, 공작의 한국에 대한 충정을 의심받게 하는 염려 또한 없겠습니까? 만분지 하나라도 이런 일이 있다면 돌아가신 공작을 경모(敬慕)하는 길이 아님을 유의해 주시기 바랍니다.

제삼(第三). 결론(結論)

요컨대 형벌의 주의로부터 생각하여 우리 형법의 취지를 보면 피고에게 가벼운 처벌을 과하는 것이 지당하다고 믿을 뿐만 아니라, 그 사정을 생각한다면 크게 재량을 발휘할 여지가 있으며, 정책적으로나 공작의 희망으로 보나 어느 모로 보든지 중형을 과할 이유가 없다고 확신합니다. 그런데도 피고에 대하여 더더욱 지금까지 유례없는 중형을 과하는 일이 있다면, 본 건의 진행에 주의를 게을리 하지 않고 지켜보는 세계 사람들이 일본 재판은 내외에 있어서 그 죄를 둘 셋으로 한다는 의구심을 가지게 될 염려가 있을 뿐만 아니라, 혹은 재판관 각하가 현 일본의 일부인사들이 주장하는 일종의 적개심으로부터 일어나는 극단적인 감정의 속론(俗論)에 움직였다는 비난을 받을 것입니다. 그리하여 나중에는 변명할 말조차 있을 수 없게 될 것을 염려하는 것입니다.

그리하여 변호인은 피고에 대해 형법 제199조 및 제166조에 의하여 법이 허락하는 한 가장 가벼운 처벌이 있을 것을 희망합니다. 이상 말씀드린 것은 안중근(安重根)에 관한 것이지만, 이 취지는 곧 우연준(禹連俊)에게도 해당되는 것입니다. 또 연령으로 보나 마음으로 보나 어린애인 유동하(劉東夏)나 어리석은 조도선(曺道先)에 대해서도 가벼운 처분을 희망하지만, 다만 재판관 각하의 공정한 판단에 맡기면서 변호인은 따로 누누이 말씀드릴 필요가 없다고 생각합니다. 부디 현명한 성찰을 부탁합니다.

공판최후(公判最後)의 한 시간(時間)

안중근(安重根)을 비롯한 피고들의 최후의 진술

재 : 피고들에게 말하겠습니다. 이제 재판이 대부분 진행되어 최후
　　진술을 할 때가 되었고, 두 변호사로부터 피고들에게 유익하
　　리라고 생각되는 상세한 변론을 들었습니다. 피고들도 진술할
　　것이 있으면 하도록 하십시오.

유(劉), 조(曺), 우(禹)의 진술

유 : 나는 말할 것이 없지만, 이등공작에 대해서나 그 밖의 다른 일
　　본사람에 대해서나 이제까지 모욕적인 말을 한마디도 한 적이
　　없소. 그런데 오늘 이렇게 법정에 끌려 나와서 지은 죄도 없
　　는 나에게 1년 반의 구형이 선고되었소. 실로 억울하기 짝이
　　없으니, 비유하자면 마치 아니 땐 굴뚝에서 연기가 나는 것과
　　같소.

조 : 나는 이 일과 하등의 관계도 없지만 이 지경에 이르게 된 것은
　　나의 우매한 소치이오. 안(安)의 말을 듣고 같이 행동한 것이
　　이렇게 오늘의 상황을 만들고 말았소. 이것도 결국 나의 우매
　　한 소치이기에 별로 할 말이 없소.

우 : 오늘에 이르러 특별히 무슨 할 말이 있을까마는 목적에 대하
　　여 한두 가지 말하겠소. 요점만 말하자면, 이번 거사의 배경에
　　는 무엇보다도 한일 간에 하나의 장벽이 있다는 것이오. 그
　　장벽을 없애기 위하여 한 것이니 이후로는 일본천황의 전쟁조

칙의 성지에 따라서 한국인을 대할 때에 인간으로서 대우하기
바라오. 또한 우리 한국의 독립을 공고히 하여 주기 바라오.

안중근(安重根)의 진술

안 : 나는 아직 말할 것이 많소.

재 : 피고는 지금까지 중복되는 말을 많이 하는데, 순서를 세워서
중복되지 않도록 말하시오.

안 : 내 이야기는 다른 것이 아니오. 그저께 검찰관의 논고를 대강
들었지만, 그 가운데에는 검찰관이 심히 오해하고 있는 점이
대단히 많소. 그중에서 중요한 것 몇 가지에 대하여 요점을
말하겠소. 한 예를 들자면, 하얼빈에서 검찰관이 취조할 때 내
아들을 조사했다는 것을 그저께 심리의 결과로써 들었는데,
내 사진을 보면서 이것은 자기 아버지라고 그 애가 말했다고
했소. 하지만 내가 고향을 떠난 것은 삼년 전이고 우리 애가
금년 다섯 살이니 삼년 전 애가 두 살 때 집을 떠난 후로는 만
난 적이 없는데, 어떻게 아비를 알아 볼 수 있을 것이오. 이
한 가지만으로도 심리가 얼마나 허술하며 또 거짓이 많은가
하는 것은 입증할 수 있지 않겠소?

그리고 또 한 가지는 재판에 관한 것이오. 대체 나의 이번 일
은 개인으로서 한 것이 아니라고 재삼 말하였으니 이해가 되
었을 것인데, 국제적 관계를 심리(審理)하면서도 재판관을 위
시하여 통역, 변호사까지 이렇게 일본인들만으로 구성되어 진
행하는 것은 잘못이오. 한국의 변호사도 있고 내 동생도 와
있으니 이들을 참가시키는 것이 당연하다고 생각하오. 또 변
호사의 변론이나 검찰관의 논고도 모두 통역으로 그 대강만을

들려주었으니, 이런 것은 나의 견해로는 의미가 없을 뿐 아니라 이해도 되지 않소. 객관적으로 볼 때 편파적인 취급이라는 것을 면할 수 없으리라고 나는 생각하오.

나는 오해하지 않았다

안 : 또 조금 전 검찰관과 변호사들의 논고 및 변론의 요지를 들고 있자니, 모두가 이등의 시정방침은 완전무결하며 거기에 대하여 내가 오해를 하고 있다고 말하는데 이것은 심히 부당하오. 이등의 시정방침이 결코 완전하지 못하기 때문에 내가 오해하고 있는 것은 전혀 있을 수 없소. 모두 이등이 한국에 주재하면서 행한 대한정책에 대해서는 상세히 말하지 않고 있는데, 내가 그 대요를 말하겠소.

1895년에 5개조의 조약이 체결되었는데, 그것은 보호조약이오. 그러나 그때 한국 황제를 비롯하여 한국의 국민들이 그런 보호를 원치 않았음에도 불구하고, 이등은 그것을 한국의 희망에 의하여 체결한 것이라고 말하고 있소.

5개조의 폭력

안 : 그것은 이등이 일진회(一進會)를 뒤에서 사주하여 금전을 주고 운동을 벌려서 황제의 옥쇄는 물론 총리대신의 승낙도 없이 그저 권세로서 만착(瞞着 : 사람들의 눈을 속여 넘김)하여 5개조의 조약을 체결한 것이오. 이는 결코 한국의 희망에 의한 것이 아님은 모두가 아는 사실이오. 이와 같은 이등의 대한정책에 대하여 조선에 지각이 있는 사람들은 분개하였고,

누누이 황제께 상주하고 이등의 정책 개선을 촉구했던 것이
오. 로일전쟁 때의 일본천황의 선전조칙에는 동양의 평화를
유지하고 한국의 독립을 공고히 한다고 되어 있소. 한국인들
은 그것을 크게 신뢰하여 일본과 함께 동양에 서고자 희망하
고 있었는데, 이등의 정책은 그렇지 않았기 때문에 도처에서
거의가 일어나고 국민들이 하루도 안도할 수 없는 오늘의 비
참한 참상이 야기된 것이오.

이등의 정책에 반하여 최익현(崔益鉉)이라는 분이 의병을 일
으켰으나 그가 체포당한 다음에도 방침은 조금도 개선되지 않
았고, 한국의 신사들이 끊임없이 헌책(獻策)하였으나 거기에
대해서도 하등의 대답이 없었소. 5개조의 보호조약은 폐하의
옥쇄도 없이 폭력으로 체결한 것이었고, 그런 상황이었기 때
문에 우리 황제는 두 명을 평화회의에 파견하였으나 억울하게
도 어떤 사정으로 그 일은 실패하고 말았소.

7개조의 협박

안 : 그 후 이등은 다시 한국에 와서 구중에 침입하여 칼을 빼들고
폐하를 협박하여 7개조의 조약을 체결하여, 결국에는 황제를
폐위시키고 일본에 사죄사(謝罪使)를 파견한다는 것까지 7개
조 안에 넣었소. 이런 상황이기에 우리 민족은 상하를 불문하
고 모두 분개하여 뜻이 있는 자는 할복하여 순절하고 백성들
은 칼을 들고 일본군에게 맞서는 병란이 일어나게 된 것이고,
그로부터 수십만의 의병이 조선팔도 어디든지 가는 곳마다 일
어났소. 또한 '외국이 조선을 정복하고 있으므로 진실로 국가
위급존망지추에 처한 지금 가만히 앉아 국사를 방관하는 것은

국민의 의무가 아니다'하는 것이 우리 황제의 조칙이오. 그렇기 때문에 더욱더 분개하여 오늘까지 싸우고 있지만 결말이 나지 않고 있는 것이오.

한국민 10만을 죽임

안 : 이리하여 오늘까지 학살당한 한국민이 십만 명 이상이오. 그것을 십만이 넘는 한국인들이 국가를 위하여 충성을 다하고 죽었다고 하겠지만, 중요한 것은 이것이 이등 때문에 죽임을 당했다는 것이오. 새끼줄로 목을 매고 머리를 꿰어달아 거리에 전시하여 양민과 사회를 위협하는 극악무도의 참혹한 행위로 그는 십만이 넘는 사람을 죽인 것이고, 의병 장교도 적지 않게 전사했소. 이등의 정책이 이렇게 잔인하고 고통스러웠기에 한 명을 죽이면 열 명이 일어나고 열 명을 죽이면 백 명이 일어나게 되어 이처럼 의병은 불어났으니, 이는 피차간에 어떠한 이익도 없는 것이 아니겠소? 이토록 피해만을 보았으니 이등의 정책방침을 바꾸지 않으면 한국은 독립될 수 없으며, 또 전쟁이 끝이지 않을 것이라 생각하오.

이등 그놈은 영웅이라고 하지만 간웅이오. 간교한 지혜가 발달된 놈이어서 한국에 대한 보호가 원만히 이루어지고 있다고 신문 같은데 싣는 한편, 일본 천황과 정부에게도 한국의 보호가 원만하게 이루어지고 있어 날(日)로 달(月)로 발전한다고 속이고 있소. 그 죄악에 대하여 적지 않은 한국인들이 이등을 증오하여 그를 없애야겠다는 적개심을 일으킨 것이오.

인생이란 누구나 삶을 즐기고 싶고 죽음을 피하려고 하는 것 아니겠소. 더더욱 한국 국민들은 계속 도탄에 빠져 고통을 받고 있기 때문에 평화롭게 살고 싶다는 생각은 일본보다도 더 깊고 절실하다고 생각하오.

일본 국내의 원성

안 : 나는 이제까지 일본의 여러 계층 사람들을 만나서 흉금을 털어놓고 이야기한 적이 있소. 먼저 군인과 만난 이야기를 하자면, 그는 수비대로 파견되어온 자인데, "당신이 이렇게 해외에 와 있지만 고향에는 늙으신 부모님과 정해진 처자가 있으리라고 생각하는데, 그렇다면 꿈은 고향으로 가서 밤새껏 잠 못 이룰 것이 아니겠소?"라고 내가 말했더니 그 군인이 말하기를, 부모처자가 있지만 자기는 국가의 명령으로 수비대에 파견되어 해외에 있기 때문에 정(情)에 끌릴 때가 아주 많다고 울면서 말했소. 내가 동양이 평화스럽고 한일 양국이 무사하였다면 이러한 한심스럽고도 딱한 일은 없었을 것이라고 하였더니, 그는 자기는 싸우는 것을 바라지 않지만 수비대로 와 있는 이상은 싸우지 않으면 안 되기 때문에 고향에 돌아갈 생각은 꿈에도 못한다고 하였소. 그 이유를 물으니 일본정부에는 간신이 너무 많아 동양의 평화를 문란케 하니, 자기 같은 사람들이 마음에 내키지 않는 나라에 와서 전쟁을 하지 않으면 안 되게 되었다고 하면서, 그런 놈들을 죽이고 싶지만 한 개인의 힘으로는 죽일 수도 없기 때문에 부득이 명령에 복종하고 있다고 하였소.
또 일본 농부의 말을 들은 적이 있는데, 그 농부가 하는 말이, 조선은 농업이 잘 된다고 해서 왔더니 소문과는 달리 도처에

폭도가 있어서 농사를 지을 수 없고, 그렇다고 하여 고향으로 돌아가려고 해도 전에는 농업국이어서 좋았지만 지금은 그때 같지 않은데다 전쟁 비용으로 인하여 토지는 점점 좁아져 가고 세금은 날로 높아만 가니 고향에 돌아가도 도저히 농사를 지을 수 없다면서, 자기는 어디를 가도 좋으나 이런 상황 때문에 늘 울고 싶어진다면서 일본의 대한정책이 바뀌기 전에는 몸 둘 곳이 없다고 크게 한탄하기도 하였소.

그리고 도덕가(道德家)도 만났는데, 그는 예수교의 전도사였소. 내가 먼저 그에게 "무고한 백성을 매일 죽이고 있는 일본인 전도사란 무엇하는 사람인가?"라고 했더니, 그가 하는 말이 "그처럼 대역무도한 일을 저지르는 사람은 가련하고 한편으로는 나쁘다. 그놈들에 대해서는 오직 하나님의 힘으로써 개과천선의 길을 강론할 수밖에 없기 때문에 오히려 그들을 불쌍히 여겨달라고 하나님께 기도드리고 있다"고 하였소.

항차 한국 국민들이야

안 : 지금 말씀드린 여러 일본인들의 이야기만으로도 모두들 동양의 평화를 희구하고 있다는 것은 알 수 있을 것이오. 동시에 간신 이등을 얼마나 나쁘다고 생각하고 있는지도 알 수 있으리라고 생각하오. 일본인들도 이러하거늘 한국 사람들은 어떠하겠소? 자신의 친척과 친구가 학살되었는데 어떻게 이등을 나쁘다고 하지 않을 수 있겠소? 이런 이유로 내가 이등을 죽인 것은 앞서 이야기한 대로 의병중장의 자격으로 죽인 것이지 결코 일개의 자객으로 한 일이 아니오. 그리고 나의 희망은 일본 천황의 참뜻대로 동양의 평화를 기하고 나아가 오대

양 육대주(五大洋六大洲)에까지도 모범을 보이는 것이오. 내가 오해하여 죄를 범했다고 하는데, 결코 그렇지 않소.

재 : 대체로 당신의 진술이 다 되었다고 생각하는데?

나는 포로이다

안 : 좀 더 있소. 지금 말한 것처럼 이번 사건은 내가 결코 실수를 했거나 잘못 오해해서 한 것이 아니기 때문에 지금 이등이 행하고 있는 대한정책이 잘못되어 있다는 것을 일본 천황이 알아준다면 오히려 나를 충신이라고 치하할 것으로 아오. 나를 이등을 죽인 자객으로서 취급하면 안 된다는 것을 나는 스스로 확신하며, 일본의 방침이 개정되어서 본래 일본 천황의 뜻대로 한일 양국 뿐 아니라 동양의 평화가 언제까지나 유지되기를 나는 희망하고 있소.

또 말하고 싶은 것은 두 사람의 변호사의 변론에 의하면, 광무 3년의 한청통상조약(韓淸通商條約)에 의해서 한국인은 청국에서 치외법권을 가지고 또 청국인은 한국에서 치외법권을 가지고 있기 때문에, 한국인이 해외에서 죄를 범하면 하등의 명분이 없으니 무죄라고 하였는데, 이것은 심히 못마땅한 변론이오. 오늘의 인간은 모두가 법 아래에서 살고 있는데 사람을 죽이고도 아무런 제재를 가할 수 없다고는 생각하고 있지 않소. 그러나 나의 입장은 내 개인적인 신분으로 한 것이 아니라 의병으로 했기에 나는 전쟁에 나아가 싸우다가 잡힌 포로로서 여기 와 있는 것이라고 확신하며, 그런 이유로 나의 일을 국제공법(國際公法) 만국공법(萬國公法)에 따라 대우하여 처리해줄 것을 희망하오.

재 : 더 할 말 없습니까?

안 : 없소.

재 : 그러면 이것으로 본 건의 심리는 마칩니다. 판결은 오는 14일
　　오전 10시에 언도하겠습니다.(園木 통역사 통역함)

(때는 오후 4시 15분)

판결(**判決**)

　韓國平安南道 鎭南浦 無職 安應七 事 安重根 三十二年

　韓國京城東賭 東大門內 養士洞 煙草商 禹連俊 事 禹德淳 三十四年

　韓國咸鏡南道 洪原郡 景浦面 洗濯業 曹道先 三十八年

　韓國咸鏡南道 元山 無職 柳江露 事 劉東夏 十九年

　위 4명의 피고에 대해 본 살인 사건에 대하여 본원은 심리를 마치고
다음과 같이 판결함.

　피고 안중근(安重根)을 사형에 처함.

　피고 우덕순(禹德淳)을 징역 3년에 처함.

　피고 조도선(曹道先), 유동하(劉東夏)를 각 징역 1년6개월에 처함.

　압수물품 중 피고 안중근(安重根)의 소유인 권총 1정, 탄환 1개, 탄
소 2개, 탄환 7개(檢領特 第1號의 1, 2, 5, 6) 및 피고 우덕순(禹德淳)
의 소유인 권총 1정(탄환 16개 첨부)(檢領特 第1號의 17)을 몰수하
고 기타는 각 소유자에게 환부함.

안중근 의사 공판 속기록(安重根 義士 公判 速記錄)

이유

피고 안중근(安重根)은 1909년 10월 26일 오전 9시 지나서 노국 (露國) 동청철도(東淸鐵道) 하얼빈역 안에서 추밀원의장 공작 이토우 히로부미(伊藤博文) 및 그 수행원을 살해할 목적을 가지고 접근, 그의 소유인 권총(檢領特 第1號의 1)을 연사(連射)하여 그 중 세발은 공작 에게 맞춰 죽게 하고, 또 수행원인 하얼빈 총영사 가와가미(川上俊 彦), 궁내대신 비서관 모리(森泰二郎), 남만주철도주식회사 이사 다나 까(田中淸次郎)에게는 각각 한발씩 명중하여 그 수족(手足) 또는 흉 부(胸部)에 총상을 입혔으며, 다른 세 명은 피고의 목적을 수행케 했다.

피고 우덕순(禹德淳)은 피고 안중근(安重根)이 전항 이등공작을 살 해할 목적임을 알고 그 범행에 동조할 의사를 가지고 1909년 10월 21일 그의 소유인 권총(檢領特 第1號의 17) 및 탄환 수개를 범죄에 사용할 목적으로 휴대하였으며, 피고 안중근(安重根)과 함께 러시아 블라디보스톡을 출발하여 하얼빈에 도착, 같은 달 24일 같이 남행하 여 채가구에 도착하여 동역에서 공작의 통과를 기다려 범행을 결행하 기 위하여 동정을 살피는 등, 이후 25일까지 동역의 형세 등을 살핌 으로써 안중근(安重根)의 범죄 준비에 가담한 자이다.

피고 조도선(曹道先) 및 유동하(劉東夏)는 전게 피고 우덕순(禹德 淳)과 같은 의사를 가지고 조도선(曹道先)은 전술한 채가구역에서 안 중근(安重根) 및 우덕순(禹德淳)을 위하여 러시아어 통역을 하였으며, 유동하(劉東夏)는 안중근(安重根)이 같은 달 24일 채가구역으로부터 공작의 도착 여부를 묻는 전보에 대하여 하얼빈에서 '내일 아침 온다' 라는 회답전보를 침으로써 안(安)을 다음 날 25일 하얼빈에 오게 하 였다. 이로써 모두가 안중근(安重根)의 범죄준비에 가담하였다. 이상 의 사실은 다음과 같은 이유에 의하여 증빙이 충분하다고 인정한다.

안중근 의사 공판 속기록(安重根 義士 公判 速記錄)

1. 피고 안(安)은 1909년 10월 26일 하얼빈역에 도착한 이등공작 및 그 수행원을 살해할 목적을 가지고 접근하여 그 역에서 러시아 군대의 전면을 통과하는 일행 중 맨 앞서 있는 사람을 공작으로 단정하고 그 오른쪽 뒤로부터 먼저 이를 향하여 권총을 연사하고, 다시 방향을 바꾸어 뒤에 따라오는 사람들을 향하여 계속하여 권총을 연사하다가 체포됐다는 것을 자인하였다.

2. 러시아 동청철도 경찰서장의 진술. 경찰서장 니키후오로프는 러시아력[露曆] 10월 13일 오전 9시 반경, 이등공작이 수행원들과 같이 군대의 우익으로 향하여 통행할 때 증인도 군대 후방에서 공작 일행과 나란히 걸어갔는데, 일본인 군중 속에서 한 사람의 흉한이 나오면서 권총을 발사하는 것을 발견하고 증인은 급속히 돌진하여 흉한을 덮쳤다는 요지(러시아 국경 지방재판소 시심판사 스토라소프 작성 심문조서 기재)를 진술하였다.

3. 러시아 대장대신관방장 리우오프의 진술. 하얼빈역에서 이등공작 및 러시아 대장대신 고코우에프를 수행하던 중, 공작이 군대의 전면을 통과하여 시민의 일단이 있는데까지 갔다가 되돌아 올 때 증인도 이를 따르고 있었는데, 수발의 총성을 듣고 즉시 뒤를 돌아보았더니 일본인 같은 한 사람이 공작을 향해 발포하고 있었다는 것을 인정한 요지(동판사 작성 심문조서 기재)를 진술하였다.

4. 총영사 가와가미도시히꼬(川上俊彦)의 진술. 10월 26일 오전 9시 이등공작이 탑승한 특별열차가 하얼빈역에 도착하여, 러시아 대장대신이 공작을 환영하기 위하여 차 안에 들어가 약 25분간 환담을 한 후, 공작이 대장대신과 함께 플랫폼에 나와 정렬하고 있는 러시아 군대의 전면을 통과하고 외국대표자 몇 사람과 악수를 교환한 뒤 다시

군대 쪽으로 되돌아서 두서너 칸 갔다고 생각될 때, 발총(發銃)의 소리를 듣고 뒤돌아 보았더니 한 사람의 흉한이 발사하고 있는 것을 보았다. 이때 증인은 공작의 우측 후방에서 한 발짝쯤 떨어져서 걸었으므로 이때 공작과 흉한과의 중간의 위치에 있었기 때문에 오른손에 한발 맞고 부상했다는 요지(검찰관 작성 심문 조서 기재)를 진술하였다.

5. 식부관(式部官) 후루다니히사즈나(古谷久鋼)의 진술. 10월 26일 오전 9시 이등공작을 수행하고 하얼빈에 도착 후, 공작은 러시아 대장대신과 함께 정렬된 러시아 군대의 전면을 통과하고 외국영사들과 인사를 나누고 그 다음 되돌아 몇 발짝 갔을 때, 양복 입은 한 사람이 나타나 공작을 겨누고 3발을 발사하고 또 계속해서 수행원 일행을 향하여 3발을 발사하였다. 당시 공작은 흉한과 겨우 1칸 정도 떨어진데 불과하고, 따라서 공작은 그 장소에서 부상하였다는 요지(검찰관 작성 심문 조서 기재)를 진술하였다.

6. 시의(侍醫) 고야마(小山善)의 진술. 이등공작을 수행하고 하얼빈 정거장에 도착 후 러시아 군대의 전면을 통과하던 중 마치 폭죽과 같은 소리를 들음과 동시에 공작이 부상한 것을 보고 뛰어가 간호에 임했다는 요지(검찰관 작성 심문 조서 기재)를 진술하였다.

7. 궁내대신 비서관 모리타이사부로(森泰三郎)의 진술. 이등공작을 수종하고 하얼빈 정거장에 도착한 후, 공작은 러시아 대장대신과 함께 정렬되어 있는 러시아 군대의 전면을 통과하여 각국 대표단과 악수하고 다시 군대의 전면으로 되돌아 몇 발짝 걸었을 때, 돌연 양복을 입고 운동모자를 쓴 한 사람이 군중 속에서 나타나 공작의 배후에 다가와 마침 가와가미(川上) 총영사의 우측에서 권총으로 공작의 우측

으로부터 몇 발 저격하였으며, 수행원은 즉시 이 급변을 알고 공작을 열차 안으로 모시고 그 부상을 간호하였다. 증인도 그때 좌견갑부(左肩胛部)에 관통 총상을 입었으며 가와가미(川上) 총영사, 다나까(田中) 이사도 역시 부상했다는 요지(동경지방재판소 검사 작성 청취서 기재)를 진술하였다.

8. 남만주철도주식회사 이사 다나까 세이지로의 진술. 이등공작의 수행원으로 참가하여 하얼빈 정거장에 도착, 공작이 하차하여 외국대표들이 있는 곳에서 악수를 교환하고 되돌아서 재차 러시아 군대의 전면에 도달했을 때, 한 사람이 나와서 발총(發銃)하는 것을 보았다. 그때 증인은 공작으로부터 뒤로 멀리 떨어져 있어 흉한과는 4,5칸 정도에 있었는데, 흉한은 다시 총구의 방향을 바꾸어 증인을 향하여 발사하였으며, 이와 동시에 증인은 족부(足部)에 부상하여 쓰러졌다는 요지(검찰관 작성 심문서 기재)를 진술하였다.

이들의 진술을 참조할 때 전기 피고의 자백은 추호도 의심할 여지가 없다. 피고는 압수한 검령특 제1호(檢領特 第1號)의 1, 2, 5, 6인 권총(번호 제262336호), 탄환 및 탄소는 자신의 소유로 당시 피고가 예비로 휴대한 것임을 자백하였다. 러시아 국경지방재판소 시심판사 스토라죠프가 작성한 검사조서에서는 제262336호의 브로우닝식 권총을 분해하자 7개의 탄환을 장전하도록 되어 있는 탄소가 비어 있었고, 총구 중에 1개의 탄환이 장전되어 있었으며, 총신은 화약의 초연으로 더럽혀져 있었다는 요지가 기재되어 있다. 또 압수한 약협(藥莢) 7개(檢領特 第 1 號의 3)가 존재하는 것을 보면 피고가 당시 발사한 총알는 일곱 발이 명백하며, 그 중 세 발이 이등공작에 맞아 이것이 죽음에 이르게 하였다. 이것은,

1. 러시아 대장대신 고코후쯔에프가 이등공작 부상 후 치료의 보람도 없이 끝내 훙거(薨去)한 보고에 접하였을 당시, 상황은 다소 상이하였으나 공작이 역에 도착 후 40분이 지나지 않았을 쯤이라는 요지(露國境地方裁判所 始審判事 스토라죠프 작성 심문 조서 기재)를 진술하였다.

2. 식부관(式部官) 후루다니히사즈(古谷久鋼)와 시의(侍醫) 고야마(小山善)는 둘 다 공작이 부상 후 조금 있다가 훙거(薨去)했다는 요지(前顯名 각 심문조서 기재)를 진술하였다.

3. 시의(侍醫) 고야마(小山善)의 진술에 의하면 공작의 부상은 첫째 탄환이 우상복 중앙외면(右上腹中央外面)으로부터 들어와 우흉협(右胸脇)부터 수평으로 양쪽 폐(肺)를 뚫고 가다 왼쪽 폐에서 멎었고, 둘째는 우관절후면(右關節後面)의 바깥쪽으로부터 총알이 들어와 우흉협(右胸脇)으로부터 흉복(胸腹)을 뚫고 좌계조하(左季助下)에 멎었고, 셋째는 우상박 중앙(右上膊中央)의 외면(外面)을 찰과하여 상복 중앙(上腹中央)에 들어와 복근중(腹筋中)에 멈추었다.

다른 세 발도 역시 유효하게 발사되어 가와가미(川上) 총영사, 모리(森) 비서관, 다나까(田中) 이사에게 각각 창상을 입혔다. 이것은,

1. 육군삼등군의정(陸軍三等軍醫正) 도구오까(德岡凞敬)의 감정서에 가와가미(川上) 총영사의 부상은 우상박골절 관통총상(右上膊骨折貫通銃傷)으로 치료일수 약 3개월을 요한다는 요지의 기재가 있다.

2. 시의(侍醫) 고야마(小山善)의 감정서에 모리 비서관의 창상은 좌

상박중앙(左上膊中央)을 후방에서 관통하고 다시 좌측배부(左側背部)의 연부(軟部)를 관통한 총상으로서 치료일수 약 1개월을 요한다는 요지(전항심문조서 기재와 같음)가 있다.

3. 의학박사 오미이사오(尾見薰)의 감정서에는 1909년 11월 22일조(調)에 다나까(田中) 이사의 창상은 좌족내과전하방일선미(左足內顆前下方一仙迷)의 부위로부터 외후방(外後方)을 향하여 외과전하방이선미(外顆前下方二仙迷)의 부위를 관통한 총상으로서 치료일수 3,4주간을 요한다는 요지가 기재되어 있다.

이상은 앞에 나타난 각 피해자에 대한 진술을 참조하여 명백하다고 할 수 있다.

피고 우(禹)는 음력 9월 7일(10월 20일) 러시아 블라디보스톡에서 피고 안(安)으로부터 이등공작의 만주 순시 때 그를 살해할 것이라는 결의를 듣고, 그 실행을 위하여 같이 하얼빈으로 가자는 청에 즉시 찬동하여 동행을 허락하였다. 그리고 살해에 사용하고자 미리부터 가지고 있던 권총(檢領特 第1號의 17)을 휴대하고 안(安)과 함께 다음 8일 블라디보스톡을 출발하여 하얼빈에 도착하고, 다시 함께 남행하여 채가구(蔡家溝)역에 머물렀다. 이는 피고 우(禹)의 자백이며, 이 사실은 피고 안(安)도 전부 시인하고 있다.

피고 조(曺)는 안(安)으로부터 러시아어 통역을 해달라는 부탁을 받고 이를 승낙하고 안(安), 우(禹) 두 명과 함께 음력 9월 11일(10월 24일) 하얼빈을 출발하여 채가구(蔡家溝) 역에 도착했다는 요지를 자인하였다.

피고 유(劉)는 음력 9월 8일(10월 21일) 피고 안(安)으로부터 하얼빈에 가서 러시아어를 통역해달라는 부탁을 받고 포브라니치나야

를 출발하여 안(安), 우(禹) 두 명과 함께 9일 하얼빈에 도착, 그의
친척 되는 한국인 김성백(金成白)씨 집을 찾아가 세 사람이 함께 자
고, 안(安), 우(禹) 두 명은 피고 조(曺)를 동반하고 11일 하얼빈을
출발하여 남행(南行)한 요지를 진술하였는데, 이는 명백하다고 할 것
이다.

다음 피고 등이 채가구(蔡家溝)에서 목적을 실행하기 위한 준비로
같이 동역의 정황을 시찰한 것에 있어서는,

1. 피고 안(安)은 관성자역에서 이등공작의 도착을 기다려 일을 결
행하고자 하였으나 여비가 부족하여 먼저 가장 가까이에 있는 열차
교행(郊行)역인 채가구(蔡家溝)에 이르러 거기서 일박하고 하얼빈에
돌아왔다는 요지 및 채가구(蔡家溝)에 가는 도중 십자형의 절흔(截
痕)이 있는 탄환 5,6개를 우(禹)에게 분배했다는 요지를 진술하였다.

2. 피고 우(禹)에 대한 제2회 심문조서(검찰관 작성)의 기재에 피
고 안(安)은 셋이나 채가구(蔡家溝)에 있을 필요가 없다고 얘기하고,
11일 자신들을 그곳에 머무르게 한 채 혼자서 하얼빈으로 출발했다는
진술이 있었다.

3. 채가구(蔡家溝) 정거장을 지키는 러시아 군인 세민 하사의 진술.
러시아력(曆) 10월 11일(10월24일) 정오 세 명의 한국인이 제3열차
로 채가구(蔡家溝)역에 도착하여 동역에서 교행하는 기차가 있는가를
묻기에 마침 관성자로부터 제4열차의 도착을 알려 주었더니, 세 명은
제4열차로 바로 가지 않고 방향을 우회하여 플랫폼을 돌아서 채가구
(蔡家溝)역에 머물렀으며, 저녁까지 세 명 모두 플랫폼을 거닐고 있었
고, 또 그날 밤에는 동역에 숙박하였다. 다음 12일 열차교행 한 시간

전 그들이 함께 역의 플랫폼에 나와서 제3열차와 제4열차를 통과하여 잠시 무엇인가 서로 의논한 끝에 동행인의 한 사람을 제4열차를 태우고 전송했다는 요지(러시아국경지방재판소 시심판사 스토단조프 작성조서 기재)를 진술하였다.

이것들을 종합해 볼 때 이것 역시 명백하다고 아니할 수 없다. 피고 조(曹)는 안(安), 우(禹)가 결행하려는 범죄를 몰랐다고 항변하지만, 피고 조(曹)에 대한 제3회 심문조서(검찰관 작성)에는 11일 채가구(蔡家溝) 도착 후 그날 오후 유(劉)에게 전보를 칠 때 안(安)으로부터 이등공 살해의 목적을 들었다는 요지를 진술한 바 있다. 그리고 단순히 이 하나의 진술에 의거한 것이 아니라 피고 안(安), 우(禹)가 범죄를 행할 정황을 알고서 동역의 정황 시찰에 반 이상 방조한 것을 인정하였다. 피고 우(禹)에 대한 제2회 심문조서(검찰관 작성)에서도 안(安)이 채가구(蔡家溝)로 가는 기차 안에서 이미 그 목적을 조(曹)에게 알렸다는 요지의 진술이 기록되어 있으므로 피고 조(曹)는 채가구(蔡家溝)에 도착하기 전에 안(安) 등의 목적이 어디 있는지 알고 그들의 예비 행위에 가담한 것을 인정한다.

피고 유(劉)는 음력 9월 11일(10월 24일) 안(安) 등 세 사람이 채가구(蔡家溝)를 향하여 하얼빈을 떠날 때 안(安)으로부터 이등공의 하얼빈 도착에 관한 것을 전신으로 통지해 달라는 부탁을 받고 이것을 승낙하였다. 그날 오후 안(安)으로부터 '채가구(蔡家溝)에서 기다린다. 하얼빈에 온다면 알려라'라는 전보를 받고나서 당시 피고가 듣고 알게 된 대로 그날 밤 안(安)에게 '내일 아침 온다'라고 회답하여, 다음 12일 오후 안(安)이 하얼빈에 되돌아 왔다는 요지를 자백하였다. 이는 피고 안(安)도 역시 채가구(蔡家溝)에서 유(劉)의 호신을 받았기 때문에 신빙성이 충분하다.

유(劉)도 역시 전기 조(曹)와 같은 항변을 하지만

1. 피고 유(劉)는 10일(10월 23일) 밤 김성백의 집에서 같은 방에 있으면서 안(安)과 우(禹)가 블라디보스톡 대동공보사(大東共報社) 이강(李剛)앞으로 보내는 편지를 보고 그때 봉투에 러시아 글로 봉투를 써 달라는 부탁을 받고 써 주었으며, 또 다음 날 안(安) 등이 갈 때 그 서장(書狀)을 우편으로 발송해 달라는 부탁을 받고 안(安)으로 부터 그것을 받았다는 요지(검찰관 작성 제3회 심문조서 기재)를 진술하였다.

2. 압수된 검령특 제1호의 11인 서장 중에 "이등건 이달 12일 관성 자발 러시아 철도총무국의 특송 특별열차에 탑승, 같은 날 오후 11시 하얼빈 도착에 대하여 동생들은 조도선(曹道先)씨와 함께 동생의 가족촬영을 위하여 관성자로 간다고 하고, 모두 관성자로 떠나 기십 한 리(幾十韓里) 앞인 모정거장에서 이것을 기다려 일을 행할 심산이며 (중략), 일의 성불성은 하늘에 있으나 다행히 동포들의 선도(善禱)가 필요하며 도와주시기를 복망하나이다(중략). 대한독립만만세"라는 글을 기재한 바, 이것에 의하면 유(劉)는 이미 10일 밤 피고 안(安), 우(禹)가 이등공을 살해할 목적으로 남행(南行)하는 것을 알았고, 전기와 같이 그 출발 전 공(公)의 오고 안 옴을 통지할 것을 약속하고 안(安)에게 답신한 것이 분명하며, 안(安)의 범행을 방조할 의사가 있었다는 것을 인정하기에 충분하다.

이상 인정한 피고들의 범죄사실에 법률을 적용함에 있어 먼저 본원이 본 건에 관하여 법률상 정당한 관할권이 있음을 설명하지 않을 수 없다. 본 건의 범죄지 및 피고인의 체포지는 모두 청국(淸國)의 영토이지만 러시아국 도청철도 부속지로서 러시아 정부의 행정 관하에

있다. 그러나 본 건 기록에 첨부된 러시아 정부가 회송한 동국국경
지방재판소 형사기록에 의하면, 러시아 관헌은 피고를 체포한 직후
피고를 심문하고 신속히 증거를 수집하여 그 날로 피고들 모두가 한
국 국적을 가진 것이 명백하므로 러시아국의 재판에 회부할 것이 아
니라고 결정하였다.

그런데 1905년 11월 7일 체결된 한일협약 제1조에 의하면, 일본
정부는 당시부터 재동경 외무성으로 하여금 한국의 외국에 대한 관
계 및 사무를 감리 지휘하도록 하고, 일본의 외국대표자 및 영사는
외국에 있어서의 한국신민 및 그 이익을 보호할 것이라고 되어 있
다. 또 1899년 9월 11일에 체결된 한청통상조약 제5관에는 한국은
청국 내에 있어서 치외법권을 가지는 것을 명기하였다.

이로써 앞서 말한 범죄지 및 체포지를 관할하는 하얼빈 제국영사
관은 1899년 법률 제52호 제3조의 만주 주재 영사관 관할에 속하
는 형사건에 관하여 국교상 필요가 있을 때 외무대신은 관동도독부
지방법원(關東都督府地方法院)으로 하여금 그 재판을 하게 할 수 있
다는 규정에 해당한다. 본 건은 외무대신이 이 규정에 의거하여
1909년 10월 27일 본원에 재판 위임의 요지를 명령한 바, 이에 의
하면 그 명령은 적법하며 이에 의하여 본원이 본 건의 관할권을 가지
는 것 역시 명백하다고 하겠다.

피고의 변호인은 앞서 말한 한일협약 제1조에 의하여 일본정부가
외국에 있는 한국국민을 보호한다는 것은 본래 한국정부의 위임에 기
인한 것으로서, 영사관은 한국국민이 범한 범죄를 처벌함에 있어 의
당 한국정부가 발표한 형법을 적용하는 것이 가하며 제국형법을 적용
할 것이 아니라고 논하였다.

하지만 한일협약 제1조의 취지는 일본정부가 그 신민에 대하여 가
지는 공권작용(公權作用) 하에 한국 신민도 같이 보호하는데 있다고
해석하고, 그 공권작용의 일부에 속하는 형사법 적용에 있어서도 한

국 신민을 일본신민과 동등한 위치에 두고 그 범죄는 일본형법을 적
용하여 처벌하는 것이 협약의 본뜻에 가장 맞는다고 아니할 수 없다.
그러므로 본원은 본 건의 범죄에 일본형법의 규정을 적용할 것이며,
한국형법을 적용할 것이 아니라고 판정한다.

　따라서 피고 안중근(安重根)이 이등공작을 살해한 행위는 일본형법
제 199조의 '사람을 죽인 자는 사형이나 무기, 또는 3년 이상의 징역
에 처한다'고 하는데 해당되며, 가와가미(川上) 총영사, 모리(森) 비
서관, 다나까(田中) 이사를 살해하고자 하였지만 목적을 이루지 못한
각각의 행위는 동법 제43조, 제44조, 제199조, 제203조, 제68조에 해
당한다. 즉 4개의 살인죄의 병합으로 한다.

　피고가 이등공작을 살해한 행위가 그의 사분(私憤)에 의한 것이 아
니라고 하더라도 심사숙고 끝에 한 것이며, 또 엄중한 경호를 뚫고 전
도시의 저명인사들이 집합한 장소에서 감행한 것이라면, 여기에 살인
죄의 극형을 과하는 것이 지당하다고 인정한다. 따라서 이 행위에 의
하여 피고 안중근(安重根)을 사형에 처한다. 따라서 이 한 죄에 대하
여 사형에 처함으로써 일본형법 제46조 제1항의 규정에 따라 다른 3
개의 살인 미수죄에 대하여는 그 형을 과하지 않는다.

　피고 우덕순(禹德淳), 조도선(曹道先), 유동하(劉東夏)는 모두 피고
안중근(安重根)의 이등공작 살해 행위를 방조한 자들로서 일본형법
제62조 제1항, 제63조에 의하고 동법 제199조의 형에 비추어 경감한
다. 따라서 동법 제68조 규정에 따라 경감한 형기 범위 내에서 피고
우덕순(禹德淳)을 징역 3년에 처하고, 또 피고 조도선(曹道先)과 유동
하(劉東夏)는 우덕순(禹德淳)에 비하여 각 범죄 상태가 가볍기에 최
단기형인 1년 6개월의 징역에 처한다.

　압수품 중 피고 안중근(安重根)이 범행에 사용했던 권총 1정, 또 거
기에 사용코자 했던 탄환 1개, 탄소 2개, 탄피 7개 및 피고 우덕순(禹

德淳)이 범행에 사용코자했던 권총 1정, 탄환 16개는 각기 그의 소유이므로(각 피고의 자인에 의하여 이것을 인정함) 일본형법 제19조 2호에 의하여 어것을 몰수하고, 거타 압수품은 관동주재판사무취급령 제67조 일본 형사소송법 제202에 의하여 각각 소유자에게 환부(還付)한다.

이상의 이유에 의하여 주문과 같이 판결한다.

검찰관 미조구찌 따끼오(溝淵孝雄. 본 건에 간여함)

명치 43년 2월 14일

관동도독부 지방법원

판관 마나베지유조오(眞鍋十檥)

서기 와나다베료이찌(渡懸良一)

一日不讀書 口中生荊棘
(일일부독서 구중생형극)
: 하루라도 책을 읽지
않으면 입안에 가시
가 돋는다.

爲國獻身 軍人本分
(위국헌신 군인본분)
: 나라 위해 몸 바침
은 군인의 본분이다.

東洋大勢思杳玄 有志男兒豈安眠
和局未成猶慷慨 政略不改眞可憐
(동양대세사묘현 유지남아기안면
화국미성유강개 정략불개진가련)
: 동양대세 생각하매 아득하
고 어둡거니 뜻 있는 사나이
편한 잠을 어이 자리. 평화시
국 못이룸이 이리도 슬픈지
고 정략을 고치지 않으니 참
가엾도다.

國家安危 勞心焦思
(국가안위 노심초사)
: 국가의 안위를 걱정
하고 애태운다.

見利思義 見危授命
(견리사의 견위수명)
: 이익을 보거든 정의
를 생각하고, 위태로
움을 보거든 목숨을
바쳐라.

人無遠慮 難成大業
(인무원려 난성대업)
: 사람이 멀리 생각지
못하면 큰일을 이루
기 어렵다.

안중근 무죄론

(安重根 無罪論)

안중근 무죄론

(安重根 無罪論)

안중근(安重根)에 관한 형사 재판은 1910년 2월 1일 관동도독부 고등법원 미조구찌 검찰관이 동부(同符)지방법원에 공판을 청구, 동 7일 오전 9시 제1회 공판 기일 개시 후 같은 날 오전 오후, 2월 8일 오전 오후, 동 9일 오전 오후로 불과 3일 3회의 공판 기일의 심리를 거쳐 2월 10일 검찰관 논고, 동 12일 변호인 변론과 각 피고의 진술, 그리고 동 14일 오전 10시에 판결이 언도되었다.

다음은 1910년 2월 12일 내가 동 법원에 변호인의 한 사람으로 출정하여 변론한 것을 상정하고 변론 요지를 기록한 것이다.

이 글 가운데 사용한 용어는 구 형사소송법 하의 형사 재판에서 사용했던 것을 사용했으며, 따라서 안중근(安重根)에 대하여서도 피고라고 불렀고 그 외 인물들에게도 모두 경칭을 생략했다.

피고 안중근(安重根)에 관한 살인 사건에 대하여 삼가 변론을 말씀 드리겠습니다. 이하 본 변호인은

첫째 실체론(實體論), 정당 행위론(政堂行爲論)

둘째 수속론(手續論), 수속 위법론(手續違法論)

의 순서로 피고의 무죄를 변론하겠습니다.

제일(第一). 실체론

피고의 행위는 정당한 행위이며, 또 초법규적(超法規的) 위법저각사 유(違法狙却事由)가 있기 때문에 무죄라고 확신합니다.

사건의 배경

1876년 2월 한일수호 조약이 체결되고 나서부터 일본은 점차 한국에 대하여 그 세력을 신장시켰습니다. 그리고 1885년 4월 일청천진 조약(日淸天津條約)이 체결된 시점에서 원래 한국과 깊은 관계를 가지고 있던 청국(淸國)과 적어도 조약상 대등한 지위를 가지게 되었습니다. 그리고 동학란(東學亂)을 계기로 하여 한국에 대한 일청(日淸) 양국의 세력이 더욱 격돌하게 되어 1894년 7월 일청전쟁(日淸戰爭)이 일어나게 되었고, 그 결과 청국은 패배하고 일본은 이로써 한국에

대하여 청국을 대신하여 그 세력을 급격히 신장시켜 갔습니다.

그런데 이후 삼국간섭(三國干涉)에 의하여 한국에 있어서의 일본의 위신이 떨어지고 그 대신 러시아의 세력이 급격히 한국에 진출하게 되었습니다. 이런 상황에서 일본이 한국 내에서 세력을 만회하고자 했던 민비(閔妃) 살해사건에 이르는 기간 동안 이토오 히로부미(伊藤博文)는 일본의 내각 총리대신이었습니다. 그 후 일로(日露)간의 각 축은 한국 문제 외에도 만주 문제까지 엉켜들어 1904년 2월 일로(日露)전쟁이 발발했고, 이때 일본은 육군을 즉시 경성(지금의 서울)에 진주시키고, 2월 23일 한국과 한일의정서를 체결했습니다. 이 의정서는 일본이 한국에 대하여 그 시정(施政)을 충고할 수 있는 권리와 그 영토에서의 군사 행동의 자유를 정한 것으로써 한국을 일본의 보호국화 하는 제1보가 되었습니다.

그 직후 3월 7일 당시 추밀원의장(樞密院議長)이었던 이등은 한국 황제 위문의 명분을 띤 특파대사로 임명되어 한국에 파견되었는데, 일로전쟁의 전국(戰局)이 일본에게 유리하게 전개되던 1905년 8월 22일 한국의 재정 및 외교에 일본이 관여하는 것을 정한 제1차 한일 협약이 체결되었던 것입니다. 이어 11월 이등은 재차 한국 황제 위문 명목의 특파대사로 임명되어, 특명 전권공사 하야시와 협력하여 한국 황제와 다른 대신들을 협박하여 11월 17일 한국의 외교권을 전면적으로 일본에 위임하는 것을 정한 제2차 한일협약을 체결하였습니다. 이 협약에 의하여 일본은 한국에 통감부(統監府)를 두게 되었고, 12월 21일 이등이 추밀원 의장에서 초대 한국 통감으로 전출하여 그로부터 3년 반에 걸쳐 한국에 주재하면서 한국을 일본에 병합시키는 기초를 조성하였습니다.

이등은 그 기간 동안 한국에서 우선 궁중(宮中)과 정부를 그의 지배하에 두고 또 전국적으로 만연하는 반일 폭동을 일본군의 힘으로 제압하는데 힘을 기울였습니다.

이런 사태를 염려한 한국 황제는 1907년 6월 화란(和蘭)의 헤이그에서 개최하는 제2차 만국평화회의(萬國平和會議)에 비밀리에 사절을 파견하여 회의에 출석시켜 한국의 어려운 상황을 호소하고자 하였으나, 일본 정부는 이등(伊藤)으로 하여금 한국 황제에게 책임을 묻게 하였고, 동년 7월 18일 결국 황제가 양위(讓位)를 표명하기에 이르렀습니다.

이 양위에 분개한 한국인의 반일 폭동은 더욱 심해져 치열함이 극에 다다르고, 이등(伊藤)은 이것을 기회로 하여 1907년 7월 24일 한국 내정의 전권을 장악하는 것을 내용으로 하는 제3차 일한협약을 체결하고, 동년 8월 1일에는 한국 군대를 해산시켜 버렸습니다.

이처럼 이등은 한국에서의 일본 세력의 이식과 확장에 전력한데 대하여 8월 20일 명치천황(明治天皇)으로부터 '그 공로를 치사함'이라는 칙어(勅語)를 하사받고, 9월 21일에는 일본에 있어서 최고의 작위인 공작(公爵)의 위(位)를 받게 된 것입니다.

또 이 해 1907년 10월 이등은 일본 황태자의 한국 방문을 실현시키고, 11월에는 스스로 한국 황태자의 태사(太師)가 되었으며, 12월에는 한국의 황태자를 동반하여 일본에 가서 유학시켰습니다. 또 다른 한편으로 이등은 식민지의 경제 착취 기구였던 동양척식회사(東洋拓殖會社)의 설립에 전력하고, 동년 12월에 한국 황제의 지방 순행을 종용하고 자신도 함께 수행하여 전적으로 한국 내의 반일 기운을 억압하는데 힘 썼습니다.

한편 한국 민중의 저류에서 분류(噴流)하는 항일 운동의 열기가 한 창일 때, 이등은 이용구(李容九)를 중심으로 하는 한국내의 일진회 (一進會) 등 친일 영합 단체들을 충동하여 한일 병합 운동을 조장시 켜서 1909년 7월 6일, 드디어 일본 정부는 다음과 같은 '한국병합에 관한 건'을 각의에서 결정하게 되었습니다.

한국병합에 관한 건

1. 적당한 시기에 한국의 병합을 단행할 것.

한국을 병합하고 이를 제국 판도의 일부로 하는 것은 반도에 있어 서의 우리 실력을 확립하기 위하여 가장 확실한 방법이다. 제국이 내 외의 형세에 비추어 적당한 시기에 단연 병합을 실시하고 반도를 명 실공이 우리들의 통치 하에 두고 또 한국과 제 외국과의 조약 관계를 소멸시키는 것은 제국 백년의 장계(長計)이다.

2. 병합의 시기가 도래하기까지는 병합의 방침에 따라 충분히 보호 의 실권을 거두며 나아가 실력의 부식(扶植)을 도모할 것.

전항과 같이 병합의 대 방침을 이미 확정하였는바 그 적당한 시기 가 도래할 동안은 합병의 방침에 의하여 우리들의 제반의 경영을 진 척시킴으로써 반도에서의 우리의 실력 확립을 기하는 것이 필요하다.

또 여기에 기인하여 '대한시설대강(對韓施設大綱)'은

1. 제국 정부는 기정 방침에 의하여 한국의 방어 및 질서의 유지를 담당하고, 이를 위해 필요한 군대를 그 나라에 증파하고 십분 질서 유지의 목적을 달할 것.

2. 한국에 관한 외국교섭 사무는 기정 방침에 의하여 이것을 우리 손에 파지(把持)할 것.

3. 한국 철도를 제국 철도원(院)의 관할로 옮기고, 동원의 감독 하에 남만주철도(南滿洲鐵道)와 밀접하게 연락시켜 우리 대륙철도의 통일과 발전을 도모할 것.

4. 될 수 있는 한 많은 본토인을 한국 내에 이식(移植)하고, 우리 실력의 근저를 깊이 함과 동시에 한일(韓日)의 경제관계를 밀접히 할 것.

5. 한국중앙정부 및 지방관청에 존재하는 본방인 관리의 권한을 확장하고, 한층 더 원활하게 하여 통일적 시정을 행할 것.

이라는 것입니다.

이렇게 한국 병합의 기초를 완전히 구축한 이등은 통감을 소네아라스께에게 넘겨주고 자신은 귀국하여 추밀원의장이 되지만, 다음의 일본 목표였던 만주에 대한 포석을 염려하여 그해 10월 한국문제에 대하여 러시아의 양해를 얻을 목적으로, 만주 시찰과 일로관계(日露關係)의 조정을 도모한다는 명목을 가지고 만주 여행을 하였습니다.

이와 같은 배경 중에서 본 건이 발생된 것입니다.

동기, 목적의 정당성

요지(要旨)

피고는 공판청구서(公判請求書)에 기재된 바와 같이 1909년 10월 26일 오전 9시 좀 지나서 러시아 동청철도 하얼빈역에서 이등박문(伊藤博文)을 권총으로 저격하여 죽음에 이르게 한 것은 시종 자백하고 있습니다.

저격을 한 직후 "코레아 우라(한국만세)"를 삼창하고 있는 것처럼, 또 체포되어 하얼빈역 경찰서 안에서 러시아 국경지방 재판소 검사 미루레루의 취조를 받고 있을 때, 이등이 절명했다고 듣고는 동 분서의 벽에 걸려 있던 성상(聖像)을 향하여 십자가를 긋고 "조국에 대한 의무를 마칠 수 있도록 도와주신 천주님께 감사합니다"라고 기도드렸다고 보도되어 있는 것처럼, 그리고 당 공판정에 있어서 제1회 공판 시말서에서 "나의 목적은 한국의 독립과 동양 평화의 유지에 있으며, 이등 공작을 살해하게 된 것도 나의 사원(私怨)에 의한 것이 아니라 동양의 평화를 위하여 했다"고 진술한 바에 의하여 인정되는 것처럼, 본 건 행위를 하게 된 동기는 진정 사심 없는 정치적인 것입니다.

피고는 또 1909년 10월 30일부 미조구찌 검찰관의 심문에 관한 조서(이하 심문조서라고 약칭)에서 동 검찰관의 다음과 같은 질문에 이렇게 대답하고 있습니다.

문 : 이등 공작을 무엇 때문에 적대시하였습니까?

답 : 그를 적대하게 된 원인은 많소. 그것은 즉,

첫째, 지금부터 10년 전 이등의 지휘에 의하여 한국 왕비가 살해되었고,

둘째, 지금부터 5년 전 이등은 병력으로서 5개조의 조약을 체결시켰지만 그것은 전적으로 한국에게는 대단히 불이익한 조항들이며,

셋째, 지금부터 3년 전 이등이 체결시킨 12개조의 조약은 어느 것 할 것 없이 한국에는 군사적으로 대단히 불리한 것이며,

넷째, 이등은 강제로 한국 황제의 폐위를 도모했고,

다섯째, 한국의 군대는 이등에 의해 해산 당하였으며,

여섯째, 조약체결에 대해 한국민이 분개하여 의병이 일어났지만 이것을 기회로 이등은 한국의 수많은 양민을 죽였으며,

일곱째, 한국의 정치적, 여타의 많은 권리를 빼앗았으며,

여덟째, 한국 학교에서 사용하던 좋은 교과서를 이등의 지휘 하에 소각하였고,

아홉째, 한국 국민에게 신문 구독을 금하였으며,

열째, 충당할 돈이 없는데도 불구하고 질이 나쁜 한국 관리들에게 돈을 주고 아무것도 모르는 한국민에게 제일은행권을 발행했으며,

열한 번째, 한국에게 부담이 될 수밖에 없는 국채 이천삼백만원 (23,000,000)을 발행하여 이것을 국민에게 알리지도 않은 채 관리들

이 제 마음대로 분배했고, 또 많은 토지를 빼앗았으며,

열두 번째, 이등은 동양의 평화를 교란했으니, 그 실례를 말하자면 일로전쟁 당시부터 동양의 평화 유지를 한다면서 한국 황제를 폐위하고 당초의 선언과는 달리 낱낱이 그 반대의 결과만을 가져왔으므로 이에 한국민 2천만 모두 분개하고 있으며,

열세 번째, 이등은 한국이 원치도 않는데 한국 보호라는 이름을 빌어 한국 정부의 일부 인사들과 모의하여 한국에 불리한 시정(施政)을 하고 있으며,

열네 번째, 지금부터 42년 전 현 일본 황제의 부친을 이등이 없앤 일은 모든 한국 사람들이 알고 있으며,

열다섯 번째, 이등은 한국 국민이 분개하고 있는데도 불구하고 일본 황제나 기타 다른 세계 각국에 대하여 한국이 무사하다고 속이고 있소.

또한 피고가 여순감옥(旅順監獄) 구속 중에 쓴 수기 '안응칠 역사(安應七 歷史) 중에도 이와 거의 같은 뜻의 '이등박문 죄악(伊藤博文 罪惡)'이라는 제목으로 다음 15개 항을 기술하고 있습니다. 이것은 심문조서에 기재된 앞에 말한 15개항보다 더욱 잘 정리되어 있는 것으로 옥중에 있는 피고의 사상의 발전을 보게 됩니다.

1. 한국 황후 시살의 죄
2. 한국 황제 폐위의 죄
3. 늑정(勒定) 5개 조약과 7개 조약의 죄

4. 무고한 한국인 학살의 죄

5. 정권 늑탈의 죄

6. 철도 광산과 산림 하천(河川) 늑탈의 죄

7. 제일 은행권 지폐 늑용(勒用)의 죄

8. 군대 해산의 죄

9. 교육 방해의 죄

10. 한국인 외국 유학 금지의 죄

11. 교과서 압수 소각의 죄

12. 한국이 원해서 일본의 보호를 받는다고 하며 세계를 기만한 죄.

13. 현재 한일(韓日)간의 전쟁이 멈추지 않고 살육이 그치지 않는데
    도 한국은 태평 무사하다고 하여 천황을 기만하는 죄

14. 동양 평화 파괴의 죄

15. 일본 천황 폐하의 부친인 태상황제 시살의 죄

각론

이중 15항과 심문조사에서의 14항의 일본천황의 부친인 태상황제
시살의 죄는 명치 천황의 부친 효명천황(孝明天皇)이 죽은 1865년 경
이등은 고향에서 와병 중이었고, 또한 그 죽음에 관계된 사실도 역사
상 인정되지 않으므로 피고의 착오로 알고 변론에서 제외하기로 하겠
습니다.

이것을 제외한 나머지 14개조는 이등의 행위 즉 일본국의 행위라고
도 생각되어 우리 일본인에게 있어서는 극히 충격적인 것이며, 옷깃

을 여미고 반성해야 할 사실입니다.

앞서 말한 중요한 1~8의 사실은 피고의 이번 행위의 동기를 형성하는 것으로써 다음에 차례대로 고찰하도록 하겠습니다.

1. 한국 민황후 시살의 죄

이것은 심문조서에 의해서나 안응칠(安應七) 역사에 있어서나 제일 첫 머리에 거론되고 있는 것으로서 1895년 10월 8일 미우라고오(三浦悟數) 공사의 지휘에 의하여 행하여진 쿠테타를 가리키는 것입니다. 1894~5년 일본은 조선 반도의 지배권을 둘러싸고 청국과 전쟁을 하였는데, 그 결과 예상외의 승리를 얻었습니다. 그래서 하관조약(下關條約)에 의하여 조선의 독립과 더불어 청국으로부터 영토의 할양(割讓)과 배상금을 획득하려고 하였지만, 러시아, 독일, 불란서의 3국에 의한 간섭으로 요동반도의 점유를 포기당하고, 또 한국에 있어서 일본의 헤게모니는 민비와 민비 일족의 친러시아 정책으로 인한 일본 배제에 의해서 일시 잃어버리게 되었습니다.

이에 미우라(三浦) 공사는 이제까지의 명성민비(明星皇后) 일족의 세력을 일소하고 친일파 정권을 수립하고자, 이들과 대립해 있던 대원군(大院君)을 끌어냈으며, 또 경성(京城)의 일본 수비대장 구스요리사찌히고(楠瀨辛彦)등과 공모하고 그 당시 경성에 있던 일본의 대륙건달[大陸浪人]들을 하수인으로 하여 민비 암살을 기도했습니다. 1895년 10월 7일 밤에서 8일 아침까지 대원군은 훈련대에 옹위되었으며, 여기에 일본의 경성 수비대와 특출한 일본 낭인의 일대(一隊)

자랑스런 **安重根 義士** 이야기 🖐 365

가 수행하여 경복궁에 밀고 들어가 민비를 참살하고 그 시체에 석유를 뿌리고 태워 버리고 말았습니다.

그리고 대원군의 집정 하에 내각이 생겼던 것인데, 이 내각은 음력(陰曆)을 폐하고 양력(陽曆)을 쓰게 하여 1895년 11월 17일을 1월 1일로 정하고 일본의 예에 따라 일세일원(一世一元)의 제도를 채용하였으며, 또 연호를 건양(建陽)으로 하고 단발령(斷髮令)을 내렸습니다. 하지만 많은 한국 국민은 이런 개혁을 기뻐하지 않았으며, 오히려 전국적으로 반대 운동이 일어나 폭동으로 확대된 곳도 있습니다.

또 다음 11월 28일에는 친일파 내각 하에 신변의 위험을 느낀 이범진(李範晉), 이재순(李載純), 이도철(李道撤) 등은 김굉집(金宏集) 등 내각의 여러 대신들을 러시아 공관으로 끌어내려고 경복궁을 습격하였던 것입니다. 김굉집 내각에 대한 전국의 반대운동은 더욱 발전하여 반일폭동(反日暴動)으로 번지게 되었고, 이것을 러시아 공사 웨밀이 이용하게 되는데, 1896년 2월 11일에는 국왕과 세자를 러시아 공관에 피신시키고, 또 이범진 등은 국왕을 옹위하여 김굉집 등을 역적이라는 명목으로 체포하여 살해하는 데까지 이르게 됩니다.

2. 한국 황제 폐위의 죄

이것은 심문조서 4항에서 거론되고 있는 것입니다. 일로전쟁 승리 후 일본은 점점 더 한국지배 정책을 강행하고, 1905년 11월 17일에 이른바 한국보호조약(韓國保護條約 : 제2차 일한협약)을 체결하기까지의 일련의 정책 추진에 있어서 이등의 역할은 한국 국민에게는 참을 수 없는 것이었는데, 그 중에서도 특히 한국민 통합의 상징이라고도 할 수 있는 한국 황제 이희(李熙)에 대한 이등의 행위는 목불인견이었습니다.

삼국 간섭 당시의 외교정책의 실패를 반복하지 않으려고 일본은 그 때까지 구미 열강의 지지를 얻도록 유의하면서 대한 정책을 수행하고 있었지만, 1905년 11월 9일 이등은 한국 황제 위문이라는 명분의 특파 대사로 경성에 도착한 다음, 10일 일본천황의 친서를 한국 황제에게 올리면서 "우리 황제 폐하는 일한양국의 특수 관계를 고려하여 동양의 평화를 영구히 유지하고자 진념(軫念)하신 결과, 특히 박문(博文)에게 대명을·내리시어 친히 전하에게 전달시키는 것입니다. 박문(博文)은 항상 귀 황실을 위하여 늘 염려하며 충실하기에 이번에 이런 사명을 띠게 된 것입니다. 간절히 바라옵기는 수 삼 일내에 조용히 알현하는 은혜를 입어 우리 황제 폐하의 성려(聖慮)를 들으시고 가납하여 주실 것을 상주(上奏)하옵니다."하였습니다.

이렇게 하여 이등은 동월 15일 한국 황제와 조용히 알현을 하게 되는데, 여기서 한국 황제는 다음과 같은 여러 가지 불만을 분명히 털어놓고 있습니다.

"지난 일청 전쟁에 있어서 이노우에 공사를 우리나라에 주재케 한바 짐(朕)은 그의 지도(指導)에 기대하는 것이 심히 많았도다. 그런데 그가 떠난 지 열흘도 못되어 …… 실로 말이 안 나오는도다. 우리나라에 가장 좋지 않은 일, 또는 한일교의에 장애를 가져오는 불행한 일만 생기는데……, (생략) 다만 최근의 상황에 대하여 미루어 보건대 경(卿)

의 생각도 다르지 않을 터, 지난 3월 경이 사명을 받들어 왔던 이후의
상황을 조금 말하겠다.

첫째, 재정문제에 관하여 일본은 우리에게 필요한 권고를 해주고 또
이것을 문명적으로 개량한다고 하였는데, 금융기관인 은행제도와 같
은 것에 있어서 전적으로 우리나라 전용(專用)의 은행을 설치하여 거
기에서 국고금을 취급하게 하는 것이라고 믿어 의심치 않았다. 그러
나 실제는 이와 반대로 제일은행이 중앙금고의 사무를 담당하여 국고
수입금은 모두 거기서 관리하고 금융의 기능 모두를 장악하였다. 그
때문에 전국의 금융은 형평을 잃고 원만치 못하며 국민은 도탄에 빠
져 고생하는 상황을 가져왔다. 그 뿐만 아니라 지금은 황실의 내탕금
에까지 손을 뻗쳐 전재(錢財)도 압도적으로 가져가 버려 탁지부(度支
部)의 주관으로 돌아가 버렸다. 짐이 그의 불법을 하세가와 대장에게
말하였는데도 불구하고 그도 똑같아서인지 가만히 있다.

재정의 일이 이미 그렇거니와, 또 전우사무(電郵事務), 즉 통신 기관
과 같은 것은 이것을 사람의 신체에 비유한다면 마치 혈맥(血脈)과
같아 국가 생존상에 지대한 관계가 있다. 이것을 개선 진보시켜서 그
것의 모든 기능을 제대로 한다 하면 우리는 기꺼이 그의 지도를 충실
히 받아 개량하기를 사양하지 않을 것이다. 그런데 일이 그렇게 되지
못하고 모두 일본의 관리에 맡기고 우리는 수수방관할 수밖에 없게
되지 않았다.

또 국방에 필요한 군대는 어떤가? 이것 역시 축소하지 않으면 안 된
다고 해서 여지없이 많이 감소했다. 짐이 귀국 황제의 친서를 번독(飜

讀)하고 때때로 국방 불비를 운운하게 되었는데, 귀국은 그 실체에 대해 진력하여 유감없다고 하나 현재 존재하는 군인을 감축한데 이르러서야 어떻겠는가? 귀국 당국자들에게 불만이 없을 수 없다. 그런 결과로 지방에서 일어나고 또 일어나고자 하는 비도(匪徒)마저도 진압할 수 없는 상태에 빠졌다. 또 일본 군대는 철도 통신을 보호한다고 칭하면서 군령(軍令)을 발포하는데, 아직 아무것도 모르는 우리 국민들에게 군이 붙인 한 조각의 통보문으로써 이를 주지시키려고 하고 있다. 하지만 때때로 이에 반하는 사람이 있는데, 이를 준엄한 군법으로 즉시 총살하는 불행을 보고 있으니, 이런 것을 처음에는 환영하였지만 후에는 원성을 듣게 되었다. 실로 인정(人情)으로는 할 수 없는 것이다.

또 최근에 이르러서는 외교 관계를 일본에 인계한다는 풍문이 돌기 시작하면서 한층 더 인심에 의구심이 지나쳐 앙심을 품은 상황이 되었다. 지금 말한 실황은 우리 모두로 하여금 일본의 태도를 의심하게 하여 악감정(惡感情)을 일으키게 되었다."

이에 이등은 "종종 폐하의 심기 불편한 말씀 자세히 들어 왔습니다. 그러나 폐하께 감히 여쭈옵니다. 한국이 어떻게 해서 오늘에 생존할 수 있었습니까? 또 한국 독립이 누구의 선물입니까?"라고 하여 일본의 정책에 의하여 한국이 존속한다고 변명하고, 다시 "한국의 영토는 이렇게 해서 얻어진 것입니다. 동양의 평화문제는 이제 극복되었다고 하더라도 더 나아가 평화를 항구적으로 유지하고 동아(東亞) 미래의 혼란을 막기 위해서는 두 제국간의 결합을 한층 공고히 하는 것이 긴

요하다고 생각한 우리 황제 폐하는 특히 저를 보내어 폐하를 만나서 그것을 직접 전하라고 하셨습니다. 그 방법은 우리 정부가 귀 정부의 외교권을 위임받아 대행하는 것입니다. 그 외의 내정 즉 자치는 예전과 같이 폐하의 친재(親裁)하에 폐하의 정부가 통치하는 것으로 전과 조금도 다름이 없습니다. 이것은 첫째 동학(東學)의 화근을 근절하고, 둘째 귀 황실의 안녕과 존엄성을 견실히 보장하고, 셋째 국민의 행복을 추진하고자 하는 선의대의에 소이이니, 폐하가 세계의 추세를 살피시고 국가 인민의 이해를 돌아보아 즉시 동의하여 주시기를 바라옵니다"라고 외교권의 인도를 요구하고 있습니다.

이때 한국 황제의 우국(憂國)의 근심어린 호소에 대하여 이등은 "본안은 제국정부가 여러 모로 생각에 생각을 거듭하여 정한 것으로 약간도 변경할 여지가 없는 확정안입니다. 먼저 성립된 강화조약의 첫째 항에서 천명한 대로 귀국 국경에 있어서의 구비의 규정 및 국내에서의 러시아인의 취급마저 협정한 것이라면, 그 강화 목적에 비춰 돌아보아도 중요하다고 아니할 수 없는 것으로서 결단코 바꿀 수 없는 제국 정부의 확정입니다. 현재는 오직 폐하의 결심 여하에만 달려 있습니다. 이것을 승낙하시든지 또는 거부하시든지 마음대로 하셔도 좋지만, 만약 거부하실 경우 제국정부는 이미 결심한 바가 있으니 그 결과가 어디까지 미칠 것인가 생각해볼 때, 진실로 귀국의 지위는 이 조약을 체결하는 것보다 더욱 곤란한 처지에 놓이게 되며, 한층 더 불리한 상황을 각오하셔야 할 것입니다"라고 협박과 같은 말을 하였습니다. 이에 황제는 "일이 매우 중대하나 짐은 지금 스스로 결재할 수 없다. 짐은 정부 신하들에게 물어보고 또 일반인민의 의향을 살필 필요가 있다"라는 대답을 했습니다.

이에 대해 이등은 "대체로 황제는 오늘 일본 정부의 제안에 시국적인 대세 상 동의를 하는 것이 좋겠다고 알려서 성의(聖意)가 어디 있는지를 알게 함으로써 기선을 잡아야 한다고 생각합니다. 그렇지 않고 폐하는 책임을 정부에 돌리고 정부는 또 책임을 폐하에게 미루게 되면 군신(君臣)이 서로 그 책임을 피하면서 결정을 미룰 수도 있겠지만, 그것이 귀국을 위해서는 아무 유익도 없음을 기억하시기 바랍니다"라고 하고, "이 일의 시급함은 사정이 허락지 않는 것이라, 오늘 밤이라도 즉시 외무대신을 불러서 하야시 공사의 제안에 따라 즉시 협의를 종결하여 조인으로 이어지도록 하라는 취지를 천명하여 주시기 바랍니다. 본인은 결코 시일이 미뤄지는 것을 허락하지 않을 것이며, 사안 자체가 지극히 속결을 요하는 것이니, 당국의 대신은 물론 정부 대신들에게 대체의 입장을 알려 신속하게 타협하도록 할 필요가 있으므로 제반 사항을 포함하여 신속히 칙명을 전하여 주시옵소서. 만약 내일 하야시 공사의 제안을 받을 때 외부(外部) 당국이 폐하로부터 아직 칙명을 받지 못하였다고 하는 불편한 상황이 만의 하나라도 생기지 않도록 지금 확실히 약속하여 주시기를 바랍니다"라고 조속한 체결 교섭을 위해 강제로 압력을 가하고 있습니다.

이렇게 하여 체결된 1905년 11월 17일 제2차 한국보호조약 후에 이에 반대하는 운동이 한국 여러 곳에 팽배하여 치열하게 일어났고, 한국 황제는 1907년 6월 화란(和蘭)의 수도 헤이그에서 개최된 제2

회 만국평화회의 때 "짐(朕)은 오늘의 상황이 심히 곤란하나 사방에 이것을 호소할 곳 없다 운운"하는 친서를 휴대한 한국사절로 의정부 참찬 이상설, 전평리원 검사 이준, 전러시아 공사관 참사관 이위종의 세 명을 파견하였습니다.

이 일에 대하여 한국통감이었던 이등은 "평화회의에 특사를 파견하여 폭로한 것에 대하여 본관은 그 책임이 전적으로 폐하 한 사람에게 돌아감을 선언하는 바이고, 그 행위는 일본에 대하여 공공연한 적의를 드러낸 것으로 협약 위반임을 면할 수 없습니다. 그러므로 일본은 한국에 대하여 취할 수 있는 수단 방법, 예컨대 이보다 한 발 나가는 조약을 체결하거나 우리에게 내정상 어떤 권리를 양여하는 것을 묘의(廟議)에 붙여 훈시 있으시기를 바랍니다"라고 일본 정부에 청훈(請訓)하였는데, 일본 정부는 즉시 각의의 방침으로서

"원로 제공 및 각료들과 신중히 숙의한 결과 다음과 같은 방침을 결정하고 오늘 재가를 받았다. 즉 제국 정부는 지금의 기회를 놓치지 말고 한국 내정에 관한 전권을 장악할 것을 희망한다. 그 실행에 대하여는 정황을 참작할 필요가 있기 때문에 이를 통감에게 일임한다. 만약 전기의 희망을 완전히 수행할 수 없는 사정이 있다 해도 내각 대신 이하 중요 관헌의 임명은 통감의 동의를 얻어 임명할 것이며, 통감이 추천하는 본방인을 내각 대신 이하 중요 관헌에 임명하도록 할 것이다. 전기 취지에 따라 우리의 지위를 확립하는 방법은 한국 황제의 칙재(勅裁)에 의하지 말고 양국 정부 간의 협약으로써 할 것이며. 본 건은 극히 중요한 문제이기 때문에 외부대신이 한국에 가서 친히 통감

에게 설명할 것이다. 이상.

본건에 대하여 폐하께서 각하에 대하여 특별히 우악(優渥 : 은혜가 넓고 두터움)한 말씀이 계셨으며, 자세한 것은 외부대신을 통하여 전 달하겠다. 동 대신은 오는 15일 출발, 귀지에 직행할 것이다."

<처리 요강 안>

제1안. 한국 황제로 하여금 대권에 속한 내치정무(內治政務)의 실행 을 통감에게 위임시킬 것.

제2안. 한국 정부로 하여금 내정에 관한 중요 사항은 모두 통감의 동의를 얻어 이것을 시행하고, 또 시설 개선에 대하여 통감의 지도를 받도록 약속시킬 것.

제3안. 군부 대신, 탁지부 대신은 일본인으로 임명할 것.

<제 2요강>

한황(韓皇)으로 하여금 황태자에게 양위토록 할 것.

장래의 화근을 근절하기 위해서는 이 수단을 쓸 수밖에 없다.

단 본부(本部)의 실행은 한국 정부로 하여금 실행시키도록 하는 것 이 득책이다. 국왕 및 정부는 통감의 부서(副署) 없이는 정무를 실행 할 수 없음(통감은 부서 또는 섭정의 권한을 가질 것).

각성(各省) 중의 주요 부문은 일본 정부가 파견한 관료로서 대신 또 는 차관의 직무를 실행시킬 것.

이는 일본정부의 강경방침일 뿐만 아니라 이등 자신도 특별히 강경방침을 취하고 있는 것입니다. 즉 헤이그 밀사 사건의 사실을 알자 1907년 7월 3일 연습함대 승무 장교와 함께 참내하여 "이와 같은 음험한 수단으로 일본의 보호권을 거부하기보다는 오히려 일본에 대하여 당당하게 선전포고를 하는 것이 첩경"이라고 황제를 위협하고 있습니다.

이리하여 7월 18일 밤 어전 회의에서 황제는 결국 양위 의사를 표명하기에 이르게 되었습니다. 이 양위 발표는 전술한 바와 같이 한국 민중에게 여러 가지 반향을 일으켜서 자강회(自彊會), 동우회(同友會), 기독교 청년회 등의 회원이 중심이 되어 국가 존망이 임박함을 말하면서 "황제는 결코 양위하지 말라"고 외치며 폭동이 일어나고 커다란 시위운동이 전개되었습니다.

3. 늑정(勒定) 5조약과 7조약의 죄

이것은 심문 조서의 2항, 3항에서 제기된 것입니다.

5조약이란 1905년 11월 17일 이른바 한국보호조약(제2차 한국협약)이며, 7조약이란 1907 7월 24일의 제3차 한일조약입니다. 이것들은 다음과 같이 1904년 8월 22일의 제1차 한일협약 이래 일관하고 있는 것으로서 한국을 일본에게 예속화시키는 연장선상에 있는 것입니다.

(가) 한국 정부는 일본 정부가 추천하는 일본인 한 명을 재정 고문으로 한국 정부에 초빙하고, 재무에 관한 사항은 그 의견을 들어 시행

할 것.

(나) 한국 정부는 일본 정부가 추천하는 외국인 한 명을 외교 고문으로서 외부(外部)에 초빙하고, 외교에 관한 중요한 업무는 그 의견을 들어 시행할 것.

(다) 한국 정부는 외국과의 조약체결 및 기타 중요한 외교 안건 즉 외국인에 대한 특권 양여 또는 계약 등의 처리에 관하여 미리 일본 정부와 협의할 것.

그리고 다음 제2차 한일협약(한국보호조약)은 전술한 바와 같이 1905년 11월 이등이 한국에 들어와 한국 정부의 각 대신을 일본 공사관에 모아놓고 하야시 공사에게 담판하도록 하였으며, 더욱이 궁성 안에서는 이등 자신이 각료 하나하나에게 협약에 대한 찬부를 묻고, 17일 한밤중에 이르러 강경 조인으로 들어갔습니다.

한국보호조약의 전문은 다음과 같습니다.

일본 정부 및 한국 정부는 양 제국을 결합하는 이해공통주의(利害共通主義)를 공고히 하며, 한국의 부강함의 실제를 인정할 때까지 이 목적을 가지고 다음과 같은 조약을 약정한다.

제1조. 일본 정부는 재동경 외무성(在東京外務省)에 의하여 오늘 이후 한국의 외국에 대한 관계 및 사무를 관리 지휘할 것이며, 일본의 외교 대표자 및 영사는 외국에 있는 한국의 신민 및 이익을 보호할 것.

제2조. 한국과 타국과의 사이에 현존하는 조약의 실행을 온전히 하기 위하여, 오늘 이후 한국 정부는 일본 정부의 중개에 의하지 않고는 구체적 성질을 가지는 어떤 조약이나 약속을 하지 않을 것.

제3조. 일본 정부는 그 대표로서 한국 황제 궐하(闕下)에 한 명의 통감을 둔다. 통감은 전적으로 외교에 관한 사항을 관리하기 위하여 경성에 주재하며, 친히 한국 황제를 내알(內謁)할 권리를 가진다. 일본 정부는 한국의 각 개항장(開港場) 및 기타 일본 정부가 필요하다고 인정하는 곳에 이사관을 둘 권리를 가지며, 이사관은 통감의 지휘하에 종래 재한국 일본 영사에 속하였던 일체의 직권을 집행하고, 아울러 본 협약의 조관(條款)을 완전히 실행하기 위하여 필요한 일체의 사무를 관장한다.

제4조. 일본과 한국 간에 현존하는 조약 및 약속은 본 협약의 조관(條款)에 저촉되지 않는 한 모두 그 효력이 계속되는 것으로 한다.

제5조. 일본 정부는 한국 황실의 안녕과 존엄을 유지할 것을 보증한다. 이것을 증거하기 위하여 아래 기명된 사람들이 각기 본국 정부로부터 상당한 위임을 받아 본 협약에 기명 조인하는 것이다.

명치 38년 11월 17일

그리고 전술한 바와 같이 1907년 7월 18일 황제의 양위표명을 계기로 하여 19일 대한문 앞에 모인 민중들이 일본 경찰과 충돌하여 사망자 수명의 유혈사건으로 발전하였고, 황제는 이등통감(伊藤統監)에게 폭도 진압의 칙명을 하달하였습니다. 이등은 이 칙명을 절호의 구실로 삼아서 한국 주둔군 사령관 하세가와(長谷川好道)로 하여금 부대를 경성에 배치하게 하고, 또 한국군 부대의 내란에 대비하여 화약고를 압수하여 한국 군대의 탄약 보급을 끊었습니다.

이때 한국의 이완용(李完用) 내각의 각료들은 전원 폭도들의 습격의 표적이 되자 일본 측의 보호를 구하기에 이르렀는데, 이등 통감은 또 다시 이 기회를 놓칠세라 제3차 한일협약의 체결을 요구하는 공문서를 이완용에게 수교하였습니다. 그것은 "일본제국은 지난 명치 38년 11월 한일협약 체결 이래, 양국의 교의(交誼)를 존중하고 성실하게 조약상의 의무를 수행해 왔는데도 불구하고, 한국은 때때로 배신행위를 하니 이것 때문에 제국의 인심을 많이 격양시키고 또한 한국의 시정개선을 저해하는 것이 심히 많으니, 장래 이러한 행위를 확실히 저지함과 동시에 양국의 부강을 도모하여 한국민의 행복을 증진시키고자 함이다"라는 것이었습니다. 그리고 이완용(李完用)으로 하여금 각의를 개최하게 하고 신 협약의 일본측 원안을 한 자 한 획 수정 없이 가결시켰습니다. 이것은 이등으로부터 원안이 교부되고 이완용이 각의를 열어 승인한 후 황제의 승인에 의해 전권을 위임 받아 협약의 조인에 이르기까지 불과 하루 동안에 이루어진 것입니다.

4. 무고한 한인학살의 죄

이것은 심문조서에 6항에 해당되는 것입니다.

전술한 바와 같이 1907년 7월 18일 황제의 양위표명을 계기로 한국 민중의 폭동은 지극히 치열했습니다. 이 날의 광경을 지켜본 한 일본인은 다음과 같이 말하고 있습니다.

"군중들이 하나같이 무릎을 꿇고 땅에 주저앉아 꿈쩍을 하지 않았다. 그 중에 변사(辯士)로 보이는 자 수명이 번갈아가며 군중 속에서 비장하고 격분된 목소리와 어조로 저마다 일장 비분강개의 연설을 하고, 혹은 국가 존망의 위기가 임박했다고 연설하면서 한국 황제는 결코 위를 양위하여서는 안 된다고 외치고 있었다. 또 현 내각은 일본과 통해서 500년 사직을 위태롭게 한다고 설파하면서 대신들을 주살하자고 외치니, 청중은 이에 우레와 같은 박수와 노호(怒號)와 같은 갈채로 이것에 응답하였다. 이날 밤 때마침 상현(上弦)의 달이 중천에 높이 떠 청백의 빛이 이들 격양된 군중의 머리 위로 흘러 고조된 사람들의 얼굴에 비추었다. 그 비장함과 처참함의 극한 광경을 본 필자는 지금까지도 그것을 잊을 수 없어 눈을 감고 당시를 회상하는 것만으로도 커다란 감동을 잊을 길 없다."

이런 집회는 다음날도 계속되어 일본 경찰과 충돌하면서 한국 민중의 사상자가 많이 생겼던 것입니다. 이와 같은 일이 전국에 크고 작게 무수히 야기되었던 것입니다.

5. 정권 늑탈의 죄

이것은 심문조서 7항에 해당되는 것입니다.

상술한 바와 같이 제1차, 제2차, 제3차 한일협약의 체결에 의하여 1907년에 이르러 한국의 정권은 명목뿐이고 한국 정부는 완전히 통감의 예속 하에 있게 되었습니다.

시정 개선에 대한 것은 통감의 지도를 받아야 하고, 법령의 제정 및 중요한 행정상의 처분은 미리 통감의 승인을 거쳐야 하고, 고등 관리의 임명은 통감의 동의를 요하며, 정부는 통감이 추천하는 일본인을 한국 관리에 임명할 의무가 있으며, 통감의 동의 없이는 일본인 이외의 외국인은 초빙할 수 없게 되었습니다.

6. 철도, 광산, 산림, 하천 늑탈의 죄

이것은 심문조서 7항 및 11항에서 인정되는 것입니다.

1894년 7월 23일 민비 일족의 말살에 의하여 대원군이 궁중에 들어갔지만, 다시 일본 측은 친일파로 구성된 군국기무처(軍國機務處)를 설치하여 대원군으로부터 실질적인 권력을 빼앗았고, 나아가 8월 20일 조인된 한일 잠정 합동조약에서는 다음과 같이 한국 철도를 지배하고 일본의 권익을 유지하도록 하고 있습니다.

(가) 경부(京釜)간 및 경인(京仁)간에 시설하는 철도는 조선 정부의 재정 여유가 없어서 일본정부 또는 인천에 있는 회사와 약정한 후 다음 시기에 기공할 것을 바라지만, 지금은 여러 가지 사정이 있어 이것을 자세히 밝히는 것은 곤란하다. 단 좋은 방법을 생각해서 약정대로 기공한다.

(나) 경부간 및 경인간에 이미 일본 정부가 가설한 군용 전신선(電信線)은 시기를 참작하여 조약을 정정하기 위하여 그래도 기공한다.

(다) 장래 두 나라의 우의를 친밀히 하고 무역을 장려하기 위하여 조선 정부는 전라도 연안에 통상구안(通商口岸) 한 곳을 개항한다.

(라) 금년 7월 23일 대궐 근처에서 일어난 양국 군대의 충돌 사건은 상호 이를 추궁하지 않는다.

(마) 장래 조선국의 자주 독립을 강화하고 공고히 하는 시기에 관하여는 양국 정부에 특별위원을 파견하여 합동의정(合同議定)시킨다.

이렇게 일본은 광산, 산림 등의 권익을 차례차례 확대해 갔습니다. 그리고 제1차 일한협약 후의 1904년 10월 20일 일본의 원로회의와 각의에서 결정한 다음의 "대한시설강령결정의 건"(對韓施設綱領決定件)은 앞서 말한 내용의 연장선이라고 인정되는 것입니다.

<대한시설 강령의 건>

제1. 방비(防備)를 완전히 할 것(생략)

제2. 외정(外政)을 감독할 것(생략)

제3. 재정(財政)을 감독할 것(생략)

제4. 교통기관(交通機關)을 장악할 것

교통 및 통신기관의 중요 부분을 우리가 장악하는 것은 정치적, 군사적 및 경제적인 여러 측면으로 보아 대단히 긴요한 것으로서, 그 중 철도사업은 한국 경영의 골자라고도 할 수 있으므로 다음과 같이 순서를 밟아 이를 실행하는 것이 매우 중요함.

甲. 경부철도(京釜鐵道)

본 철도는 한국 남도(南道)를 종관(從貫)하는 것으로써 가장 중요한 선로이기 때문에 기정의 계획대로 속히 완성할 것을 요한다.

乙. 경의철도(京義鐵道)

본 철도는 황해 방면에서 한국 북도(北道)를 종관하고 경부선로와 연결하여 한반도를 일관(一貫)하고, 나중에는 동청철도(東淸鐵道) 및 관외철도(關外鐵道)와 접촉하여 대륙 간선의 일부를 형성시킬 중요한 노선으로서, 지금 당장 군사적 필요에 의하여 군대로 하여금 그 부설에 착수할 것이다. 평화극복 후에 있어서 본 철도의 경영방법에 대하여는 그 때를 당하여 한국 정부와 협의할 것.

丙. 경원 및 원산으로부터 웅기만에 이르는 철도(생략). 본선은 급히 부설할 필요가 없으며, 권리 또는 국방상 필요하다는 명분으로 전쟁 중에 이것을 획득하고, 타국이 이 권리를 얻지 못하도록 예방하는 편의 처리를 취한다.

丁. 마산 삼랑진 철도(생략)

제5. 통신 기관을 장악할 것(생략)
제6. 척식(拓植)을 도모할 것

甲. 농업(農業)

한국에 있어서 본방인의 산업 중 가장 유망한 것은 농업이다. 따라서 한국은 농산국으로서 전적으로 식량 및 원료품을 우리나라에 공급하고, 우리는 공예품을 그들에게 공급하여 발달하지 않으면 안 된다.

(생략) 우리 농가(農家)들을 위하여 한국 내지(內地)를 개방시키는 수단으로써 다음과 같은 두 가지 시책을 시행토록 할 것.

- 관(官)이 가지고 있는 황무지에 대하여는 개인의 명의로서 경작 및 목축의 특허 또는 위탁을 받아 제국 정부의 관리 하에 상당한 자격이 있는 우리나라 인민들로 하여금 이것을 경영하게 함.

- 민유지(民有地)에 대하여는 거주지로부터 1리(한국 이수로는 10리) 이상 떨어져 있다고 하더라도 경작 또는 목축 등의 목적으로 이것을 매매 또는 대차할 수 있도록 할 것이다. 즉 한국 정부로 하여금 내지에 있는 일본인의 토지 소유권을 인정케 하여 경작, 목축 등에 차질이 없도록 할 것.

乙. 임업(林業)

두만강 및 압록강변의 (중략) 삼림의 벌채권은 수년 전 러시아인에게 주어졌던 것으로, 한국 정부로 하여금 이것을 폐기시키고 우리나라 사람으로 바꾸어 이것을 경영시킬 수단을 강구토록 할 것. (생략)

丙. 광업(鑛業)

한국 광산은(중략) 속히 우리가 조사에 착수하여 그 안에 특히 유망한 것은 우리들이 가지고, 다른 것들을 얼마간 외국인에게도 이익을 얻게 하려는 것이 농단(壟斷 : 독점)의 비방을 피하고 그들에게 좋은 감정을 유지하는데 편리하다.

丁. 어업(漁業)

어업은 농업 다음에 한국에서 가장 유리한 사업이다. 지금 우리나라 사람이 어업권을 가지고 있는 것은 8도 중 5도로서 충청, 황해, 평안

의 3도는 아직 구역밖에 있으니 차후에 이 3도에도 확장하도록 할 것.(생략)

이것들은 일로 전쟁으로 전국이 유리하게 전개됨에 따라 다시 한 발짝 두 발짝 나아가는 경제적 침략들이며, 이것을 이루자 또 다시 제 2차 한일협약으로 이어져 나아갔던 것입니다.

7. 제일은행권(第一銀行卷) 지폐(紙幣) 늑용(勒用)의 죄(罪)

이것은 심문조서 10항에 해당되는 것입니다.

1904년 8월의 제1차 한일협약에 의하여 당시 대장성 주세국장(大藏省主稅局長)이었던 메가다슈타로(目賀田種太郞)가 한국의 재정고문으로 되었습니다. 이에 의하여 재정면에 있어서도 일본의 시책이 한국에 미치게 되어 동년 10월 15일 메가다(目賀田)는 한국과의 사이에 다음과 같은 계약을 체결하였습니다.

제1조. 메가다슈타로(目賀田種太郞)는 한국 정부의 재정을 정리 감사하고, 재정상 제반 설비에 관하여 성실히 심의 기안의 책임에 임한다.

제2조. 한국 정부의 재정에 관한 일체의 사무에 대해 메가다슈타로(目賀田種太郞)는 재정에 관한 사항의 의정부 회의에 참여하고, 또 재정에 관한 의견을 탁지부 대신을 거처 의정부에 제출하도록 할 것. 의정부의 결의 및 각부의 사무를 취급할 때 재정에 관계있는 것은 상주

(上奏)하기 전에 메가다슈타로(目賀田種太郎)의 동의 날인을 요한다.

제3조. 메가다슈타로(目賀田種太郎)는 재정상의 의견을 청대(請對)하여 상주할 수 있다.

그리고 메가다(目賀田)의 한국에 있어서의 시책 제1보는 화폐제도 개혁이었습니다. 당시 한국의 북부에서는 주로 백동화(白銅貨)가 통용되고, 남부와 북동부에서는 엽전(葉錢)이, 각 개항장에서는 일본의 통화가 유통되고 있었지만 한국 전체에 걸쳐 유통되고 있었던 것은 엽전으로, 그것이 당시의 표준적인 화폐였습니다.

그러나 이것은 대단히 조잡한 통화로써 사주(私鑄)가 성행해서 오사까(大阪) 등지로부터도 위조된 한국 통화가 매우 많이 수출되고 있었습니다. 이에 한국의 구화폐를 거둬들여 신화(新貨)와 교환하기로 하고, 국민의 의향을 무시하고 제일은행으로 하여금 폐제개혁(幣制改革)의 업무를 단행하게 했던 것입니다. 그것은 많은 한국 국민에게는 전혀 예상할 수 없었던 일입니다.

8. 군대 해산의 죄

이것은 심문조서 5항에 해당되는 것입니다.

군대 해산에 대하여는 다음과 같은 추위(推委)를 찾았습니다. 미리부터 이등 통감의 지휘 하에 군대 해산의 칙어를 기초해 두었다가 1907년 7월 31일 밤 이완용(李完用)의 이름으로 "병제개혁(兵制改革)을 위하여 반포한 칙어를 준봉(遵奉)하고 군대를 해산할 때 인심이 동요하지 않도록 예방하며, 칙령에 위반하여 폭동하는 자가 있으면 진압할 것을 각하에게 의뢰한다는 한국 황제의 칙지를 받은 것으로 여기에 조회(照會)까지 해 두었음을 이해하시기 바라옵니다"라는 조회문이 이등통감 앞으로 보내졌습니다.

군대 해산의 구체적 계획은 이등통감과 하세가와(長谷川) 대장 사이에 합의가 다 되어 있었는데, 그것은 다음과 같은 것이었습니다.

제1. 제1차로 재경성(在京城) 진위(鎭衛) 8개 대대를 해산시킨다.

제2. 잔존하는 모든 관청 및 군대는 다음과 같다. 군부, 위생원, 시종무관부, 배종무관부, 육군법원, 육군감옥, 군기창, 무관학교, 유년학교, 시위보병 1개 대대(제2연대 제2대대를 지정함)

제3. 8월 1일 재경성 제군대의 해산식을 거행하는데 대하여 각 대대에 소속되어 있는 일본 무관(장교)은 병기 탄약을 압수한 후에 그 군대를 인솔하고 오전 10시 훈련대에 집합할 것.

해산에 저항이 있을 경우 하세가와 군사령관에게 병력을 가지고 진압할 일체의 권한이 부여되었습니다. 이 해산에 반대하는 한국 군대가 반란을 일으켜 일본군과 치열한 전투가 벌어져서 한국 군대 내에서 분사하거나 사살된 자가 속출하고, 또 반란병에게 난사(亂射) 맹사(猛射)하는 자도 있어 혼란이 심하였지만, 일로 전쟁 후의 강병황

군을 과시하는 일본군에 의하여 결국 군대해산이 강행되었습니다.

이리하여 한국 독립의 최후의 보루라고 할 수 있는 한국 군대도 일본의 힘에 의하여 강제로 말살되게 되었습니다.

행위의 객체

이상과 같은 행위 모두를 이등이 친히 행하거나 또는 명령을 하달한 것이라고 단정할 수는 없으나, 그 행위들은 일본이 행한 한국에 대한 침략 정치 바로 그것이며, 그런 의미로는 일본국가 자체가 책임을 지지 않으면 안 되는 것입니다.

그리고 이등이 1882년 8월 8일부터 명치 29년 8월 31일까지 일본의 총리대신 직에 있었고, 또 전권 대사로서, 또 한국 통감으로서, 그리고 일본의 통치자인 천황의 자문에 응하여 중요 국무를 심의하는 추밀원(樞密院)의 의장으로서, 이상 서술한 바와 같은 한국 침략통치에 직접 핵심적으로 막강하게 관계하고 있었기 때문에, 한국인인 피고가 일본의 한국 통치의 중심인물 내지는 책임자로서의 이등에게 책임을 추궁하는 것은 당연하다고 하겠습니다.

수단, 방법의 정당성

1. 생명은 극히 존귀한 것으로서 사람을 죽이는 것은 허락되지 않는 것입니다. 피고는 제1회 공판 때 "원래 한국은 무력에 의하지 않고 문필로써 세운 나라이다"라고 진술하였습니다. 본건 행위와 같이 권총

으로 저격하여 이등공을 죽인다고 하는 것은 한국의 전통적 정신에 의하면 좋은 것이 아니며, 본래부터 피고의 본의가 아니었습니다.

그러나 한국이 그 운명을 위협받고 독립이 위태하여 빈사 상태나 풍전등화와 같은 상태에서 피고가 조국의 독립을 보호하고자 염원하고 나라를 구하고자 할 때에 과연 다른 수단과 방법이 있었겠습니까?

상술한 바와 같이 일본은 명치유신 이래 약소한 이웃나라 조선의 비정(秕政)을 앞세우고 이에 편승하여 국가 독립과 황실 안녕을 유지시켜 준다는 명목으로 보호한다고 하고 있지만, 실은 일본은 한국 병합을 백년대계로 하여 한국을 예속 하에 두려는 시책을 강력히 추진하기에 이르러 있었습니다. 즉 1904년 2월 23일 한일의정서를 체결할 당시에 "한국에 대해 어느 정도 보호권을 가지게 되었지만 후에는 좀 더 나아가 국방, 외교, 재정 등에 관하여 한층 더 확실히 하기 위해 적절한 조약 및 설비를 성취함으로써 그 나라에 대한 보호의 실권을 확립하고, 또 동시에 여러 면의 경제적인 데 관련된 필요한 이권을 착착 차지하여 그 경영을 실행하는 것이 당면의 급선무라고 믿는다"는 의도대로 한국과의 사이에 조약을 체결하였습니다. "한국에 대한 정치적, 군사적 면에서 보호의 실권을 거두고 경제적으로도 점점 우리 이권의 발전을 도모할 것"이라는 각의 결정에서도 보이는 것처럼, 이 의정서에 따라 한국을 일본의 보호국으로서 그 주권 하에 예속시키게 된 것입니다.

이 의정서 체결의 의도는 "한국을 어떤 상황이 되더라도 우리의 세력 하에 두지 않으면 안 되는 것은 물론이지만, 될 수 있는 한 옳은 명분을 찾는 것을 득책으로 한다. 만약 지난 날 일청전쟁 때와 같이 공수동맹(攻守同盟) 또는 기타의 보호적 협약을 체결할 수 있다면 가장 편리하다. 그런고로 기회가 잡히는 대로 앞서 말한 것과 같은 조약을 체결할 이유를 만들기 위하여 지난 번 주한 공사에게 이미 필요한 훈령을 내리고 기타 여러 가지 수단을 취하고 있으며"라는 1903년 12월 30일의 각의 결정에 의하여도 알 수 있는 것처럼, 일본은 일로전쟁 개전 이래로 장래 한국을 예속 하에 둘 필연적인 과정을 진행시키고 있었던 것입니다. 그리고 상술한 바와 같이 지난 1909년 7월 6일 일본 제국의 정부 각의에서 "한국 병합에 관한 건"이 결정되었으니, 한국이라는 국가의 멸망과 소멸이 한치 앞으로 다가와 있던 것입니다.

2. 이 조국의 멸망이라는 것은 한국민 이천 만에게 있어서는 참을래야 참을 수 없는 운명입니다. 국가를 형성하고 있는 국민에게 있어서 조국의 상실보다 더 중한 것은 없습니다. 그렇기 때문에 그런 경우 통상 국가 간의 전쟁까지도 야기되는 것이며, 조국의 독립을 지키고 그 존립을 유지하려는 자위를 위한 전쟁은 국제법상 정당한 행위입니다.

한국에 있어서는 유감이지만 국력이 약소하고 정권이 약체하여 국가권력으로서는 이와 같은 세력을 저지할 수 없었으나, 한국 국민들은 이것을 염려한 나머지 조국의 멸망을 저지하여야겠다는 의지가 반일 의병운동으로 일어나 지난 10여 년의 긴 세월 동안 요원의 불길처럼 번졌습니다. 이는 실지로는 내란의 경지를 넘어서서 그 의미에서 침략 세력인 일본과 이것을 필사적으로 자위저지(自衛沮止)하려는 한국 국민과의 전쟁 상태에 있었다고 해야 할 것입니다.

예를 들자면 1906년 5월의 충청남도 홍주(지금의 홍성)의 민종식(閔宗植. 원문에는 崔益鉉으로 되어 있으나 오식으로 보임)의 거병(擧兵) 등에서 볼 수 있는데, 그들의 활동은 1907년 8월 한국 군대의 해산으로 흩어진 군인들이 합류하여 조선 전국에 팽배하였으며 그 세력은 극히 치열했습니다. 즉 1907년 8월에서부터 12월 사이에 전투 횟수 323회에 참가의 병수 44,116명, 1908년은 전투 횟수 1452회에 참가 의병수 69,832명, 1909년은 전투 횟수 898회에 참가 의병수 25,763명, 그리고 1910년에는 전투 횟수 147회에 참가 의병수 1,891명이나 되었습니다.

피고는 진정 자기 조국의 존망을 염려하여 이대로는 국가의 전도가 멸망 상실이라고 보고, 그것을 저지하는 수단 방법을 3년간에 걸쳐 심려(深慮)한 나머지, 때에 따라서는 블라디보스톡에 있는 대동공보(大東共報)에 논설을 기고하는 등 문투적(文鬪的) 애국자강(愛國自强)의 운동을 했습니다. 하지만 사태의 추이가 이런 미온적 투쟁으로는 도저히 효과가 없어서 독립 의용군을 일으켜 참모중장으로서 투쟁하였고, 최후까지도 참을래야 참을 수 없었기 때문에 한일 병합 추진의 중심인물이며 조국 멸망의 원흉인 이등의 살해라는 본 건의 행동을 할 수밖에 없었습니다. 피고에게 그 하나의 목적 달성을 위해서는 오로지 이런 기회밖에, 또 이런 방법과 수단밖에 더 있었겠습니까?

이 이외의 방법을 생각이나 해보았겠습니까?

검찰관의 심문조서 및 당 공판정에서 피고가 누누이 말한 대로 피고의 본 행위는 진정 사분(私憤)은 아닙니다. 피고의 행위에 대한 것은 언젠가는 장래의 역사가가 올바른 심판을 하겠지만, 한국 국민으로서 오로지 한길 조국의 독립 구제를 위하여, 그리고 한국의 영원한 대계를 위하여 이 행위야말로 진정 부득이했을 것입니다.

따라서 이는 형법상으로도 긴급한 상황에서 부득이한 입장으로 행한 정당한 행위인 것입니다. 그 사태는 한국이라는 자기 국가의 존망이 걸려 있는 것이며, 그 행위로 보호하고자 하는 법익(法益)은 한국민 2천만 동포와 조국의 운명과 독립입니다. 그렇다면 피고의 행위에 의해 침해되는 법익과 비교하여 결코 균형을 잃는 것이 아니기 때문에 형법학적으로 초법규적 행위가 되어 형식적 위법성의 추정을 거부하기 때문에 범죄의 성립 자체가 안 되는 것입니다. 즉 초법규적 위법 저각사유가 있는 것입니다.

제이(第二). 수속론

본 재판은 아래와 같이 수속상 위법이라고 생각합니다.

재판권의 부존재

본인은 당 재판소에 재판권이 없기 때문에 공소는 기각되어야 마땅하다고 사료됩니다.

1. 일본제국 헌법 제 57조에 의하면, 사법권은 천황의 이름으로 법률에 의하여 재판소를 두고 이를 행한다라고 되어 있습니다. 즉 일본의 재판소는 사법권을 천황의 이름으로 법률에 의하여 행사하는 것입니다.

그런데 본 건 행위는 러시아가 주권을 가지는 러시아 동청철도부속지(東淸鐵道附屬地) 안에서 일어난 것이므로 법률적으로 러시아가 재판을 해야 할 것입니다. 아무리 피해자가 일본의 원훈(元勳)인 이등박문이라 할지라도 법 아래서는 평등합니다. 피고의 재판권을 왜곡하는 것은 허락될 수 없는 것입니다.

따라서 설령 피고들의 신병을 재하얼빈 러시아 시심 재판소검사가 대일 외교상의 배려인지는 몰라도 하얼빈 일본제국 총영사관 총영사 가와가미(川上)에게 인도하였다고 하더라도 필요한 조사를 마친 후에는 러시아 국에 인도해야 한다고 사료됩니다.

2. 또 러시아가 그들의 주권을 포기하고 재판권을 행사하지 않는 경우, 피고는 한국 국적을 가지고 있는 한국 국민이기에 1905년 11월 17일 조인된 제2차 한일협약(한국보호조약) 제1조에 의하여 그 이익이 보호되어야 하므로 당연히 한국의 형법에 의하여 영사 재판에 처하든지, 또는 한국사법 기관에 인도하고 그 재판에 따르게 하여야 할 것입니다.

제2차 한일협약(한국보호조약) 전문 및 제1조에 의하면,

일본 정부 및 한국 정부는 양 제국을 결합하는 이해공통주의를 공고히 하기 위하여 한국의 부강의 사실이 인정될 때까지 그 목적으로 다음의 조약을 약정한다.

제1조. 일본 정부는 재동경 외무성에 의하여 이후 한국의 외국에 대한 관계 및 사무를 관리 지휘한다. 일본의 외교대표자 및 영사는 외국에 있어서 한국의 국민 및 그 이익을 보호한다라고 되어 있습니다.

이것은 말하자면 한국을 그 위임에 의하여 대외 관계에 있어서 불리하지 않도록 이를 감독 관리하며, 또 한국 국적을 가진 모든 사람의 권리 이익을 한국 정부를 대신해서 보호한다는 것을 약속하고 있는 것입니다. 따라서 일본은 그것을 실행할 의무가 있습니다.

곧 외국에 있는 한국민은 한국의 법령에 의하여 일본의 보호를 받을 권리를 가지기 때문에 일본정부가 러시아 사법기관으로부터 피고

의 신병을 인수받은 다음에는 1차적으로는 한국 사법기관에서 한국 형법에 따라 재판을 받도록 배려해야 했으며, 다음 일본의 영사 재판에 처할 경우가 있더라도 피고는 당연히 한국형법에 따라서 재판을 받을 권리와 이익을 가지는 것입니다.

가령 사법권은 이등 퇴임 후 후임자인 소네(會根) 통감 시기의 제3차 협약 제2조의 다음 "한국 사법 및 감옥사무 위임에 관한 각서(韓國司法 및 監獄事務委任에 관한 覺書)"에 의거하여 행해지고 있는 것이라고 하나, 준거(準據)할 형벌에 대한 법령은 제3조에 의하여 한국 형법을 적용하는 것이 자명한 것입니다.

<한국 사법 및 감옥 사무위임에 관한 각서>

제1조. 한국의 사법 및 감옥 사무가 완비되었다고 인정할 때까지 한국 정부는 사법 및 감옥 사무를 일본 정부에 위탁할 것.

제2조. 일본 정부는 일정한 자격을 가진 일본 및 한국인을 재한국 일본 재판소 및 감옥의 관리에 임명할 것.

제3조. 재한국 일본 재판소는 협약 또는 법령에 특별한 규정이 없는 것은 한국 신민에 대해서 한국 법규를 적용할 것.

제4조. 한국 지방관청 및 관리는 각각 직무에 따라 사법 및 감옥 사무에 대하여 재한국 일본 담당 관리의 지휘 명령을 받고 또 그 보조를 할 것.

제5조. 일본 정부는 한국의 사법 및 감옥에 관한 일체의 경비를 부담할 것.

그런데도 본 재판에 있어서 일본의 형법으로써 피고를 처리한다는 것은 전기 조약에서 한 위임의 범위를 초월하여 한국의 행정을 왜곡하고 입법을 무시하며 사법을 좌우하는 오류를 범하는 중대한 결과로 이어지게 되며, 나아가 기본적 인권 존중의 견지에서도 돌이킬 수 없는 문제라고 사료됩니다. 귀 판관께서는 이점에 착안 있으시기 바라며, 명철한 판단으로서 '당 재판소에는 재판권이 없음'이라고 하여 공소를 기각하여 주시기 간절히 바라마지 않습니다.

또 부언컨대 한국 형법에서는 외국에서 범한 죄에 대하여는 아무런 벌할 규정이 없으므로 형법의 원리인 죄형법정주의의 입장에서 당연히 무죄가 될 것으로 사료됩니다.

변호인 불허가의 위법

본 건은 피고가 선정한 변호인을 허가하지 않은 위법이 있습니다.

피고는 1909년 12월 1일 부로

　재 청국 상해 북경가 5번지

　　　영국변호사 E.더글라스

　재 러시아 블라디보스톡 아렌쯔키아가 23번지

　　　러시아 변호사 콘스탄틴 미카이로프

위 두 사람을 변호사로 선정하고 피고의 연서로 제출하였습니다. 그런데 귀 재판소는 금년 2월 1일부로 형사소송법 제179조 제2항 말단의 규정을 들어 허가하지 않기로 결정하였는데, 그것은 분명히 위법이라고 사료됩니다. 즉 형사소송법(明治 23年 제정) 제179조에 의하면,

제179조. 피고는 변론을 위하여 변론인을 사용할 수 있으며, 변호인은 재판소 소재의 변호사로 선임한다. 단 재판소의 허가를 얻었을 경우에는 변호사가 아닌 자라도 변호인으로 할 수 있다.

라고 되어 있습니다. 이에 의하면 피고는 자신의 형사재판을 공정하게 받기 위하여 변호인을 선임하여 변호 받을 권리를 가지고 있으며, 이는 원칙상 재판소 소재의 변호사를 선임하게 되어 있지만 예외를 인정해 재판소의 허가를 받았을 때에는 '변호사가 아닌 자라고 하더라도' 변호할 수 있는 것입니다. 따라서 이 변호인으로 할 수 있다는 규정은 당연한 해석으로서 '재판소 소속의 변호사'가 아닌 변호사, 예를 들면 전기한 외국인 변호사 등도 포함되는 것입니다.

그런데 귀 재판소는 전기 변호사 등의 변호계를 일단 접수하여 두 달 동안이나 사실상의 변호 활동을 인정했으면서도 검찰관의 공판청구 후 아무런 이유도 제시하지 않고 돌연히 허가할 수 없다고 결정한 것입니다. 이것은 말할 것도 없이 피고의 변호인 선임권을 박탈한 것이며, 위법 부당함을 면할 수 없는 것입니다. 피고가 변호인을 선임하는 권한은 헌법 또는 자연법에 따르는 것이며, 피고의 존엄한 자연권

적이고 기본권적인 권리입니다. 따라서 피고는 자유로운 의사에 따라 자신을 신뢰하는 변호인을 선정할 권리를 가지는 것이며, 그렇게 선임된 변호사의 지위는 확보되지 않으면 안 됩니다.

이렇게 귀 재판소의 불허 결정은 위에서 말한 바와 같기에 위법을 면할 수 없으며, 나아가서는 일본제국 헌법의 취지에도 위배되는 것입니다.

사법권 독립의 침해

본 건 재판에는 정치세력이 개입하여 사법권의 독립이 침해된 의심이 있습니다. 본 사건 발생 후 일본 외무대신 고무라(小村太郎)는 즉시 외무성 정무국장 구라지 데쯔요시를 만주에 파견하여 이 사건의 재판을 여러 가지로 획책한 의심이 있습니다.

이에 대해 1909년 11월 30일 구라지 국장은 "안중근(安重根)이 이번의 흉행을 하게 된 것에 대하여 혹 법원에서는 구태여 사형(死刑)을 언도하지 아니하고 혹 이런 것은 무기형에 그치자는 의견이 생길 우려가 분명히 있습니다. 이것들은 어느 것이나 순전한 형의 문제에 속하는 것으로서 행정부가 이 사건에 개입한 흔적을 피하여야 할 것은 말할 것도 없습니다. 안(安), 우(禹) 양인의 죄상이 아직 확정되기도 전에 먼저 시시콜콜한 희망을 본관을 거쳐 법원 측에 전하는 것은 역시 좋지 않습니다"라고 하였습니다. 그러자 고무라(小村)는 "안중근(安重根)의 범행은 지극히 중대하기 때문에 장악의 정신에 의하여 극형에 처하는 것이 마땅하다고 생각한다. 또 모든 것을 포함하여 우연준(禹連俊)은 살인미수죄를 구성한다고 할 수 있겠다. 조(曹), 유(劉) 2인에 대하여는 특별한 요망사항 무(無)"라고 구라지에게 회답하고 있습니다. 그 결과 12월 3일에 구라지 국장은 히라이시(平石) 고등법원장과 밀담하고 다음과 같이 약속한 것을 보고하고 있습니다.

1. 안중근(安重根)에 대하여 법원장 자신이 사형을 과할 것이라는 논리이고, 정부의 희망 또한 여기 있으므로 먼저 검찰관으로 하여금 사형의 구형을 시켜 놓고 지방법원에서 목적을 달성하도록 노력할 것임. 만약 만의 하나라도 동 법원에서 무기도형의 판결이 내려질 때에는 검찰관으로 하여금 공소하도록 하여 고등법원에서 사형을 언도할 것임.

2. 우연준(禹連俊)의 건은 정부의 의지가 명료하기에 법원에서 이후 우연준(禹連俊)에 대한 취조를 할 때 특별히 손을 써서 그로 하여금 범죄를 단념했다는 것을 주장하지 않도록 노력할 것임.

그리고 또 어떤 개입이 있었는지 고무라(小村)는 안중근(安重根)의 재판 연기를 희망한 바 있지만 거기에 대하여 구라지는 12월 23일 "법원 측에서 재판에 필요한 모든 조사를 이미 종료한 것으로 인정하고 그 임무를 담당한 자들은 하루라도 빨리 사건을 재판에 붙일 것을 열망하고 있으며, 또 법원에 있는 젊은 직원 중에는 사법권 독립의 정신에 의거하여 법원이 병부의 지휘를 받는 형국에 대해 이미 못마땅해 하는 기색을 보이는 자가 있으므로 고등법원장이 이것을 조정하는데 곤란한 점이 있음을 살펴주시기 바랍니다. 또 원장도 정부의 희망을 역시 잘 알고 있기 때문에 속의 끝에 결국 그 뜻을 양해하여 한 발 빠르게 재판의 진행을 마무리할 것을 승낙하기에 이르렀습니다"라고 고무라(小村)에게 회답하고 있습니다.

이와 같은 과정들을 볼 때, 이 사건의 재판에서 사법권이 실제로 행정권의 간섭을 받고 있는 것이 분명합니다. 또 외무성의 감독에 속한 관동 도독부 산하의 법원 조직은 유감스럽게도 사법권의 독립을 견지할 수 없는 기구라고 해석할 수도 있지만, 삼권이 분립하고 사법권이 행정권으로부터 독립하여 어떤 것에게도 침해받지 않을 때 비로소 그 온전함을 얻게 되는 것입니다. 귀 재판소가 여러 가지로 이 사건에 대해 개입함으로써 이렇게 되었다고 사료되는데, 앞서 말한 경위로 도저히 사법권의 독립이 확보되었다고 할 수 없으며, 삼권분립의 원리에 위배된 것입니다.

맺음말

이상에 의하여 피고의 행위는 무죄라고 확신하며, 또 본건의 공소는 기각될 수밖에 없는 운명에 있다고 해석되어집니다. 귀 판관께서는

본건 사안을 깊이 살피시고, 사실의 진상과 역사의 미래를 깊이 생각
하시어 아무쪼록 깊은 성찰이 있으시기를 간절히 기원하는 바입니다.

2015 大韓民國 光復 70周年 記念

자랑스런 安重根 義士 이야기

2015 年 2 月 9 日 인쇄
2015 年 1 月 25 日 발행
기   획 : 올린피플스토리
발   행 : 올린피플스토리

올린
피플
스토리

출판등록 : 제 25100 - 2007 - 000017 호
주   소 : 서울특별시 강동구 구천면로 18길 23호
홈페이지 : http://www.ollinpeople.co.kr
전   화 : 070) 4110 - 5959
팩   스 : 02) 476 - 8739
정   가 : ₩ 19,800

I S B N : 979-11-5755-325-9

* 파손된 책은 바꾸어 드립니다.